SANTO DOMINGO

Dados Internacionais de Catalogação na Publicação (CIP)
(Câmara Brasileira do Livro, SP, Brasil)

Santo Domingo : evangelização entre a integração e a inculturação / Ney de Souza (org.). – Petrópolis, RJ : Vozes, 2022.

Vários autores.
ISBN 978-65-5713-683-6

1. Espiritualidade – Cristianismo 2. Evangelização 3. Teologia I. Souza, Ney de.

22-112389   CDD-253.7

Índices para catálogo sistemático:
1. Evangelização : Cristianismo   253.7

Eliete Marques da Silva – Bibliotecária – CRB-8/9380

NEY DE SOUZA
ORGANIZADOR

SANTO DOMINGO

Evangelização entre a integração e a inculturação

Petrópolis

© 2022, Editora Vozes Ltda.
Rua Frei Luís, 100
25689-900 Petrópolis, RJ
www.vozes.com.br
Brasil

Todos os direitos reservados. Nenhuma parte desta obra poderá ser reproduzida ou transmitida por qualquer forma e/ou quaisquer meios (eletrônico ou mecânico, incluindo fotocópia e gravação) ou arquivada em qualquer sistema ou banco de dados sem permissão escrita da editora.

CONSELHO EDITORIAL

Diretor
Gilberto Gonçalves Garcia

Editores
Aline dos Santos Carneiro
Edrian Josué Pasini
Marilac Loraine Oleniki
Welder Lancieri Marchini

Conselheiros
Francisco Morás
Ludovico Garmus
Teobaldo Heidemann
Volney J. Berkenbrock

Secretário executivo
Leonardo A.R.T. dos Santos

Editoração: Maria da Conceição B. de Sousa
Diagramação: Raquel Nascimento
Revisão gráfica: Nilton Braz da Rocha/Fernando Sergio Olivetti da Rocha
Capa: SG Design

ISBN 978-65-5713-683-6

Este livro foi composto e impresso pela Editora Vozes Ltda.

Sumário

Siglas, 7

Apresentação, 9
Ney de Souza

1 Ser ou não ser Igreja latino-americana e caribenha? – Um estudo sobre a história de Santo Domingo, 13
Ney de Souza

2 A metodologia de trabalho da Conferência de Santo Domingo, 28
Agenor Brighenti

3 A teologia no documento de Santo Domingo, 63
Paulo Sérgio Lopes Gonçalves

4 La Encarnación como inculturación – Cristología de Santo Domingo, 89
Jorge Costadoalt

5 Eclesiologia e conversão pastoral da IV Conferência de Santo Domingo, 112
Elizeu Conceição e José Aguiar Nobre

6 Pensamento social na Conferência de Santo Domingo, 136
Élio Gasda

7 O laicato em Santo Domingo, 166
César Kuzma

8 A espiritualidade dos cristãos leigos e a Conferência de Santo Domingo, 189
Ceci Mariani

9 La IV Conferencia de Santo Domingo: presencia y liderazgo de las mujeres en la Nueva Evangelización, 208
Olga Consuelo Velez

10 Unidade dos cristãos e diálogo inter-religioso no Documento de Santo Domingo – Duas agendas, o mesmo ressentimento a resolver, 229
Marcial Maçaneiro

11 Promoção humana em Santo Domingo, 261
Francisco de Aquino Júnior

12 A causa indígena em Santo Domingo: evento, conclusões, horizontes, 287
Paulo Suess

13 A educação e a Conferência de Santo Domingo, 320
Maria Aparecida Corrêa Custódio

14 O conceito de ser humano no Documento de Santo Domingo, 356
Vitor Galdino Feller

15 Santo Domingo e a Nova evangelização – Por uma evangelização realmente nova!, 370
André Gustavo di Fiore e Reuberson Ferreira

Autores(as), 407

Siglas

AAS – *Acta Apostolicae Sedis*

CA – Carta encíclica *Centesimus Annus*
Cal – Comissão para a América Latina (Pontifícia)
CELAM – Conselho Episcopal Latino-Americano
CF – Constituição Federal
CIMI – Conselho Indigenista Missionário
Clar – Conferência Latino-Americana e Caribenha de Religiosos e Religiosas
CNBB – Conferência Nacional dos Bispos do Brasil
CNPq – Conselho Nacional de Desenvolvimento Científico e Tecnológico

DAp – Documento de Aparecida
DI – Discurso Inaugural
DP – Documento de Puebla
DSI – Doutrina Social da Igreja

FT – *Fratelli Tutti*

GS – *Gaudium et Spes*

LC – *Libertatis Conscientia*
LDB – Lei de Diretrizes e Base da Educação
LE – *Laborem Exercens*
LN – *Libertatis Nuntius*
LS – *Laudato Si'*

Med – Medellín

ONU – Organização das Nações Unidas

PP – *Populorum Progressio*

QA – *Querida Amazônia* – Exortação Apostólica Pós-Sinodal

RCT – *Revista de Cultura Teológica*
REB – *Revista Eclesiástica Brasileira*
RM – *Redemptoris Missio*

SD – Santo Domingo (documento)
SR – Carta Encíclica *Sollicitudo Rei Socialis*

TdL – Teologia da Libertação

UFMA – Universidade Federal do Maranhão
UMESP – Universidade Metodista de São Paulo
USA – Estados Unidos da América
USP – Universidade de São Paulo

Apresentação

Ney de Souza

Santo Domingo – Evangelização entre a integração e a inculturação é uma obra composta de 15 capítulos. Seu conteúdo foi elaborado por autores(as) especialistas em suas áreas, e, assim, o texto oferece grandiosa contribuição para o estudo da IV Conferência Geral do Episcopado Latino-Americano e Caribenho (1992), em Santo Domingo – República Dominicana. Os capítulos foram escritos por brasileiros(as), uma colombiana e um chileno. Vários(as) autores(as) conhecidos(as) e outros novos, que já oferecem outras publicações na área da teologia e outras ciências.

Escrever sobre Santo Domingo é um desafio. Desafiador é, também, encontrar teólogos(as) para escreverem sobre o tema. O organizador desta obra buscou vários brasileiros e outros latino-americanos, e estes não aceitaram. Para o prefácio foram convidados dois bispos, e também não aceitaram; a justificativa foi a experiência trágica com a Conferência. Mesmo sendo incitados a colaborar para analisar está faceta de Santo Domingo, não aceitaram.

O desafio aceito foi tomado por outros(as) para refletir sobre a Conferência. A assembleia ocorreu 500 anos após a conquista do continente. O próprio Papa João Paulo II a inaugurou e tinha a intenção de ser uma ocasião, segundo seu desejo, de celebrar o IV Centenário do início da evangelização e impulsionar uma nova evangelização. Questões extremamente controversas no período, e em seu desdobramento.

Entre as conferências de Puebla (1979) e Santo Domingo (1992) ocorreram inúmeras mudanças e transformações na sociedade contemporânea. A queda do muro de Berlim (1989) se seguiu de mudanças culturais e sociais, impactando a sociedade ocidental de maneira profunda. No continente latino--americano e caribenho a situação econômica piorou, e muito. A pobreza aumentou numa enorme proporção chegando ao nível de miséria extrema em vários territórios. Os projetos econômicos aplicados em diversos países da América Latina e Caribe não surtiram efeitos no campo social. Muitos problemas denunciados em Medellín (1968) e Puebla seguiram um curso dramático sem solução. A violência cresceu de maneira alarmante, afetando seriamente a vida da população do continente.

O tema proposto pelo Papa João Paulo II para a Conferência foi: Nova evangelização, promoção humana e cultura cristã, Jesus Cristo ontem, hoje e sempre (Hb 13,8). Assim como havia ocorrido em Puebla, o discurso inaugural do papa influenciou e direcionou de forma significativa o desenrolar da IV Conferência, no conteúdo e na estrutura do documento final. A temática principal foi a pessoa e a mensagem de Jesus. Claramente foi uma linha de continuidade com a tradição da Igreja, de maneira particular com o Concílio Vaticano II (1962-1965) e com as Conferências de Medellín e Puebla. Santo Domingo é um documento de caráter pastoral que oferece de maneira sintética um conjunto de orientações para o compromisso da denominada nova evangelização. O documento é expressão de uma orientação geral para esta nova evangelização que, centrada no anúncio de Jesus Cristo, responda às necessidades da promoção humana e gere uma cultura de solidariedade e reconciliação.

1
Ser ou não ser Igreja latino--americana e caribenha?

Um estudo sobre a história de Santo Domingo

Ney de Souza

A missão começa na santidade.

SD 32

A IV Conferência Geral do Episcopado Latino-Americano e Caribenho foi realizada em Santo Domingo, República Dominicana, em outubro de 1992. A Igreja estava entrando num processo de transformação e tensão. Uma Conferência é sempre importante para dialogar sobre as temáticas comuns e caras à Igreja local. A Conferência é lembrada também, pois estava repleta de conflitividades em seu processo anterior, e no seu interior. A apresentação do documento final foi resultado dos debates, das discussões e, por vezes de inflexões. O presente capítulo apresentará este percurso e uma visão geral sobre o documento da Conferência.

Preparação

O CELAM foi encarregado pelo Papa João Paulo II de preparar a IV Conferência Geral do Episcopado Latino-Americano e Caribenho. Em fevereiro de 1990 o Conselho terminou seu primeiro instrumento de trabalho: *Elementos para uma reflexão pastoral em preparação da IV Conferência Geral do Episcopado Latino-Americano.* Em dezembro de 1990 o papa determinou o tema de reflexão da Conferência: *Nova Evangelização, Promoção humana, Cultura cristã* e o lema *Jesus Cristo ontem, hoje e sempre,* retirada da Carta aos Hebreus (13,8). O instrumento de trabalho converteu-se em Documento de Consulta, com o título oficial da Conferência que ficou conhecido em 1991. O Documento de Consulta se transformou no definitivo Documento de Trabalho, que foi distribuído em junho de 1992, sendo a base das discussões durante a IV Conferência.

> ...a IV Conferência Geral dos Bispos Latino-Americanos também tinha como moldura fundamental os 500 anos de evangelização e conquista das Américas. Duas correntes, para simplificar, deram o tom para Santo Domingo, lugar emblemático para esses 400 anos, pois aí que se iniciou o processo mais brutal de colonização ibérica nas Américas. Para alguns, havia que começar a IV Conferência com um solene pedido de perdão aos povos indígenas e afro-americanos pela truculência do processo de conquista e colonização; para outros, era momento de se agradecer a Deus pela chegada da Boa-Nova na Nova Espanha. Em que pese toda a perspectiva do projeto de restauração da Igreja empreendido pela Santa Sé, a década de 1980 foi de um crescimento bastante promissor da perspectiva libertadora do processo eclesial (GODOY, 2015, p. 214).

A preparação esteve marcada pelo contexto eclesiástico latino-americano que se desdobrara nos anos de 1980. Os desdobramentos da Teologia da Libertação e seus teólogos, e os pronunciamentos da Congregação da Doutrina da Fé (LN; LC). Estes fatos influíram enormemente no processo de preparação da IV Conferência. A história é marcada pelo processo de continuidade e descontinuidade. A preparação foi marcada por uma descontinuidade, por vezes desconhecendo as realizações anteriores. Isto fica evidente quando são analisados os dois documentos de consulta. Em 1991, o CELAM entregou um novo documento, como inicialmente estava previsto, substituindo o anterior (CELAM, 1991). Este foi, assim como a Assembleia, um momento de tensão e conflitos. E, ainda, a "preparação de Santo Domingo nasceu sob a turbulência dos 500 anos do encontro de dois mundos. A data evocava sentimentos opostos, contraditórios e irreconciliáveis" (ARROYO, 2018, p. 96). A elaboração do documento final foi extremamente difícil, refletindo as diferentes correntes eclesiais e eclesiásticas no interior da Conferência.

O clima neoconservador eclesial, que já se manifestara com certa pujança em Puebla, reforçou-se em Santo Domingo. A Igreja da América Latina teve pouca liberdade de expressão em Assembleia organizada desde os poderes centrais da Igreja. Foi, em parte, uma experiência traumatizante (LIBÂNIO, 2007, p. 32).

Houve uma descontinuidade em relação a Medellín (1968) nos aspectos metodológicos e teológico. O método *Ver-Julgar-Agir* foi abandonado. Evidente que isto acarretará consequências para a pastoral.

A Conferência

É possível verificar a grandiosidade da Assembleia em números: Cardeais latino-americanos (20), Presidentes de Conferências Episcopais (22), CELAM, presidentes de Departamentos e Responsáveis de Sessões (13), Delegados eleitos pelas Conferências Episcopais (150). Bispos: Antilhas (4), Argentina (16), Bolívia (5), Brasil (39), Chile (7), Colômbia (15), Costa Rica (1), Cuba (2), Equador (6), El Salvador (2), Guatemala (3), Haiti (2), Honduras (1), México (18), Nicarágua (1), Panamá (2), Paraguai (3), Peru (11), Porto Rico (1), República Dominicana (2), Uruguai (2), Venezuela (7). Arcebispos e bispos latino-americanos nomeados pelo papa (12), Presidência da CAL (2), cardeais, arcebispos e bispos da Cúria romana nomeados pelo papa (cardeais 8, arcebispos 2, bispo 1). Secretário do Sínodo dos Bispos (1), Sacerdotes seculares (22), Diáconos permanentes (4), Religiosos (7), Religiosas (9), Laicato (homens 11, mulheres 5), Superiores Religiosos (homens 6, mulheres 6), CLAR (homens 3, mulheres 3).

Membros convidados. Núncios (5), Conferências episcopais: USA (2), Canadá (3), Espanha (2), Portugal (2), Filipinas (2). Reuniões internacionais de Conferências Episcopais da África, Ásia, Europa (3). Organismos eclesiais de ajuda à América Latina (7), observadores de outras igrejas (5), Peritos (homens 18, mulheres 2).

Local	Data	Convocação	Temática
Santo Domingo – República Dominicana	12 a 28 de outubro de 1992	João Paulo II	**Tema** Nova evangelização – Promoção humana – Cultura cristã **Lema** Jesus Cristo ontem, hoje e sempre (Hb 13,8)

A presidência da Conferência, nomeada pelo papa, era composta pelo Cardeal Angelo Sodano, Secretário de Estado do Vaticano, Cardeal Nicolás López, arcebispo de Santo Domingo, e Dom Serafim Fernandes de Araújo, arcebispo de Belo Horizonte (Brasil). Como secretários, Santo Domingo contava com Dom Raimundo Damasceno, bispo auxiliar de Brasília e secretário do CELAM, e Dom Jorge Medina, bispo de Rancagua (Chile).

O Papa João Paulo II inaugurou a Conferência com um discurso programático que a orientava. Houve acusações de manipulação romana, de retrocesso de Santo Domingo em relação a Medellín e Puebla, de faltas metodológicas no curso das deliberações, de não ter presente a libertação do povo latino--americano de suas situações de extrema pobreza e de ter escolhido mal uma comemoração que foi uma catástrofe cultural e ecológica e que desta a evangelização fez parte. O início do trabalho foi bastante difícil, "pois os setores romanos presentes, além de obstaculizarem o pedido de perdão pretendido por alguns bispos, vetaram formalmente a utilização do método ver--julgar-agir, tão comum nos documentos pastorais e teológicos da Igreja Latino-Americana" (GODOY, 2015, p. 214).

> Nas suas deliberações e conclusões, esta Conferência deverá saber conjugar os três elementos doutrinais e pastorais, que constituem as três coordenadas da nova evangelização: Cristologia, Eclesiologia e Antropologia. Contando com uma profunda e adequada Cristologia (cf. Discurso à II Assembleia Plenária da Pontifícia Comissão para a América Latina, 3), e baseados numa sadia antropologia e com uma clara e reta visão eclesiológica, deveis enfrentar os desafios que se apresentam hoje à ação evangelizadora da Igreja na América. JOÃO PAULO II. *Discurso Santo Domingo*. 1992.

O documento final é composto de três partes.

1ª parte: Jesus Cristo, Evangelho do Pai

Profissão de fé e um chamado à esperança baseada na história e nas tradições cristãs da América Latina e do Caribe e o reconhecimento dos erros cometidos no passado.

2ª parte: Jesus Cristo evangelizador vivente em sua Igreja

a) A *Nova Evangelização*. A Igreja é convocada à santidade. Comunidades eclesiais vivas e dinâmicas (Igreja local, paróquia, Comunidades Eclesiais de Base, família cristã). Unidade do Espírito e diversidade de ministérios e carismas (ministérios ordenados, vocações e seminários, vida consagrada, laicato na Igreja e no mundo, mulheres, infância e juventude). Anúncio do Reino a todos os povos (aos batizados, aos que se afastaram da Igreja e de Deus, aos irmãos em Cristo, aos não cristãos, às seitas fundamentalistas, aos novos movimentos religiosos, aos sem Deus e indiferentes). O compromisso é de todos, estudar melhores métodos de evangelização é urgente, não existe limite no chamado a evangelizar.

b) *Promoção humana*. Dimensão privilegiada da nova evangelização. Existem campos específicos que os sinais dos tempos assinalam (ecologia). À Igreja Latino-Americana (direitos humanos, ecologia, pobreza e solidariedade, o mundo do trabalho, a mobilidade humana, a ordem democrática, a nova ordem econômica, a integração latino-americana). Importante a promoção da família.

c) *Cultura cristã*. Os valores culturais numa frequente situação de desajuste ético-moral, unidade e pluralidade das culturas latino-americanas (indígenas, afro-americanos, mestiços). A nova evangelização (centrada na pessoa e nos valores, dimensão social e convivência, absolutização da razão e da tecnologia com autonomia frente à natureza, à história e o mesmo Deus) e pós-moderna (questionamentos das conquistas e confiança na razão e na tecnologia e subjetivismo ainda reconhecendo à Igreja e seus valores). Problemática das cidades atuais. A ação educativa da Igreja. Comunicação social e cultura.

3ª parte: Jesus Cristo, Vida e esperança da América Latina e do Caribe

Linhas pastorais prioritárias:

a) Uma nova evangelização de nossos povos.

b) Uma promoção humana integral.

c) Uma evangelização inculturada com ênfase no apostolado nas cidades sem descuidar da área rural, com as minorias étnicas: indígenas e afro-americanos e na ação educativa.

Eclesiologia em Santo Domingo

A eclesiologia e a missiologia constituem os dois eixos principais do *modus operandi* da caminhada do Povo de Deus, marcados pela comunhão e missão onde ambas se retroalimentam. A comunhão experimenta uma nova forma de vida na Vida e, portanto, naturalmente missionária na medida em que é proposta de vida nova. Assim, a missão por sua vez anuncia e oferece aquilo que se experimenta na comunhão. A eclesiologia e a missiologia de Santo Domingo querem apontar como a Igreja Latino-Americana e Caribenha devem viver essa comunhão a fim de melhor cumprir sua missão. A eclesiologia é marcada por um forte momento de inflexão (cf. SANTOS, 1993, p. 7-17), em que as configurações de uma nova eclesiologia vão se delineando numa outra já existente e bastante viva. Há um entrecruzamento de horizontes utópicos que são chamados a reunir seus diferentes pressupostos metodológicos e culturais em nome da comunhão de todo o Povo de Deus.

A eclesiologia presente era de continuidade-descontinuidade de Medellín e Puebla que caracterizou profundamente a Igreja Latino-Americana e Caribenha com uma nova nota de Libertação. Sob o influxo do Concílio Vaticano II, de diálogo com seu tempo, a Igreja Latino-Americana construiu seu próprio caminhar, *vendo, julgando e agindo* na realidade, a partir do Evangelho, onde percebeu que seu maior interlocutor contemporâneo era o empobrecido e, assim, optou em se fazer pobre com os pobres, como forma de comunhão com o projeto do Reino de Deus de ser sal da terra e luz do mundo, fazendo a diferença numa sociedade exploradora e alienada das causas sociais, bem como se tornava companheira de luta dos demais protagonistas (cf. SOUZA, 2008, p. 138).

A nova eclesiologia vem marcada pelos acentos de um novo pontificado (João Paulo II) preocupado em reavivar a experiência cristológica da fé, resgatando na humanidade ética exemplar e evidente de Jesus de Nazaré, também sua divindade mistérica e não evidente, e por isso a Tradição da Igreja se viu no dever de salvaguardar o *depositum fidei* da "verdadeira" face de Cristo num momento multifacetado e "multifacetador" da cultura e da História. Tal enfoque foi chamado de *Nova Evangelização*, nova em seus "métodos", "expressão" e "ardor".

As duas eclesiologias buscavam novos meios de atingir o ser humano contemporâneo para uma experiência com o Deus de Jesus Cristo, em suas realidades contextuais. Fiéis ao "espírito" conciliar, contudo, dentro de competências diferentes, que nem sempre são assimiladas de ambas as partes. O Vaticano II provocou uma verdadeira "explosão" missionária nas Igrejas locais em seus respectivos contextos, e concomitante à missão, novas formas de comunhão com Deus e com a humanidade a fim de mostrar novos aspectos da face de Cristo. A *Nova Evangelização* com sua competência de Magistério pontifical (RM n. 82) preocupava-se em manter os traços identitários da cristologia presente na Tradição, já tão desfigurados por toda a cultura de uma época, o que imprimiu no Magistério e seus organismos a prática da disciplina (cf. LIBÂNIO, 1983, p. 155, 156).

Metodologicamente, o narrado anteriormente é muito saudável para a teologia que era convidada a reler a história em busca do essencial da fé cristã, identificando seus contornos próprios de cada época e que permaneciam anacronicamente como elemento dificultador de uma inculturação do Evangelho, como necessariamente ocorreu em momentos significativos do pensamento teológico católico e cristão, pois o mesmo se deu com o avanço do Evangelho para a cultura helênica, continuado nos Padres da Igreja com o contato da filosofia, de modo exponencial em Agostinho, como em Tomás de Aquino e a mudança paradigmática da filosofia e da ciência. Essa consciência estava presente nas duas propostas eclesiológicas, contudo, marcada pela ambiguidade humana, esse momento não fora sempre amistoso, o que acaba por dificultar a recepção do que o Espírito diz à Igreja no seu momento histórico (cf. SOUZA, 2008, p. 139).

A Conferência de Santo Domingo foi o momento em que a *Nova Evangelização* se colocou como instância crítica na caminhada da Igreja Latino-Americana. Em sua preocupação de manter o fundamental da fé na reflexão teológica, correu o risco de um eclesiocentrismo, por privilegiar a doutrina, sendo a Igreja porta-voz da Tradição e nesse sentido conservadora, não raro, em detrimento da *semina verbi* de outras realidades que se levantavam. Pôde servir de auxílio valioso na aproximação da eclesiologia em não se desvirtuar de sua própria identidade, se regendo pelo imperativo do Reino anunciado por Cristo e não por polos ideológicos, podendo constituir-se assim, como reflexão crítica destes. Esta postura se verifica na opção metodológica de Santo Domingo ao esquema Ver-Julgar-Agir, optou-se por a) Iluminação teológica, b) Desafios pastorais e c) Linhas pastorais, marcados por uma preocupação de maior articulação e coerência entre doutrina e vida. Ainda como instância crítica, Santo Domingo ficou conhecida também por seus silêncios ao não se pronunciar sobre a Teologia da Libertação e quase não mencionar a libertação em seu imaginário, que é sistematicamente substituído pela "promoção humana" e "cultura de vida" contra a "cultura de morte", que substitui a expressão cultura de morte. Contudo, seu silêncio é significativo, uma vez que não é sumário, não é condenatório, mas se insere na paciência histórica de verificar seus resultados, no exercício da missão (cf. SOUZA, 2008, p. 139-140).

Missiologia em Santo Domingo

A missão em Santo Domingo é marcada pela preocupação na falta de coerência (SD 44) dos cristãos que inclusive é vista como uma das diversas causas que geram o empobrecimento do continente (SD 161). A missão começa na santidade (SD 32), caminho iluminado pela coerência entre doutrina e vida cristã, que permite conhecer a Cristo Ressuscitado dando novo sentido à vida e abrindo novos horizontes de esperança ao ser humano pelo anúncio de seu Reino que é "comunhão de todos os seres humanos entre si e com Deus" (SD 5). A IV Conferência assume o "evangelizar a partir de uma profunda experiência de Deus" (SD 91), onde toda a doutrina adquire sentido (SD 21) e só assim é possível fazer da evangelização um trabalho de "promoção humana" e "inculturação" dos valores cristãos na sociedade (SD 31).

> A América Latina e o Caribe configuram um continente multiétnico e pluricultural. Nele convivem, em geral, povos aborígenes, afro-americanos, mestiços e descendentes de europeus e asiáticos, cada qual com sua própria cultura que os situa em sua respectiva identidade social, segundo a cosmovisão de cada povo (SD 244).

A princípio, a "promoção humana" é vista como "dimensão privilegiada" da *Nova Evangelização*, onde a Doutrina Social da Igreja é chamada a ser conhecida como verdadeiro "canto à vida" (SD 162), chamando a atenção para a questão dos Direitos Humanos (SD 164-168), da Ecologia (SD 169-170), da terra como dom de Deus que todos têm direito (SD 171-177), ao fato do empobrecimento (SD 178-181), ao problema do desemprego e das condições trabalhistas (SD 182-185), às migrações e turismo (SD 186-187), à ordem democrática (SD 190-193), à nova ordem econômica (SD 194-203) ligada à necessidade de uma integração latino-americana (SD 204-209), todas essas realidades são tidas como "sinais dos tempos" em que a Igreja deve levar o Evangelho. Desta forma pede uma especial e urgente atenção à questão dos problemas da família (SD 210-227).

O meio privilegiado que Santo Domingo adota para a promoção humana é o anúncio do Evangelho, a "inculturação", pois toda a cultura comporta um modo de ser e de viver que deve ser iluminado pelos valores cristãos, pois Cristo é a medida de toda a humanidade (SD 231), tendo particular preocupação com a cultura moderna (SD 252-260) que pervade as culturas, pedindo assim que a *Nova Evangelização* fosse entendida como um plano global de inculturação dos valores do Reino, na cultura do evangelizado, sem contudo perder de vista a medida de toda cultura que se encontra no modo de ser e de viver Cristo, a ser seguido pelos cristãos, e iluminado em três grandes mistérios da salvação: *Natividade*, que à luz da encarnação leva o evangelizador a partilhar sua vida com o evangelizado; *Páscoa*, que através do sofrimento purifica os pecados; e *Pentecostes*, que permite que todos tenham em sua própria cultura as maravilhas de Deus (SD 230).

> A importância da presença dos leigos na tarefa da Nova Evangelização que conduz à promoção humana e chega a informar todo o âmbito da cultura como a força do Ressuscitado nos permite afirmar que uma linha prioritária de nossa pastoral, fruto desta IV Conferência, há de ser a de uma Igreja na qual os fiéis cristãos leigos sejam protagonistas (SD 103).

A missão corrige a falta de comunhão, pois é colocando os pés na estrada que se pode sentir as condições de viagem. Dessa interação eclesiológica é que surge uma nova evangelização latino-americana. Santo Domingo é o encontro da *Nova Evangelização* com a Igreja Latino-Americana e Caribenha, contendo os instrumentais de uma postura crítica a uma caminhada própria de uma Igreja fonte, porém com espaço suficiente para que permaneça na Igreja o que vem de Deus. De fato, a Igreja latino-americana saiu de Santo Domingo com a hierarquia mais reforçada e consequente enfraquecimento da Igreja-Povo de Deus, e com foco mais voltado para sua missão religiosa, desviando-se de seu compromisso social das últimas décadas. "Santo Domingo é música latino-americana tocada com guitarra romana" (BOFF, 1993, p. 11). Essa é a configuração exatamente anterior à Conferência de Aparecida (2007), onde esta servirá de conclusão de um longo processo de avaliação crítica da Igreja Latino-Americana e da *Nova Evangelização*, aprofundando o processo de interação eclesiológico e missiológico na América Latina e Caribe.

Considerações finais

Para vários membros do episcopado Latino-Americano e Caribenho, a Conferência de Santo Domingo seria a última, isto devido ao fato do Papa João Paulo II, no seu discurso inaugural, acenar para esta possibilidade. Considerava o papa que, num futuro breve, pudesse ocorrer um encontro de caráter sinodal de representantes dos episcopados de todo o continente americano. O próprio documento de SD assumiu essa possibilidade. Este evento se concretizou; porém, a história revelou que não foi a última Conferência Geral, em 2007 seria realizada a V Conferência: Aparecida. Assim, a Conferência de Santo Domingo foi o resultado de um processo histórico de continuidade e descontinuidade. São algumas tentativas de reverter os desdobramentos não só de Medellín e Puebla, mas da recepção do Concílio Vaticano II. Volta ao passado é impossível, o possível é a busca de temáticas anteriores e forçá-las no presente. Essa atitude ocorre dentro de um novo tempo histórico e pode levar a instituição a ficar em seu casulo, sem diálogo com a sociedade contemporânea. Tudo isso gera uma diminuição da autoridade da instituição religiosa no interior desta sociedade civil. É uma escolha. O tempo histórico responderá se foi uma boa escolha.

Referências

ARROYO, F.M. A IV Conferência de Santo Domingo: entre a suspeita e a esperança. In: PASSOS, J.D.; BRIGHENTI, A. (orgs.). *Compêndio das Conferências dos Bispos da América Latina e Caribe*. São Paulo: Paulus/Paulinas, 2018.

BOFF, C. *Um ajuste pastoral – Análise global do Documento da IV CELAM em Santo Domingo: ensaios teológico-pastorais*. Petrópolis: Vozes, 1993.

GODOY, M. Conferências Gerais do Episcopado Latino--Americano. In: PASSOS, J.D.; SANCHEZ, W.L. (orgs.). *Dicionário do Concílio Vaticano II*. São Paulo: Paulinas/Paulus, 2015.

JOÃO PAULO II. *Discurso Santo Domingo*. Disponível em http://www.vatican.va/content/john-paul-ii/pt/speeches/1992/october/documents/hf_jp-ii_spe_19921012_iv-conferencia-latinoamerica.html – Acesso em 25/01/2021.

LIBÂNIO, J.B. *A volta à grande disciplina*. São Paulo: Loyola, 1983.

LIBÂNIO, J.B. *Conferências Gerais do Episcopado Latino--Americano, do Rio de Janeiro a Aparecida*. São Paulo: Paulus, 2007.

SANTOS, B.B. A identidade da Igreja Latino-Americana de Medellín a Santo Domingo. *RCT*, 15, p. 7-17, 1993.

SOUZA, N. Do Rio de Janeiro (1955) a Aparecida (2007): um olhar sobre as conferências gerais do episcopado da América Latina e Caribe. *RCT*, 64, p. 127-146, 2008.

2
A metodologia de trabalho da Conferência de Santo Domingo

Agenor Brighenti

Em *Medellín*, caminhada pastoral, magistério e teologia coincidiram. Em Puebla já não havia mais consenso e o resultado foi um freio a *Medellín*. Em *Santo Domingo*, o embate foi explícito, redundando praticamente no estancamento de *Medellín* e *Puebla*, que só seriam resgatados em *Aparecida*, juntamente com a retomada da renovação do Vaticano II, depois de três décadas de involução eclesial. O contexto da Conferência de Santo Domingo é determinante para entender como se realizou a Assembleia, a metodologia de trabalho e os seus resultados (cf. DOIG, 1993, p. 114-140).

A data da convocação da IV^a Conferência deveu-se aos 500 anos da chegada de Cristóvão Colombo na *Hispaniola*, Santo Domingo. Era o início do período, de um lado, da conquista/invasão/colonização do novo mundo e, de outro, da evangelização ou implantação da Igreja entre os nativos, depois, os negros e mestiços, sob o regime do Padroado das Coroas portuguesa e espanhola.

Na década de 1990, enquanto no campo sociopolítico a América Latina vivia um período de restauração da democracia, depois de sofridas décadas sob o domínio de sangrentas ditaduras militares (cf. MERLOS, 1993, p. 5-11), no âmbito eclesial, a Igreja está em um processo de franca "involução eclesial" em relação à renovação do Vaticano II e sua "recepção criativa" em torno à tradição libertadora de *Medellín* (1968) e *Puebla* (1979). Um "projeto de restauração" da "grande disciplina" tinha na apropriação indevida da categoria "nova evangelização" o paradigma do resgate do modelo de Igreja da neocristandade, apoiado em movimentos e organizações apostólicas de cunho tradicionalista, tidos como a "nova primavera da Igreja" (MERLOS, 2018, p. 95). O embate entre duas perspectivas antagônicas de Igreja em relação à renovação conciliar e à tradição libertadora da Igreja na América Latina, que já havia ocorrido em *Puebla*, em *Santo Domingo* teria seu ápice, ainda que fosse se prolongar até a Conferência de Aparecida ou mais concretamente à eleição do Papa Francisco. Na realidade, o combate à tradição libertadora de *Medellín* já vinha desde 1972, quando por ocasião de uma Assembleia do CELAM em Sucre, ascendeu à Secretaria Geral e depois à Presidência, Alfonso López Trujillo. Foi ele o baluarte, com a aliança de segmentos conservadores do continente e da Cúria romana, de um processo eclesial de mais de três décadas na contramão de uma Igreja que em *Medellín* passaria a ter que estampar uma palavra e um rosto próprios.

O modo como aconteceu a Conferência de Santo Domingo reflete este contexto (cf. NERY, 1993). Os trabalhos da Assembleia se realizaram em modos de relação pouco sinodais, para não dizer descaradamente autoritários, em meio a muito sofrimento, mas não sem o protesto explícito dos comprometidos com o espírito da renovação do Vaticano II e da tradição eclesial libertadora. A Cúria romana se fez onipresente no evento, com mais de trinta representantes, quase todos com direito a voz e voto, exercendo um grande controle sobre a Assembleia, em estreita relação com os segmentos conservadores da Igreja na América Latina (MERLOS, 2018, p. 96-97).

O fato é que o projeto originário da metodologia de trabalho para a Assembleia, já acolhido pelo CELAM e aprovado pela Comissão para a América Latina (CAL), seria boicotado no início dos trabalhos (BRIGHENTI, 1992, p. 17-20). Adotou-se a metodologia de trabalho diretiva e dedutiva do Sínodo dos Bispos de então, definindo-se os passos, sessão por sessão, segundo as reações da Assembleia e não sem imposições em vários momentos.

Este procedimento dificultou enormemente o desenrolar dos trabalhos, tanto que faltando poucos dias para o término da Assembleia ainda se discutia se haveria ou não um documento final. Entretanto, a Assembleia se autoafirmou e o documento saiu, mas com tantos limites que *Santo Domingo* é um documento que, praticamente, não foi recebido pela Igreja no continente. Tanto que duas proposições transcendentes, verdadeiras pérolas, vão ficar na penumbra, até serem resgatadas por *Aparecida* e se tornado elementos centrais no magistério do Papa Francisco: a necessidade de uma "conversão pastoral da Igreja" para levar adiante a renovação do Vaticano II (SD 30) e do "protagonismo dos leigos" na evangelização (SD 97).

Hoje, passados trinta anos do evento, com a distância dos fatos e respaldados pelo novo momento eclesial, pode-se ver com mais objetividade, assim como compreender melhor e dizer com liberdade o que se passou em Santo Domingo, também do ponto de vista da metodologia da Assembleia. Para isso, optei por uma abordagem da metodologia da Conferência mais testemunhal do que documental. Vou valer-me mais de meus próprios registros feitos como ator durante a Assembleia (cf. BRIGHENTI, 1993, p. 3-11), do que de fontes bibliográficas. Sem desmerecer outras abordagens, vou falar mais como testemunha ocular do que como um pesquisador que recorre a arquivos oficiais, normalmente filtrados.

1 O projeto originário de metodologia abortado

Juntamente com Jorge Jiménez Carvajal, anos antes meu professor no Instituto Teológico-Pastoral para a América Latina (ITEPAL), em Medellín, especialista em planejamento pastoral, depois bispo, secretário e presidente do CELAM, fomos encarregados de elaborar uma proposta da metodologia de trabalho da Assembleia de Santo Domingo. O projeto passaria pelo aval do CELAM e, posteriormente, seria submetido à aprovação da Congregação dos Bispos, mais concretamente à Pontifícia Comissão para a América Latina (CAL). Na ocasião eu cursava o doutorado em teologia na Universidade de Louvain, na Bélgica, e Jorge Jiménez era provincial dos Eudistas em Bogotá. Em dezembro de 1991, cada um elaborou um esboço de uma possível metodologia para a Assembleia e nos reunimos no mês de janeiro de 1992, em Bogotá, para definirmos uma proposta. A partir do esboço de cada um e de outras contribuições, em especial as de José Marins e de algumas Conferências Episcopais Nacionais, redigimos o projeto. Na sequência, em fevereiro, a proposta de metodologia passou pelo aval da presidência do CELAM e, em março, foi submetido à CAL e aprovado. Seria em base a este projeto que começariam os trabalhos da Assembleia, podendo passar por ajustes durante o processo, dado que a Assembleia é soberana (cf. BRIGHENTI, 1992, p. 17-20).

1.1. Uma metodologia condicionada ao Regimento Interno

A proposta de metodologia de trabalho precisaria estar alinhada ao Regimento Interno da Conferência, que, de antemão, determinava: "a IV Conferência será presidida em nome do Romano Pontífice e, com sua autoridade, os Cardeais Presidentes nomeados por ele"; corresponde ao Papa "nomear o Secretário-geral da mesma", bem como "ratificar a lista dos participantes, à qual poderá agregar outros por livre e direta designação". Outro aspecto preestabelecido, que condicionaria igualmente a dinâmica dos trabalhos, era a composição dos participantes da Assembleia: membros com voz e voto, outros só com voz e, terceiros, participantes como convidados, observadores e peritos. A metodologia de trabalho deveria levar em conta esta diversidade de atores e facultar a contribuição de todos, segundo as atribuições de cada segmento, prevendo os mecanismos de tomada de decisão por quem de direito.

De acordo com o Regimento, eram membros da IV Conferência: a) *com voz e voto:* os Cardeais da América Latina; os membros da Presidência do CELAM; os presidentes das Conferências Episcopais nacionais da América Latina; os presidentes dos Departamentos, Secções e Secretariados do CELAM; os Bispos delegados pelas Conferências Episcopais nacionais, eleitos de acordo com o critério fixado pelo Papa; os Bispos da América Latina, nomeados pelo Papa; o presidente e o vice-presidente da Pontifícia Comissão para a América Latina (CAL); os conselheiros ou membros da CAL, designados por Sua Santidade entre os não compreendidos nos itens anteriores; outros Prelados da Cúria Romana, designados pelo Santo Padre; o Secretário-geral do Sínodo dos Bispos; b) *somente com voz:* 22 presbíteros diocesanos, 4 diáconos permanentes, 16 religiosos e religiosas e 16 leigos, todos designados pelo Papa entre os apresentados pelas Conferências Episcopais da América Latina; os Superiores Maiores, designados pelo Papa; o Bispo Delegado Pontifício para a Confederação Latino-americana dos Religiosos (CLAR); o presidente, os vice-presidentes e a Secretaria-geral da CLAR; c) *convidados:* os representantes pontifícios, designados pela Secretaria de Estado de Sua Santidade; o presidente e o secretário-geral das Conferências Episcopais dos Estados Unidos, Canadá, Espanha, Portugal e Filipinas; os Bispos presidentes ou os Bispos secretários-gerais do *Concilium Conferentiarum Episcopalium Europae*, do *Symposium* das Conferências Episcopais da África e Madagascar e da Federação das Conferências Episcopais da Ásia; alguns representantes dos organismos eclesiais nacionais de ajuda a Igrejas na América Latina; d) *observadores:* alguns representantes de Confissões Cristãs que operam na América Latina; e) *peritos:* alguns, designados pela Santa Sé, escolhidos dentre os presbíteros, religiosos, religiosas e leigos,

33

propostos pelas Conferências Episcopais da América Latina e pelo CELAM.

No contexto de uma Igreja sinodal, tal como se está experienciando em torno ao Sínodo da Amazônia, da Primeira Assembleia Eclesial da Igreja na América Latina e Caribe e, particularmente, do Sínodo dos Bispos sobre a sinodalidade eclesial, se poderia perguntar: por que, em se tratando de uma assembleia dos bispos da América Latina, para falar da vida da Igreja em seu próprio continente, tanta dependência de Roma? Como foram milhares os agentes de pastoral de todas as Igrejas Locais ou Dioceses do continente que se mobilizaram para preparar esta Assembleia, por que leigos, presbíteros, religiosos e religiosas não poderiam participar da Assembleia com direito também a voto? Ou seja, sem entrar no mérito das matérias que se reservam aos magistérios específicos do Papa e dos Bispos, a vida da Igreja e da pastoral no continente, objeto da Assembleia, permanecia longe do exercício do *sensus fidelium*, no espírito de uma verdadeira corresponsabilidade de todos por tudo na Igreja. Falava alto na ocasião a inciativa da CNBB da realização da primeira *Assembleia do Povo de Deus* (1991), composta por representantes de todos os segmentos da Igreja – bispos, presbíteros, diáconos, religiosos e religiosas, o laicato, assim como de representantes dos organismos e movimentos de Igreja. Era a materialização da eclesiologia de comunhão e de participação tematizada por *Puebla* e que, hoje, se constitui em uma proposta desafiante universalizada pelo Papa Francisco, através do Sínodo dos Bispos sobre a sinodalidade eclesial.

1.2 Uma proposta de metodologia na tradição de Medellín e Puebla

O projeto da metodologia de trabalho da Assembleia foi elaborado em sintonia com a tradição de *Medellín* e *Puebla*, tomando distância da metodologia do Sínodo dos Bispos vigente na época e que acabaria imposta em Santo Domingo (BRIGHENTI, 1992, p. 17-20). Tinha-se presente o que havia ocorrido com os bispos africanos em relação à demanda por uma primeira grande assembleia eclesial continental. Eles queriam e insistiram em realizar um Concílio Africano. Sem sucesso, reivindicaram um Sínodo Africano. Também não foram atendidos e a reunião aconteceu como uma "Assembleia Especial do Sínodo dos Bispos para a África", realizada em Roma.

Tínhamos consciência da preocupação de segmentos da Igreja na América Latina e Caribe, em especial da Cúria Romana, que, em *Santo Domingo*, os representantes da metade dos católicos no mundo não poderiam ficar expostos ao perigo de tendências heterodoxas, que precisavam ser enquadradas na "grande disciplina". Mas, julgamos que a Assembleia de Santo Domingo não poderia ignorar *Medellín* e *Puebla* e optamos por conjugar as metodologias de trabalho das duas Conferências. Em *Medellín* se havia adotado uma metodologia mais voltada para a discussão, enquanto que, em *Puebla*, se havia trabalhado mais em vista da redação de um documento. Na avaliação de ambas, em relação a *Medellín* se ponderava que se havia discutido muito e redigido pouco; em relação a *Puebla* se dizia o contrário, que se havia dedicado muito tempo em redigir um documento e pouco para a discussão. Diante disso, optamos por uma metodologia que valorizava tanto a discussão quanto a redação. Por um lado, procurávamos juntar as boas dinâmicas de discussão de *Medellín* e as técnicas de redação de *Puebla* e, por outro, sintonizá-las com a maneira habitual de realizar as assembleias de pastoral na América Latina.

Trata-se da conhecida trilogia *ver-julgar-agir* – ver analiticamente, julgar teologicamente e agir pastoralmente. Era precisamente esta a recomendação chegada ao CELAM das diversas sugestões de metodologia para a Assembleia, pois se constatava que, tanto o "Instrumento Preparatório" como o "Documento de Consulta", haviam optado por um método de reflexão menos histórico-contextual e mais dedutivo. Tinha-se consciência que uma metodologia de trabalho baseada sobre essa trilogia garantiria, por um lado, a contextualidade da pastoral e, por outro, a busca de sua eficacidade.

Alguns aspectos da metodologia abortada

O projeto completo se compunha de oito partes: Objetivos Operacionais, Curso de Ação e Cronograma, Justificação Teológico-pastoral da Metodologia, Aspectos Básicos da Organização, Organograma Básico, Manual do Participante e Elementos a desenvolver. Como nosso objetivo, aqui, é apresentar a metodologia apenas em suas grandes linhas, limitar-me-ei a apresentar-lhes Objetivos Operacionais e a Justificação Teológico-pastoral dos três grandes momentos do Curso de Ação.

Objetivo Geral. O Objetivo Geral da IV Conferência que a metodologia proposta pretende alcançar se inspira de um discurso do Papa à CAL, proferido no dia 7 de dezembro de

1989: "Estudar e planejar a missão evangelizadora da Igreja no continente latino-americano para que, com a rica experiência do passado – incluído o passado mais recente de *Medellín* e *Puebla* e tendo presentes as transformações profundas que se registram em nosso tempo, possa enfrentar, com docilidade ao Espírito, os desafios do futuro".

Objetivos Específicos. Para alcançar esse Objetivo Geral, seis objetivos específicos, um para cada etapa do Curso de Ação da Assembleia: *primeira etapa:* "Organizar o trabalho da Assembleia, para que em comunhão e participação possa responder eficazmente aos desafios de sua realização"; *segunda etapa:* "Inaugurar a IV Conferência Geral do Episcopado Latino-americano para lhe assinalar as grandes orientações de seu desenvolvimento"; *terceira etapa:* "Discernir os novos sinais dos tempos na sociedade e na Igreja latino-americanas para determinar os desafios pastorais da ação evangelizadora da Igreja hoje no continente"; *quarta etapa:* Discernir a Palavra de Deus hoje na América Latina – "Discernir os grandes princípios doutrinais e os critérios teológico-pastorais da Nova Evangelização, da Promoção Humana e da Cultura Cristã, para determinar os princípios de ação e as normas de juízo que requer uma renovada Evangelização na América Latina"; *quinta etapa:* "Assinalar as estratégias de evangelização, aptas a responder aos desafios pastorais do presente na América Latina"; *sexta etapa:* "Discutir e aprovar as Conclusões da IV Conferência Geral do Episcopado Latino-americano para que, com renovado amor, impulsione a Nova Evangelização no continente" (cf. BRIGHENTI, 1992, p. 17-20).

Justificação teológico-pastoral dos três grandes momentos

A metodologia da Assembleia de Santo Domingo tinha três grandes momentos: "escutar, iluminar, responder", método oriundo da Ação Católica e assumido pelo magistério pontifício na *Mater et Magistra* (MM 72). A trilogia era prática corrente da Igreja na América Latina, presente no planejamento pastoral, em *Medellín* e *Puebla,* assim como na reflexão teológica. Justificava-se no projeto de metodologia que se tratava de uma metodologia indutiva e participativa, que favorece a criatividade, partindo da ação para voltar à ação: a) *Escutar*: "é o ponto de partida de toda pastoral de encarnação e de uma ação eclesial que pretende inserir-se no seio da história a partir do discernimento dos sinais dos tempos (cf. QA. 4; Med. 7,13 e 10,13; Puebla 12, 420, 473, 653, 847, 1115, 1128). Esta escuta atenta dos novos sinais dos tempos da realidade socioeclesial latino-americana permite detectar os desafios e as linhas pastorais para uma Nova Evangelização, estreitamente unida à Promoção Humana e à promoção de uma cultura impregnada dos valores evangélicos". b) *Iluminar*: "consiste em olhar a realidade socioeclesial com olhos de fé, como Pastores, para deduzir os princípios doutrinais e os critérios pastorais que permitam discernir a Palavra de Deus hoje na América Latina (cf. Puebla 14, 28, 74, 75). Esta visão pastoral da realidade socioeclesial permite igualmente deduzir princípios de ação e normas de juízo que orientarão o plano de ação". c) *Responder*: "para uma maior eficácia da fé, a escuta e a iluminação da realidade socioeclesial da América Latina exigem uma resposta da parte da Igreja através do discernimento das estratégias da Nova Evangelização". Esta resposta implica deduzir as linhas pastorais e as opções prioritárias que se concretizam em diretrizes de ação, aptas para responder aos desafios pastorais do presente em direção ao futuro" (cf. João Paulo II, *Angelus* de 12 de janeiro de 1992).

O projeto contemplava ainda os passos de cada uma das etapas. Primeira etapa: orientação metodológica, seguida de plenário com intervenções para assinalar os novos sinais dos tempos do continente; segunda etapa: explicitar os grandes princípios doutrinais e os critérios teológico-pastorais da Nova evangelização; terceira etapa: pronunciar-se sobre as estratégias da Nova evangelização na América Latina, codificação das intervenções, determinação de núcleos e temas, trabalho em comissões especializadas para a primeira redação, reunião para apresentação do texto de cada comissão a demais comissões que trabalham o mesmo tema, retorno a cada comissão para ajuste e segunda redação, plenário para apresentação e discussão do trabalho de cada comissão, volta a comissões para a terceira redação, ajuste final do texto por uma comissão de estilo (cf. BRIGHENTI, 1992, p. 17-20).

1.3 O projeto de metodologia descartado às vésperas da Assembleia

O projeto da metodologia elaborado, já com o aval do CELAM e a aprovação da CAL, foi descartado meses antes da abertura da Assembleia. Sabe-se que a razão principal foi a publicação do *Documento de Trabalho*, que recolhia as contribuições das Igrejas Locais através das Conferências Episcopais e estava em sintonia com a perspectiva de Medellín e Puebla. O longo processo de preparação da Assembleia havia dado origem a quatro documentos: o *Instrumento Preparatório* (fevereiro 1990), o *Documento de Consulta* (abril de 1991), a *Secunda Relatio* (novembro de 1991) e o *Documento de Trabalho* (julho de 1992). Os dois primeiros, elaborados pelo CELAM, não tiveram boa recepção entre os bispos e suas Igrejas Locais. Para garantir que as contribuições das Igrejas Locais no processo de consulta não fossem invisibilizadas, as Conferências Episcopais solicitaram ao CELAM que se publicasse o resultado recolhido no país por cada uma delas, o que deu origem ao terceiro documento – a *Secunda Relatio* (cf. CELAM, *Secunda Relatio*, 1992).

Foi a partir desta recompilação das contribuições das Igrejas Locais que se redigiu o *Documento de Trabalho*, no qual a Igreja na América Latina se reconhecia em sua identidade. Mas, para os seguimentos conservadores que queriam tomar distância da tradição libertadora de *Medellín* e *Puebla*, o documento não poderia ser ponto de partida na Assembleia, tal como a metodologia aprovada contemplava. Explicitamente argumentou-se que como se tratava de uma Conferência de Bispos, o evento teria que começar a partir deles e continuar com eles, sem "influências externas". Ou seja, situava-se a colegialidade episcopal fora da sinodalidade eclesial, quando na realidade a Assembleia era o ponto de chegada de um processo sinodal do Povo de Deus a partir das Igrejas Locais para depois voltar novamente a elas.

A nomeação dos Presidentes e Secretários da Conferência já assinalava o rumo que se queria dar a ela. Como ponto de partida, retirou-se da metodologia prevista as reuniões por delegados de Conferências Episcopais Nacionais e por Regionais do CELAM. Em seu lugar, foram introduzidas quatro conferências de caráter doutrinal, tal como no Sínodo dos Bispos de então, referentes aos quatro grandes temas da IV Conferência: a Jesus Cristo, Nova Evangelização, Promoção Humana e Cultura Cristã. Entretanto, se por um lado estas Conferências evitaram que o *Documento de Trabalho* fosse ponto de partida para Assembleia, por outro, elas pouco ou nada influenciaram o trabalho das comissões e a redação do documento final. Como muitos bispos disseram, as conferências ocuparam o tempo que faltaria depois na redação do documento.

Já as reticências e oposição ao método *ver-julgar-agir* por estes segmentos conservadores têm a ver com a dificuldade de recepção da racionalidade moderna – histórica, indutiva ou dialética, práxica – fruto da dificuldade de se desvincular da racionalidade pré-moderna – a-histórica, dedutiva, conceitual. Em sintonia como o método da Ação Católica, o itinerário metodológico da *Gaudium et Spes*, que se articula a partir da leitura dos "sinais dos tempos" e situa a teologia no horizonte da razão moderna, para estes segmentos parecia sem transcendência ou consequências para a vida e a projeção da missão da Igreja.

2 O procedimento metodológico da Assembleia de Santo Domingo

Com a rejeição do projeto da metodologia previamente aprovado, o desenrolar da Assembleia deu-se de modo pragmático, definindo-se os passos segundo o juízo da Presidência e da Secretaria, ajustados segundo as reações dos participantes. Não houve a substituição por outro projeto. Tanto que para dizer como se desenrolaram os trabalhos em Santo Domingo, praticamente se teria que fazer um diário do percurso metodológico. Mas, para não nos alongarmos, vamos dar uma visão do desenrolar dos trabalhos da Assembleia, a partir de três momentos cruciais, em torno dos quais se agrupam os demais elementos: terça-feira 13 – o início dos trabalhos sem um acordo metodológico; quinta-feira 22 – a armadilha de um documento curto; segunda-feira 26 – a opção por um documento ruim do que sair da Assembleia sem nada.

2.1 Terça-feira 13: o início dos trabalhos sem um acordo metodológico

No dia 13 de outubro, primeiro dia de trabalho da IV Conferência após a inauguração pelo Papa João Paulo II na véspera, veio à tona um mal-estar, que se prolongaria até o final da Assembleia. Era o início de um processo de autoafirmação da Assembleia em relação à metodologia. Estavam em jogo os resultados da Assembleia, suas conclusões ou o perfil do documento final, principalmente, seu conteúdo, que implicavam os atores da Assembleia, o Regimento Interno e a dinâmica dos trabalhos.

Pastores zelosos e zelosos pela doutrina

Com relação aos atores da Assembleia com voz e voto, que eram os bispos, em sua grande maioria eram pastores que chegaram trazendo as angústias e as esperanças de suas

Igrejas Locais. Agradável surpresa foi a constatação de que haviam crescido no espírito da renovação do Vaticano II e da tradição libertadora da Igreja na América Latina, especialmente os episcopados paraguaio, boliviano, equatoriano, panamenho, hondurenho e venezuelano. Mas, havia também os bispos mais "zelosos pela doutrina", que com um segmento da Cúria romana atrelado a esta perspectiva, constituíam mais de 1/3 dos participantes. Eram bispos ligados a associações apostólicas como Opus Dei, Comunhão e Libertação, Focolari, Schonstät, Legionários de Cristo, Neocatecúmenos, Sodalício de Vida Cristã etc., preocupados em reafirmar a identidade católica frente ao avanço das "seitas" e em salvaguardar a ortodoxia, especialmente na cristologia e na eclesiologia, diante de certas teses sedutoras da Teologia da Libertação, tidas como reducionistas da Tradição Católica. Era um segmento da Assembleia mais homogêneo e mais consertado entre si que o dos "pastores zelosos". Por isso, ao contrário do que se passou em *Medellín* e *Puebla*, a correlação de forças se estabeleceu não entre "conservadores" e "progressistas", mas entre "pastores zelosos" e "zelosos pela doutrina". Tanto que não questionaram a opção preferencial pelos pobres, as Comunidades Eclesiais de Base e o engajamento da Igreja no social. O verdadeiro embate se deu em torno de questões doutrinais. A parte pastoral do documento – Promoção Humana, Cultura Cristã e Linhas Pastorais Prioritárias – encontrou consenso relativamente fácil entre os participantes, ao contrário da parte cristológica e eclesiológica. Fora os bispos, os demais membros pouco influíram na Assembleia. Os observadores tiveram pouco espaço de atuação e os representantes dos religiosos, assim como os presbíteros e diáconos tiveram dificuldade em situar-se em um evento metodologicamente confuso. Quanto aos peritos, dentre eles alguns poucos teólogos, mas nenhum ligado à teologia latino-americana, estiveram aquém da assessoria que esperavam os bispos pastores.

A inauguração da Assembleia no dia anterior pelo Papa João Paulo II não causou o impacto do discurso programático proferido em *Puebla*, por exemplo. Não apresentou elementos novos, limitando-se a reafirmar as conhecidas orientações dadas à Igreja na América Latina durante seu pontificado. A única novidade foi a proposta de um Sínodo Pan-americano, que foi recebida com interesse por alguns e com desconfiança por muitos, pois poderia levar a perder de vista a tradição eclesial latino-americana tecida em torno a *Medellín* e *Puebla*. Fora isso, o discurso do papa em torno da centralidade de Jesus Cristo foi usado pelos "zelosos pela doutrina" para justificar a elaboração de um documento que não só partisse da doutrina, como se restringisse à explicitação da doutrina cristológica. Mas, bispos pastoralistas como Dom Aloisio Lorscheider não perderam a oportunidade para alertar para "a volta do cristomonismo".

Nova mudança na metodologia na abertura dos trabalhos

Dada a decisão do papa em participar dos trabalhos da Assembleia na tarde da terça-feira 13, mudou-se a metodologia prevista no Manual do Participante. No Manual (cf. p. 76 e 203) se reservava as quatro sessões do dia para: *Organização da Assembleia* (Chamada dos participantes, Apresentação do

Regimento, Apresentação das Normas Internas de Debate e Apresentação do Manual do Participante – 1ª sessão); discussão e aprovação dos *Objetivos e* da *Dinâmica da IV Conferência* (Ponto de partida da IV Conferência: tipo de Documento e de Conclusões e Apresentação dos Objetivos e da Dinâmica da Assembleia – 2ª sessão); Discussão e Aprovação dos Objetivos – (3ª sessão); e, finalmente, *Discussão e Aprovação da Dinâmica de Trabalho e a Nomeação de Comissões* (de Coordenação, Redação, Mensagens, Jurídica e Escrutínios – 4ª sessão). Entretanto, decidiu-se concentrar toda a agenda do dia na parte da manhã: *apresentação* do Regimento; *informação* sobre as Normas Internas de Debate (1ª sessão) e *apresentação* da Dinâmica; *comunicação* sobre a constituição das Comissões e *informação* sobre o Banco de Dados (2ª sessão), portanto, excluindo-se a discussão e a aprovação por parte da Assembleia (cf. Agenda del dia 13).

Mesmo sem tempo previsto para intervenções dos participantes, muitos bispos pediram e usaram da palavra invocando "questão de ordem". Sérgio Contreras (bispo de Temuco-Chile) questionou a Artigo 7 do Regimento, parágrafo 2, que submete a aprovação dos textos conclusivos a 2/3 dos votos válidos, argumentando que para um texto de caráter pastoral é exigir demais. Na verdade, o critério dos 2/3 condicionava a aprovação de qualquer texto ao aval da Cúria Romana, que com os bispos "zelosos pela doutrina" do continente presentes na Assembleia somavam mais de 1/3 de seus membros. Carmelo Juan Giaquinta (bispo de Posadas-Argentina) chamou atenção que a metodologia em aplicação não é aquela do Manual e reclama a ausência de debate sobre a dinâmica proposta. Justo Oscar Laguna (bispo de Morón-Argentina) lembrou o espírito de liberdade de trabalho que reinou em *Puebla*, quando foi a própria Assembleia quem constituiu as Comissões, e acentuou que esta Conferência, como as anteriores, não é Sínodo e que como o episcopado latino-americano sempre se destacou por sua fidelidade ao papa, não há nada que justifique o "medo do Vaticano" [sic]. Dom Ivo Lorscheider, depois endossado por Dom Clemente Isnard (Nova Iguaçu-Brasil), pediu que a metodologia só fosse aprovada após seu estudo pelas "Conferências Episcopais Nacionais" [sic] e chamou atenção que havia demasiado tempo para Plenários e pouco para o trabalho em Comissões. Pediu, outrossim, que fosse permitido à Assembleia se pronunciar sobre o número de Comissões e de sugerir nomes que posteriormente seriam ratificados pela Presidência. Finalmente, reivindicou uma reunião por Conferência Episcopal Nacional para definir o tipo de documento que se iria redigir. Emílio Bianchi di Carmo (bispo de Azul-Argentina), bem como Dom Jaime Chemello (Pelotas-Brasil) e Sérgio Obeso Rivera (bispo de Xalapa-México) também pediram mais tempo para os trabalhos em Comissões Especializadas. Além disso, Dom Jaime frisou que o tempo previsto de seis minutos para as intervenções individuais em plenário era demasiado. Mons. Bianchi pediu que fosse permitido à Assembleia votar os nomes dos integrantes das Comissões. Mons. Obeso pediu que as "conferências/ponências" não fossem proferidas no plenário, que apenas se distribuísse os textos. O Cardeal Primatesta (Córdova-Argentina), endossado pelo reitor da Universidade Católica da mesma cidade, insistiu que o laicato tem necessidade de um texto breve e, portanto, em vez de um documento, que se redigisse apenas um texto simples, contendo linhas pastorais concretas. Mais adiante, o episcopado argentino votaria em bloco nesta proposta, com exceção de dois bispos. Edmundo Flávio Abastoflor Monteiro (bispo de Potossí-Bolívia) retrucou em nome da Conferência Episcopal de seu país como seu presidente, que já é uma tradição do "magistério latino-americano" [sic] produzir um documento e que fosse coerente entre as diversas partes, o que implicaria a definição de antemão, por parte da Assembleia, de sua estrutura. Por fim, Dom Luciano Mendes de Almeida, além de igualmente pedir à Presidência que a Assembleia sugerisse nomes para constituir as Comissões e que se pudesse intervir no plenário também em nome de grupos ou comissões, insistiu que se deveria redigir um documento, e que, em seu processo de redação, para que se chegue a um texto coerente, não se concluísse uma parte independente das demais.

O início dos trabalhos sem a definição de suas regras

Como já se havia chegado ao final da 2ª sessão e o papa viria na parte da tarde participar dos trabalhos, apesar dessas sugestões e reivindicações concretas, continuou-se a Assembleia como se havia previsto, prolongando o mal-estar da abertura até o final da mesma. Segundo um bispo brasileiro, tinha-se a impressão de "andar-em-roda" o tempo todo. Houve dias em que mesmo a equipe encarregada da dinâmica da Assembleia, à noite, ainda não sabia o que se faria no dia seguinte.

Após a "conferência/ponência" sobre Jesus Cristo com a presença do papa à tarde, no dia seguinte, retomou-se a agenda prevista com as intervenções individuais em plenário, limitadas a quatro minutos. Em um primeiro momento, as intervenções deveriam versar sobre a realidade eclesial e depois a social, conforme indicação recebida, quando é costume fazê-lo na ordem inversa. Com isso, de um lado, se pretendia evitar a metodologia indutiva, partir de um "ver" em que a Igreja é situada no mundo e, de outro, como disse um bispo dos "zelosos pela doutrina", era preciso mostrar que "a era dos intelectuais e principalmente dos sociólogos terminou".

No início da 2ª sessão, a Presidência pediu à Assembleia para que se entregasse à Secretaria, por escrito, sugestões sobre o tipo de Documento que se queria redigir: estilo, conteúdos, fio condutor e destinatários. Na última sessão do dia, a partir das sugestões da Assembleia, a Presidência nomeou as Comissões de serviço e anunciou também que se iria adaptar a dinâmica para que houvesse mais tempo para o trabalho das Comissões Especializadas.

2.2 Quinta-feira 22: a armadilha de um documento curto

Ainda na quarta-feira 14, por grupo de delegados de Conferências Episcopais Nacionais, se elaborou um elenco de Temas e Subtemas que, segundo os bispos, deveriam compor o conteúdo do documento a ser redigido. Após um trabalho de síntese realizado pela Comissão de Coordenação nesta mesma noite, no dia seguinte, dia 15, no período da manhã, procedeu-se à apresentação, discussão e aprovação dos 30 Temas que seriam trabalhados por 30 Comissões Especializadas, durante seis dias. Para a constituição das Comissões, cada participante inscreveu-se em três temas – em primeira, segunda e terceira opção –, para que, na composição das Subcomissões, caso houvesse excesso de inscritos em primeira opção num tema, se pudesse fazer o deslocamento de temas assinalados em segunda ou terceira opção. Ao se compor as Comissões, no entanto, veio a orientação de que os membros da Cúria Romana fossem deixados sempre na primeira opção assinalada, o que garantia sua presença em todas as Comissões. No período da tarde, começou-se o trabalho de redação temática por Comissões Especializadas.

As quatro redações temáticas

Do dia 15 ao dia 21, concatenaram-se trabalho de redações temáticas por Comissões Especializadas com as Conferências Magistrais e intervenções individuais em plenário sobre Nova Evangelização, Promoção Humana e Cultura Cristã. À medida que as Conferências foram acontecendo, os bispos deram-se conta que, com isso, o Documento de Trabalho estava sendo relegado (cf. CELAM, *Documento de Trabajo*, 1992).

Com exceção da conferência de José Luís Alemán sobre Promoção Humana, que retomava o Documento de Trabalho, as demais conferências o ignoraram. Constatou-se também nesta fase das quatro redações temáticas, de um lado, a fragilidade do trabalho da assessoria por parte dos peritos nomeados e, de outro, como a metodologia não permitia o aproveitamento de um banco de dados informatizado que havia sido preparado pelo CELAM, para munir os bispos de fontes do magistério e de referências teológicas necessárias.

Na quinta-feira 15, elaborou-se a 1ª Redação Temática. No dia 16, após o intercâmbio da redação do tema de cada Comissão com os temas das demais, procedeu-se à 2ª Redação. No dia 20, após cada Comissão ter fundamentado seu tema na Cristologia, Eclesiologia e na Promoção Humana e Cultura Cristã, nos dias 17 e 19, elaborou-se a 3ª Redação Temática. Orientou-se incorporar os conteúdos das conferências, o que na prática não ocorreu. No dia 21, no período da manhã, cada Comissão confrontou seu tema com os temas das demais e, à tarde, elaborou-se a 4ª e última Redação Temática. A partir daí, o texto deixaria de pertencer às Comissões para passar à Assembleia, o que na prática não ocorreu, pois a Presidência, a Secretaria e membros da Comissão de Redação, em vários momentos se sobrepuseram a ela. A parte doutrinal do documento se distanciaria cada vez mais do que as Comissões Especializadas haviam produzido, sem que a Assembleia tenha encontrado uma forma de ter as Comissões sob seu controle. Os "modos" seriam minimamente incorporados. O fato é que a Comissão de Redação optou por trabalhar em Subcomissões, sendo que a parte doutrinal do documento ficou a cargo do grupo dos "zelosos pela doutrina". Dom Luciano Mendes de Almeida, moderador da Comissão de Redação, foi deixado a cargo da redação da terceira parte, dedicada à Promoção Humana.

O mal-estar diante da Primeira Redação Global

Foi somente na sexta-feira 16, após a elaboração da 2ª Redação Temática, que finalmente se definiu, por votação, as características e o estilo do documento. Mas, era algo tão genérico, que pouco iria influir na fase de redação global. No dia 20, após a elaboração da 3ª Redação Temática, já se havia começado a apresentação e discussão do primeiro capítulo do documento, a parte cristológica, a *Profissão de Fé* (1.1.) e a *Situação Histórica dos 500 anos* (1.2.), fruto do trabalho das Comissões 1 e 2. Apesar de no dia 22, por ocasião da *votação indicativa*, estes textos terem sido folgadamente aprovados, quase todos os parágrafos, entretanto, foram aprovados com *placet iuxta modum*, revelando o descontentamento da Assembleia com relação ao seu conteúdo.

Neste mesmo dia, a primeira sessão foi dedicada ao estudo pessoal da parte eclesiológica que abarcava o trabalho das Comissões 3 a 16. A 2ª sessão estava destinada às intervenções individuais sobre o texto. Inscreveram-se 120 oradores. E mesmo que o tempo das intervenções tivesse sido reduzido a dois minutos, só tiveram tempo para falar 40. A maioria das intervenções versava menos sobre aspectos particulares do conteúdo e mais sobre a linha do documento em sua globalidade, como também para expressar o descontentamento sobre a maneira como a Assembleia tinha sido conduzida até então.

A tarde da quinta-feira 22 estava reservada à continuidade das intervenções individuais sobre o primeiro capítulo da 1ª Redação Global. Continuavam todas na mesma linha. Emílio Bianchi (Argentina) criticou a falta de tempo e de tranquilidade para estudar, discutir e votar os textos, em resumo, a correria nesta fase, quando se havia perdido dois dias com as conferências e com a discussão da metodologia, sem que ela fosse definida. E concluiu dizendo que "como nossa febre é produzir documentos, o Documento de Santo Domingo será um documento pobre, uma frustração para nossas Igrejas". Era o episcopado argentino que se manifestava uma vez mais no sentido de não se redigir um documento. P. Hernan González (Venezuela) questionou a utilidade e as características do Documento. Luís Bambarém (Peru) pediu uma linguagem mais simples e impactante no texto. Alberto Suárez (México) criticou a falta de coerência no texto em geral. Antônio Possamai, além de assinalar que o texto é por demais extenso, frisou que o método de redação em aplicação – partir da doutrina e não da realidade – fez a Assembleia se sentir perdida. Sugeriu que se siga a ordem indutiva: Desafios Pastorais, Iluminação Teológica e Linhas Pastorais, conforme costume e tradição das Assembleias no continente. Um bispo do Uruguai ressaltou que o método utilizado pelo papa não é o dedutivo. Fernando Figueiredo pediu mais brevidade e um texto mais sugestivo.

O momento crucial e decisivo da Assembleia

Enquanto os oradores expressavam seu descontentamento com a parte doutrinal do Documento, parte da Presidência, a Secretaria-geral, a Comissão de Redação e de Coordenação haviam se retirado do recinto para juntos buscar uma saída ao mal-estar que vinha desde o dia anterior, principalmente em relação aos critérios de redação. Após a intervenção de 15 oradores, a Presidência interrompeu a sessão para dar a palavra a Dom Luciano, moderador da Comissão de Redação, que voltava da reunião. Ele ressaltou que dois pontos pareciam comuns entre os oradores: primeiro, que o texto é muito longo e lhe falta um estilo mais impactante e, segundo, que há temas repetidos e falta novidade. Como solução propôs reduzir e dar mais força ao texto.

Diante da proposta começou uma nova ronda de intervenções espontâneas em que se perguntava, além disso, sobre o valor dos "modos" a serem elaborados, uma vez que se constatava que a Comissão de Redação havia se distanciado do trabalho das Comissões Especializadas. Foi neste momento que os que haviam, desde o início da Assembleia, se pronunciado contra a redação de um documento, sobretudo a delegação argentina, passaram a defender que, em lugar de se ter um documento ruim, era melhor não ter nenhum.

Habilmente, Dom Luciano Mendes de Almeida interveio novamente, pedindo "uma espécie de bênção" [sic] da Assembleia à Comissão de Redação, para que ela pudesse seguir o trabalho de revisão do texto, de acordo com as sugestões da Assembleia. Mas, para que a Assembleia pudesse conversar sobre essa proposta, a Presidência interrompeu a sessão por 10 minutos, mas que na realidade foram 23. Durante este tempo, vários grupos se formaram espontaneamente no plenário e a Presidência aproveitou para se reunir de novo com a Secretaria, a Comissão de Redação e a Comissão de Coordenação. Retomados os trabalhos, Dom Luciano sugeriu a votação de quatro propostas: 1ª) continuar o trabalho de redação; 2ª) tomar em conta todo o trabalho das Comissões Especializadas; 3ª) trazer para o dia seguinte sugestões de melhoria do texto; e 4ª) aprovar de maneira genérica os textos recebidos, para que a Comissão de Redação pudesse retrabalhá-los a partir das sugestões da Assembleia. Submetidas as 4 propostas à votação, o resultado foi amplamente favorável: 171 a favor, 15 contra, 11 abstenções e 1 *iuxta modum*. O escrutínio foi encerrado com uma grande salva de palmas por parte da Assembleia. Era Dom Luciano assegurando a redação de um documento e encontrando uma saída para a Presidência, que havia se revelado incapaz de encontrar uma saída.

O primeiro grande impasse estava superado. Entretanto, como se votou por reduzir o texto, mas sem se estabelecer os critérios, haveria um nítido empobrecimento do conteúdo e um distanciamento ainda maior dos trabalhos realizados pelas Comissões Especializadas. Outro problema aconteceu em relação à decisão estratégica de se melhorar o texto através de "modos". Como os "zelosos pela doutrina" tinham a hegemonia da Comissão de Redação, a maior parte dos modos apresentados não seria incorporada.

O primeiro grande acordo em torno das Opções Pastorais Prioritárias

Ainda na quarta-feira 21, ao finalizar a 4ª Redação Temática, cada Comissão Especializada foi convidada a discutir e propor cinco Opções Pastorais Prioritárias a serem enviadas à Secretaria. Na sexta-feira 23, no período da tarde, foi divulgado o resultado da compilação das propostas. De um total de 28 Comissões (as duas primeiras estavam ocupadas na redação do Capítulo I), 23 indicaram a Opção Preferencial pelos pobres (82%), 19 os leigos (68%), 15 a vida (54%), 15 a família, 11 os jovens (39%), 11 cultura-inculturação, 10 cidade-cultura urbana (36%), 10 Comunicação Social, 7 Missões (25%), 7 culturas indígenas e afro-americanas, 5 justiça e direitos humanos (18%), 4 Catequese (14%), 3 Mulher (11%), 3 Comunidades, 3 ministérios, 2 Educação (7%), 2 Vocações, 2 Santidade etc.

No sábado 24, parte da 2ª sessão foi reservada à discussão sobre as Opções Prioritárias, a partir da síntese das sugestões das Comissões Especializadas. Para surpresa de todos, Dom

Luciano Mendes de Almeida apresentou um esquema simples, mas que resumia de maneira amplamente satisfatória as proposições das Comissões, seguido da apresentação das Prioridades em forma de oração. Sua apresentação foi encerrada com uma grande salva de palmas da Assembleia. Terminada a sessão, Dom Luciano foi cobrado pelos bispos "pastores" por não ter discutido anteriormente a proposta apresentada e vivamente acatada pela Assembleia. Apesar disso, estava sendo selado o primeiro grande e decisivo acordo da Assembleia, a partir do qual seriam tecidos todos os demais. Logo após a salva de palmas, usaram da palavra congratulando-se com Dom Luciano os bispos: Manuel Prado (Peru), Card. Juan Landázuri (Peru), Juan Sandoval (México), José Arancedo (Argentina), Bosco Vivas (Nicarágua), Juan Martini (Peru), Luís Bambarén (Peru), Afonso Grégory (Brasil), Cristian Caro (Chile), Sinésio Bohn, David Picão, Ovídio Perez (Venezuela), Juan Sarasti (Colômbia), Ângelo Salvador, Diego Padrón (Venezuela), Dario Castrillón (Colômbia).

3. Segunda-feira 26: a opção por um documento ruim do que sair sem nada

O dia 26 também foi um dia decisivo para a Assembleia. Era a última semana da Assembleia e ainda não estava certo que se sairia dela com um documento. Houve momento de desalento, superado por bispos mais experientes, que alentaram os participantes a melhorar o texto através de modos.

A decepção diante da 1ª Redação do Texto Final

Na segunda-feira dia 26 foi entregue aos participantes a 1ª Redação do Texto Final, depois de todas as sugestões do dia

22. A agenda do dia previa dia livre para seu estudo pessoal e volta no final da tarde para votação. Vários oradores intervieram, entretanto, pedindo mudança na dinâmica. Propunham uma sessão plenária para discussão do texto, antes da votação. Outros se pronunciaram se opondo à proposta. A Presidência submeteu-a à votação. Com muitas ausências no momento, foram 112 a favor, 98 contra e 2 se abstiveram. A sessão estava convocada, mesmo sob o protesto dos que alegavam não se haver conseguido os 2/3 necessários.

Na sessão plenária, a Assembleia que havia pedido uma redução do texto constatou, de um lado, que nem todas as partes tinham sido reduzidas de maneira equitativa e, de outro, que a redução tinha, sobretudo, empobrecido o texto. Quanto à redução: Profissão de Fé, das 5 páginas haviam sido conservadas as 5 (0% de redução); História, de 4 reduziu-se para 2 (-50%); Nova Evangelização, de 58 para 29 (-50%); Promoção Humana, de 28 para 11 (-61%); Cultura Cristã, de 21 para 12 (-47%); e, Linhas Pastorais, permaneceram as 3 páginas (0% de redução).

Constatou-se, sobretudo, que a redução tinha significado um distanciamento dos conteúdos trabalhados até então pela Assembleia, mais concretamente pelas Comissões Especializadas. Comparado com os textos das Redações Temáticas, esta primeira redação do texto final era quase irreconhecível. Vários bispos usaram da palavra pedindo que se recuperasse o trabalho das Comissões Especializadas: Raul Scarronne (Uruguai), Ramón Godínez (México), Júlio Cabrera (Guatemala), Pedro Padrón (Venezuela), Demétrio Valentini (Brasil) José Grullon (República Dominicana), Juan Sandoval (México),

José Luís Ascona. Entre outros, Ramón Godínez falou também da necessidade de se resgatar o Documento de Trabalho; José L. Ascona, que as Comissões Especializadas não se reconheciam mais no texto; e Manuel Vial (Chile) que a Comissão de Educação está decepcionada com o conteúdo de seu tema e pede a volta do texto anterior. Também vários bispos protestaram que seus modos não haviam sido levados em conta, como foi o caso de Dom Demétrio Valentini.

A decisão de melhorar o texto através de "modos"

Novamente a Assembleia se viu diante de um estado crítico de ânimo. Praticamente ao término da Assembleia e ainda não estava claro se os bispos sairiam dela com um documento. Foi quando vários bispos usaram da palavra para encorajar a Assembleia. Dom Ivo Lorscheiter, falando em nome de um grupo de bispos brasileiros, ofereceu-se a contribuir "com carinho", [sic] com modos no sentido de melhorar o Documento. Na avaliação final da delegação da CNBB, reconheceu-se o papel importante desempenhado por Dom Ivo, que, com sua experiência, "acalmou" a Assembleia em seus momentos mais cruciais. Geraldo Flores (Guatemala) pronunciou-se no mesmo sentido. Álvaro Ramazzini (Guatemala) advertiu que a Assembleia não poderia voltar de Santo Domingo com as mãos vazias e que era preciso optar por melhorar o texto. Juan Jesus Posadas (México) pediu que não se rejeitasse o texto, o que significaria um enorme tempo perdido. Por fim, Juan Luís Cipriani (Peru) augurou à Assembleia "ânimo para avançar" [sic].

Placet, mas com 5.000 "modos"

A Assembleia optou por aprovar o texto, tentando melhorá-lo através de "modos". Todos os textos foram aprovados, com mais de 75% de votos, menos o Salmo da América, previsto para o final do documento, que não alcançou os 2/3 necessários. A oração redigida por Dom Luciano, a partir das prioridades, que já havia sido acolhida anteriormente pela Assembleia, ocupou seu lugar. Na votação, quase todos os parágrafos do texto foram votados na modalidade *placet iuxta modum*, totalizando 5.000 "modos" enviados à Comissão de Redação, no intuito de melhorar o texto. A maior parte dos modos estava direcionada à parte doutrinal e mais especificamente à parte eclesiológica.

Dado o trabalho colossal a empreender, a Presidência decidiu reforçar a Comissão de Redação com a nomeação de outros bispos: Clovis Frainer (Brasil), Juan Sandoval (Venezuela), Dario Castrillon (Colômbia), José Maria Arancibia (Argentina), Jaime Chemello (Brasil) e Jorge Medina (Chile). Alguns deles não foram aceitos por algumas subcomissões, alegando não haver necessidade de reforço.

A votação do "tudo ou nada"

Na terça-feira 27 foi entregue o texto das Conclusões Finais, em princípio, já com os 5.000 "modos" incorporados, para ser estudado individualmente e votado no dia seguinte, unicamente através da modalidade *placet* e *non placet* sem, portanto, possibilidade de emendá-lo através de uma votação por destaque, por exemplo. Como era de se esperar, o texto aumentou de volume: Profissão de Fé e História permaneceram inalterados, 5 e 2 páginas respectivamente; Nova Evangelização, de 29 aumentou para 37 (+22%); Promoção Humana, de 11 para 18 páginas (+38%); Cultura Cristã, de 12 para 15 (+20%); Linhas Pastorais permaneceu igual, 3 páginas. O texto de Promoção Humana, que havia na redação anterior sofrido maior redução, foi o que nesta redação mais aumentou de volume.

Quanto à introdução dos 5.000 "modos", como o texto impresso apresentava *em negrito* a incorporação deles sem poder, entretanto, avaliar a quantidade de "modos" iguais ou repetidos, constatava-se a inclusão de apenas 407 (8% do total), a saber: 37 na Profissão de Fé (9%), 14 na História (3%), 241 na Nova Evangelização (incluída Introdução, 5) 62%, 30 na Promoção Humana (7,5%) e 79 na Cultura Cristã (20%). Como já assinalado, a maioria dos "modos" eram destinados à parte doutrinal do texto. Pelo menos chegou-se a um maior equilíbrio entre o número de páginas entre a parte doutrinal e a parte pastoral do texto. Na 1ª Redação Global (quinta 22), a parte doutrinal tinha 67 páginas e a pastoral 53; no Texto Final (segunda 26), a parte doutrinal tinha 37 páginas e a parte pastoral 26; na Redação Final (terça 27), a parte doutrinal ficou com 44 páginas e a parte pastoral com 36.

Considerações finais

Basta ter presente o modo tenso e conflitivo do processo de preparação e realização da IV Conferência para entender por que *Santo Domingo* é um documento praticamente não recebido pela Igreja na América Latina e Caribe. Muitos dos bispos presentes, que haviam vivido em *Medellín* a convergência entre magistério, teologia e caminhada pastoral, e também passado pelos embates de *Puebla*, saíam de *Santo Domingo* com a amarga experiência de um dos momentos mais sofridos no caminho de afirmação de uma Igreja autóctone e sintonizada com o clamor dos pobres. Não havia dúvidas de que se estava enfrentando na Igreja como um todo, um franco processo de involução eclesial em relação à renovação do Vaticano II e de sua "recepção criativa" em torno a *Medellín* e *Puebla*. Estavam ali em Santo Domingo grandes atores de *Medellín* como os cardeais Eduardo Pironio e Juan Landázuri e os bispos Aloísio Lorscheider, José Maria Pires, Leônidas Proaño, Marcos MacGrath e Samuel Ruiz, entre outros. Remanescentes de *Puebla* como Dom Paulo Evaristo Arns, Raul Silva Enríquez, Dom Ivo Loscheiter, Dom Clemente Isnard, Dom José Maria Pires, Leônidas Proaño, Dom Luciano Mendes de Almeida, Luís Bambaren e outros, que haveriam de resistir e alimentar a esperança. Infelizmente, apenas um ou outro teve a graça como nos foi dada de viver tempos novos na Igreja com a Conferência de Aparecida, que resgatou a renovação do Vaticano II e a tradição libertadora e, sobretudo, a alegria do *kairós* que significa para a Igreja e para a humanidade o pontificado de Francisco.

Hoje, a gratificante experiência de uma Igreja sinodal vivida em torno ao Sínodo da Amazônia, como também da Primeira Assembleia Eclesial da Igreja na América Latina e Caribe e do Sínodo diocesano, continental e universal sobre a sinodalidade, nos fazem olhar para o passado e para o futuro. Olhar para trás agradecidos pelo empenho e testemunho de todos aqueles que, contra toda esperança, mantiveram acesa a chama da Igreja do Vaticano II e *Medellín*, em muitos lugares, ainda brasas sob cinzas. Mas, sobretudo, nos fazem olhar para frente. Alicerçados na trajetória destes nossos "pais da Igreja" e no caminhar que fizeram junto a seu povo, urge sermos uma Igreja samaritana e profética, tornando o Reino de Deus cada dia mais presente, especialmente onde a vida em plenitude oferecida pelo Senhor da Vida está mais minguada.

Referências

BRIGHENTI, A. As grandes linhas da Metodologia de trabalho da IV Conferência do Episcopado da América Latina. *Encontros Teológicos*, Florianópolis, v. 12, p. 17-20, 1992.

BRIGHENTI, A. Elementos para uma crítica histórica do Documento de Santo Domingo. *Encontros Teológicos*, Florianópolis, v. 14, p. 3-11, 1993.

CELAM. *Secunda Relatio*. Bogotá: Centro de Publicaciones, 1992.

CELAM. *Documento de Trabajo*. Bogotá: Centro de Publicaciones, 1992.

DOIG, G. *De Río a Santo Domingo*. México: INDOSOC, 1993.

MERLOS, F. Reflexiones en torno a la IV Conferencia General de Santo Domingo. *Revista Medellín*, Bogotá, v. 73, p. 5-11, 1993.

MERLOS, F. A IV Conferência de Santo Domingo: entre suspeita e a esperança. In: BRIGHENTI, A.; PASSOS, J.D.

(orgs.) *Compêndio das Conferências dos Bispos da América Latina e Caribe*. São Paulo: Paulinas/Paulus, 2018, p. 95-103.

NERY, I.J. *Como vi e vivi Santo Domingo*. Petrópolis: Vozes, 1993.

3
A teologia no documento de Santo Domingo

Paulo Sérgio Lopes Gonçalves

Objetiva-se neste texto analisar fenomenológica e epistemologicamente a configuração da Teologia no documento de Santo Domingo. Justifica-se esse objetivo a necessidade de pensar como um evento da envergadura da IV Conferência Geral do Episcopado Latino-Americano e Caribenho, realizada em Santo Domingo em 1992, recepciona a tradição teológica desenvolvida nas conferências anteriores, e no próprio substrato continental, e a leva a cabo em sua valoração e desenvolvimento epistêmico e sistemático.

Em direção a sua especificidade, esse evento justifica-se por sua configuração própria acerca da recepção metodológica da tradição teológica latino-americana e caribenha. Seus momentos metódicos foram constituídos da principalidade da "iluminação teológica", para então analisar a realidade histórica e visualizar as ações pastorais a serem realizadas. Nessa reconfiguração metodológica, o magistério eclesiástico mostrava outra possibilidade epistêmica para pensar teologi-

63

camente, partindo da fé compreendida como *arché* no próprio fazer teológico, e então alcançar a realidade histórica dos povos do continente latino-americano e caribenho. Subjacente a essa novidade metódica estava a tensão epistemológica em relação à Teologia da Libertação, apresentada pela Congregação para a Doutrina da Fé em sua Instrução *Libertatis Nuntius* (1984), ocasionando reações de teólogos(as), comunicações oficiais dessa congregação com organismos episcopais latino-americanos e carta de João Paulo II destinada à Conferência Nacional dos Bispos do Brasil em que afirmava ser essa Teologia "útil e necessária" (JOÃO PAULO II, 1986, p. 5). Além disso, o próprio ensinamento social desse mesmo Papa apresentava uma reconfiguração da opção pelos pobres, ao afirmar a universalidade da categoria "pobres" (SR, n. 40-44) e a emergência da globalização, que poderia ser humanizada e constituída por uma economia "com mercado" – e não "de mercado" – que fosse capaz de desenvolver uma lógica de inclusão social (CA, n. 29).

Com restrições epistemológicas e ensinamento social situado em nova conjuntura, a Teologia em Santo Domingo não pode ser analisada nem concebida nominal e explicitamente, mas na sincronia de seu documento conclusivo com o evento realizado e a recepção intrínseca ao próprio documento.

Para atingir o objetivo supramencionado, o documento de Santo Domingo será colocado em seu respectivo contexto, em que se trará à tona a tradição teológica latino-americana desde a incidência da *theologia mundi* do Concílio Vaticano II e o modo como se desenvolveu a conferência realizada na República Dominicana, em sua condição de evento eclesial. Em seguida será analisado fenomenológica e epistemologicamente o modo de a Teologia ser apresentada e desenvolvida nesse documento, para que então sejam inferidos elementos que denotem uma Teologia em Santo Domingo, que possui a marca da dialética entre fé cristã – *arché* da Teologia – e História concebida a partir dos pobres, ainda que ambiguidades acerca da compreensão dessa categoria apareçam no documento.

Contextualização do documento de Santo Domingo

A tradição teológica latino-americana

A Conferência Geral do Episcopado Latino-Americano e Caribenho realizada em Santo Domingo herdou uma tradição teológica recente de perspectiva libertadora, que além de situar-se entre teólogos(as) encontrava-se também nas conferências de Medellín e Puebla, realizadas respectivamente em 1968 e 1979. Essa tradição encontra sua esteira na *theologia mundi* do Concílio Vaticano II, que recepcionou o processo de renovação teológica ocorrido nas primeiras seis décadas do século XX, desenvolveu a articulação entre mistério e história, explicitando teologicamente a relação de Deus com o ser humano e o mundo e impulsionando novas formas de fazer Teologia (GONÇALVES, 2021, p. XX). Assim sendo, emergia epistemologicamente a necessidade de articular a fé revelada com o *locus histórico*, para que a Teologia surgisse como complexo teórico efetivamente imerso na realidade latino-americana.

Em acolhimento à instigação da *theologia mundi*, a Conferência Geral do Episcopado Latino-Americano e Caribenho realizada em Medellín articulou a fé cristã com o *locus* histórico em que estão situados os pobres, compreendendo a pobreza tripartidamente como carência e privação, espiritualidade e compromisso de solidariedade. Na primeira concepção, pobres são as pessoas privadas economicamente de suas necessidades básicas, as que sofrem injustiças nas relações de trabalho, as que são marginalizadas social e culturalmente, as que são vítimas dos diversos tipos de violência, as que sofrem com políticas marcadas pela corrupção e pela privação do bem comum. Na segunda dimensão, pobres são as pessoas que assumem a pobreza espiritual em seu *modus vivendi*, efetivando-a mediante a simplicidade, a humildade, o despojamento e uma profunda abertura a estar com os outros para a convivência fraterna. Já na terceira, pobres são os próprios pobres que assumem a condição de sujeitos imbuídos de "força histórica", e são também os que se situam na mesma causa libertadora dos pobres. Nessa dimensão, desenvolve-se o compromisso com a práxis da solidariedade e formas para efetivar a libertação integral, que se concretiza na crítica a todo sistema opressor em que o pecado se estrutura socialmente e a toda atitude que oprime o ser humano e deteriora a dignidade humana. Com essa tripartição de pobreza, Medellín realizava a opção pelos pobres e realizava uma teologia em que se explicitava a revelação de Deus a partir do *locus historicus* em que estavam situados os pobres.

A terceira Conferência Geral do Episcopado Latino--americano e Caribenho realizada em Puebla, no ano de 1979, continuou a recepcionar a categoria pobres mediante a opção preferencial pelos pobres e pelos jovens, cujo aprofundamento conduziu às categorias rosto e cultura. Tomada da filosofia da alteridade, a categoria rosto propicia identificar o rosto de Cristo com o rosto dos pobres, que são os indígenas e afro-americanos, vítimas de genocídio e etnocídio, as mulheres oprimidas pelo machismo uxoricida, as crianças que vivem em situação de marginalização nas ruas, os operários e camponeses explorados em sua força de trabalho, os idosos que são descartados por não serem mais economicamente produtivos, os desempregados que se desesperam por não ter como levar o pão de cada dia para a sua família (DP 29-39). A tomada da categoria cultura contou com a contribuição de pensadores argentinos da teologia do povo, tendo se concentrado na cultura popular – dos pobres – e propiciado uma teologia em diálogo com as mediações da filosofia fenomenológica e da antropologia cultural para desenvolver teologicamente a inculturação da fé ou propriamente a evangelização inculturada. A conferência de Puebla não se apropriou da categoria cultura com isenção da crítica sociológica da realidade latino-americana, tão importante para a perspectiva libertadora da Teologia, mas situou a cultura a partir do *locus* histórico dos pobres, possibilitando que a inculturação fosse concebida a partir das culturas autóctones, especialmente as indígenas e as afro-americanas. Desse modo, a libertação toma corpo histórico, social, político, religioso e cultural, ampliando os horizontes da reflexão teológica realizada em Puebla. A corporeidade teológica da libertação já se colocava em movimento de efetividade em Puebla mediante a mesma metodologia utilizada em Medellín: o momento de análise da realidade com a mediação da filosofia social e fenomenologia da cultura e das Ciências Humanas, o momento da hermenêutica teológica tendo a cristologia como núcleo norteador e o momento teórico-prático em que se propôs a ação evangelizadora e pastoral da Igreja na América Latina.

Essa forma de articular o pensamento teológico tomou corpo na Teologia da Libertação, originariamente pensada por Gustavo Gutiérrez (1971), que objetivava formular um complexo teológico sapiencial, capaz de articular fé cristã e pobres, compreendidos nas três dimensões supramencionadas, para pensar Deus em perspectiva da libertação integral dos pobres, repercutindo epistemologicamente nas concepções sobre o ser humano, o mundo e a Igreja. Emergia, então, um complexo teórico que, se utilizando da esteira da *theologia mundi*, compunha-se das mediações da Filosofia e das Ciências Humanas para compreender a realidade histórica do homem e do mundo e, em seguida, aplicar a hermenêutica teológica que conduziria à práxis histórica libertadora dos pobres e da Igreja. A consistência epistemológica da Teologia da Libertação ocorreu com Juan Luis Segundo (1976) e com Clodovis Boff (1978), em que respectivamente apresentou-se o círculo hermenêutico que produz um processo de libertação da Teologia e um método teológico que denota a composição da Teologia da Libertação pelas mediações socioanalíticas, hermenêutica e teórico-prática, que fora traduzida pastoralmente por ver, julgar e agir. Da consistência epistemológica de seu método, a Teologia da Libertação se desenvolveu em tratados de cristologia, eclesiologia, antropologia teológica, sofreu tensões junto à Congregação para a Doutrina da Fé em sua Instrução *Libertatis Nuntius* (1984), contrapondo-se a algumas formas de fazer Teologia da Libertação (LN, I), e teve o reconhecimento do magistério eclesial no que se refere à necessidade da libertação integral (LC, n. 2) e à mundialização dos pobres (SR, n. 40-44). Amadureceu para tornar-se um sistema teológico libertador que encontrou sua esteira material na coleção "Teologia e Libertação" e principalmente na obra *Mysterium Liberationis*, organizada por Jon Sobrino e Ignacio Ellacuría (1990), publicada logo depois do assassinato de Ellacuría e outros cinco teólogos e duas mulheres que trabalhavam na casa dos jesuítas da Universidade Centro-Americana de El Salvador (GONÇALVES, 2020a, p. 187-191).

Essa herança teológica presente no magistério eclesial e no trabalho de teólogos(as), constituída de originalidade epistêmica, de incidência social, cultural, política e religiosa, tornou-se o patrimônio intelectual da fé para a América Latina no período posterior ao Concílio Vaticano II. Por isso, cabe a pergunta: de que modo ou em que medida essa tradição teológica foi recepcionada na conferência geral do episcopado latino-americano reunido em Santo Domingo?

O documento de Santo Domingo

A conferência de Santo Domingo, realizada no período de 12 a 28 de outubro de 1992, situa-se no contexto da celebração dos 500 anos de evangelização na América Latina, com o tema *Nova Evangelização, Promoção Humana, Cultura Cristã*, em um movimento preparatório constituído de três documentos – "documento de consulta", "*secunda relatio*" e "documento de trabalho" – e da carta encíclica *Redemptoris Missio* (1991) de João Paulo II, que foi um dos pilares do discurso inaugural do papa e de todo o documento de Santo Domingo. Essa conferência teve uma dinâmica própria de trabalho, que a diferenciou do que se efetivou nas conferências de Medellín e Puebla, apresentando fortes características sinodais e mudança no método em que a sequência teórico-pastoral de ver, julgar e agir dava espaço para fundamentação teológica, desafios e linhas pastorais. Além disso, essa caracterização própria foi acentuada em função de quatro aspectos significativos. O primeiro é que as comissões temáticas trabalharam apenas nos três primeiros dias, tendo sua produção se concentrado na comissão de redação que deu o tom até a votação do documento final. O segundo é que o regulamento e o regimento, oriundos da comissão preparatória, não foram votados pela assembleia. O terceiro é que a coordenação foi realizada pelo Conselho Episcopal Latino-Americano e a Comissão para a América Latina, tendo como consequências a constituição de duplo secretariado, um do conselho e outro da comissão. O quarto é que a assembleia foi afirmando-se em meio às tensões do reconhecimento de que a celebração dos 500 anos de evangelização haveria de estar contida em ação de graças, pedido de perdão e esperança, e ação de graças e esperança, sem o pedido de perdão, e em meio às tensões referentes à própria construção do documento final, marcada por um processo de votação, por vezes realizado apressadamente, pela mudança no método e pela transversalidade espiritual da tradição de Medellín e Puebla, principalmente e no âmbito da opção pelos pobres (VALENTINI, 1993).

O documento final, chamado de "Nova Evangelização, Promoção Humana e Cultura Cristã – Conclusões da IV Conferência do Episcopado Latino-americano", está constituído do discurso inaugural do Papa João Paulo II, da mensagem da IV Conferência aos povos da América Latina e Caribe e das conclusões que se dividem em três partes. A primeira parte intitula-se "Jesus, Evangelho do Pai" e, confirmando a mudança de método, constitui-se de uma "iluminação teológica", com centralidade cristológica visando a evangelização dos povos do continente.

A segunda parte denomina-se "Jesus Cristo Evangelizador vivo em sua Igreja" e se desenvolve mediante três capítulos. No primeiro, conceitua-se "nova evangelização", tomada do discurso inaugural de João Paulo II (SD, DI, 6), reafirmando a missão evangelizadora da Igreja, ora com a novidade no método e no entusiasmo ou ardor efetivamente missionário, em função de que a evangelização só pode acontecer à medida que está situada na época histórica em que ocorre. O segundo capítulo tem o título "A promoção humana", cujo homônimo é concebido como dimensão privilegiada da nova evangelização e constitui-se de "novos sinais dos tempos", tendo os pobres como elemento de transversalidade epistêmica, dando vitalidade à promoção humana a partir do seu *locus* histórico. Por característica própria do Documento de Santo Domingo, o tema da Família e da vida destacou-se dos demais e foi apresentado como desafio de especial urgência no tocante à promoção humana. O terceiro capítulo intitula-se "A Cultura Cristã" e reflete o valor ontológico da fé cristã na cultura latino-americana e caribenha, sem incidir em proselitismo religioso, mas com o intento de promover a cultura em perspectiva cristã, trazendo à tona valores oriundos da revelação cristã, que mediante um processo de evangelização inculturada, incide no continente latino-americano e caribenho.

A terceira parte é intitulada "Jesus Cristo, vida e esperança da América Latina e do Caribe" e se refere às linhas pastorais prioritárias, como forma de apontar elementos teórico-práticos para que a Igreja evangelize com eficácia pastoral no continente latino-americano e caribenho. Desse modo, a conferência pretende efetivar uma "nova evangelização" dos povos desse continente, trazendo à tona uma espiritualidade missionária, que possui ardor e disposição em inculturar o Evangelho, a partir da opção pelos pobres, promovendo a vida humana integralmente, inserindo-se na realidade urbana, respeitando e possibilitando a elevação dos "povos indígenas e afro-americanos" através do diálogo e da comunhão com as diversas comunidades cristãs, e realizando uma ação educativa consistente e decidido empenho "por uma comunicação moderna" (SD 300).

De acordo com o exposto, o documento de Santo Domingo se estrutura em consonância com o programa de "nova evangelização", compreendida como a evangelização feita com novo entusiasmo missionário, reconhecendo a identidade dos povos da América Latina e Caribe (LORSCHEIDER, 1993). É na contemplação e decifração dessa estrutura que emerge a pergunta sobre a presença da Teologia à medida que esse programa de evangelização exige conceituação e argumentação teológica consistentes. Em termos interrogativos: de que modo é efetivada a presença da Teologia nesse documento? A resposta a essa interrogação exige decifrar hermenêutica e epistemologicamente a presença da Teologia no documento, e explicitar qual teologia é desenvolvida no conjunto do documento.

Decifração hermenêutica da Teologia no documento de Santo Domingo

Conforme o exposto acima, a estrutura do documento de Santo Domingo evidencia a centralidade da "nova evangelização" partindo da identidade de Jesus Cristo para alcançar a identidade e missão evangelizadora da Igreja no continente latino-americano e caribenho. Por isso, o documento possui diversos conceitos e sua respectiva argumentação, mas não apresenta um conceito próprio do que seja teologia e nem mesmo clarifica em qual perspectiva sua teologia é realizada. Em termos específicos, não se encontra a expressão "teologia" em nenhuma das partes do documento, mas se visualiza a ênfase dada ao "serviço que os teólogos prestam ao povo de Deus" (SD 33), constituindo-se em tarefa nobre e necessária, fundada na Palavra de Deus e a ser realizada em diálogo com os pastores e fidelidade plena ao magistério (BOFF, 1993, p. 10-15). O trabalho teológico pode então contribuir à inculturação da fé, à evangelização das culturas, nutrir e impulsionar a pastoral visando à promoção da vida cristã integral, inclusive a busca da santidade, e ainda impulsionar a ação favorável à efetividade da justiça social, dos direitos humanos e à solidariedade para com os mais pobres (SD 33).

Por não se pronunciar explicitamente sobre teologia, a decifração fenomenológico-hermenêutica exige buscar o "como" a argumentação teológica se faz presente no referido documento. Nesse sentido, conceitos importantes e fundamentais para o escopo da conferência de Santo Domingo são desenvolvidos ao longo do documento, dentre os quais destacam-se a concepção de Jesus Cristo, "nova evangelização", pobres e promoção humana.

A concepção de Jesus Cristo, estampada na primeira parte, incide diretamente na mudança de método, por se constituir em uma cristologia realizada por um conjunto de argumentos, preponderantemente de natureza descendente, feita epistemologicamente de cima para baixo. Por isso, a argumentação é realizada mediante uma *professio fidei*, pela qual Jesus Cristo é afirmado como Filho de Deus, que se fez homem, sob ação do Espírito Santo no seio da Virgem Maria, constituindo-se como verdadeiro Deus e verdadeiro homem, estando essa afirmação em conformidade com a sentença calcedoniana. Ele é o salvador universal que trouxe a boa notícia aos pobres, interpelou os seres humanos à profunda conversão e adesão às bem-aventuranças, e que revelou o mistério do Reino de Deus na história humana (SD 8). Para a realização desse Reino instituiu os doze apóstolos, que sob a inspiração do Espírito Santo, doado por Jesus Cristo, levaram a cabo a Igreja e os sacramentos, especialmente a Eucaristia, "memorial de seu sacrifício" (SD 6), tornando presente Jesus Cristo para permanecer dentre o seu povo, alimentando-o com o seu corpo e saciando-o com o seu sangue (SD 4-6). A Igreja – que é também objeto de profissão de fé – há de anunciar e testemunhar Jesus Cristo no continente latino-americano e caribenho, de maneira "nova" denotativa de ardor missionário, de inculturação do Evangelho, de defesa e promoção integral da vida humana (SD 9-14).

O conceito de "nova evangelização" é elaborado em Santo Domingo à luz dos ensinamentos do Papa João Paulo II, cujo teor não designa que se deva realizar "nova evangelização" em função da precariedade e do caráter obsoleto da evangelização anterior, mas que o anúncio e o testemunho do Evangelho devem ter sua novidade nos métodos e no *status spiritualis*, marcado pelo "ardor missionário" e pela disposição em atender à urgência da inculturação da fé. Nesse sentido, o documento articula o conceito de "nova evangelização" com o de inculturação, constituindo o que se denomina de "evangelização inculturada", trazida à tona de modo expositivo, com pouca argumentação epistemológica, tanto no que se refere à evangelização quanto à inculturação. Por isso, o conceito de "nova evangelização" corresponde ao anúncio e ao testemunho do Evangelho no contexto da modernidade, que possui marcas de antropocentrismo, de secularização e de cientificismo, e no contexto de inserção na realidade cultural autóctone dos povos indígenas e afro-americanos. No entanto, do conceito de inculturação, ainda que corresponda a um processo que denote respeito e teologicamente a presença de Deus nessas culturas, infere-se a ausência da mediação da antropologia cultural que propicia desenvolver os conceitos de aculturação e enculturação, que possibilitam compreender respectivamente o processo de aproximação e intercâmbio entre as culturas e da fenomenologia da religião, pela qual torna possível analisar o arcaísmo religioso que funda e se identifica com essas culturas (GONÇALVES, 2020a). Isentando-se dessas mediações, o conceito de inculturação apresenta epistemologicamente precariedade em efetivar a universalidade concreta da evangelização, que é a boa notícia acontecida na realidade efetiva das culturas autóctones e na própria decifração hermenêutica acerca da cultura moderna.

O conceito de pobres é apresentado mediante a "opção evangélica e preferencial", denotativa de assegurar que não se trata de uma opção política, "ideológica" e circunstancial, mas fundada no Evangelho de Cristo e seguindo a esteira da conferência de Puebla, preferencial por ser a pobreza uma instância de clamor por justiça e vida. Não obstante que esse conceito não se situe em um capítulo ou item específico – conforme o fizeram os bispos na conferência de Medellín –, sua presença aparece diretamente em 12 números (SD 85; 90; 161; 167; 169; 170; 178; 180; 196; 275; 296; 302), mantendo a tradição conceitual acerca da "pobreza como carência" com maior força, seguida da "pobreza como compromisso solidário" e da "pobreza espiritual".

Para levar a cabo essa tradição conceitual, o documento de Santo Domingo segue a esteira do documento de Puebla, apropriando-se da categoria "rosto" – tomada da metafísica da alteridade desenvolvida por pensadores latino-americanos que se apropriaram da filosofia de Lévinas – para visualizar o "rosto de Cristo" nos rostos dos pobres, ampliando os rostos que apareceram na conferência anterior. Desse modo, o documento exorta a "descobrir nos rostos dos sofredores o rosto do Senhor" (SD 178), trazendo à tona os rostos dos famintos, dos desiludidos politicamente, dos humilhados culturalmente, dos aterrorizados pelos diversos tipos de violência, dos menores angustiados por terem sido abandonados nas ruas e dormirem sob pontes, das mulheres sofridas que são humilhadas e desprezadas, dos migrantes que estão cansados porque não são acolhidos, dos envelhecidos pelo tempo e pelo trabalho que não têm o mínimo para que vivam com dignidade (SD 178). Ao visualizar esses rostos, o documento de Santo Domingo explicita a sensibilidade dos bispos "até as entranhas" (SD 179) para com as pessoas de diversas idades que se encontram na miséria, outras que sofrem a exclusão social, étnica e cultural, que em sua concretude têm sua dignidade desconhecida.

O tema da promoção humana é desenvolvido como dimensão privilegiada da "nova evangelização", o que induz a pensar na relevância e pertinência da dignidade humana. Nesse tema, emergem os "novos sinais dos tempos", a saber: direitos humanos, ecologia, terra, empobrecimento e solidariedade, trabalho, mobilidade humana, ordem democrática, nova ordem econômica, integração latino-americana, família relacionada à vida. Desse modo, o documento de Santo Domingo elabora uma teologia prática social, em que analisa a realidade e aponta caminhos pastorais com fundamentação de teologia prática, que articula a pobreza como *locus* histórico e a fé cristã como *locus* epistêmico, ainda que a perspectiva descendente da Teologia tenha hegemonia epistemológica. Ao conjugar esses temas como "novos sinais dos tempos", o documento de Santo Domingo, ainda que implicitamente, desenvolve a teologia da criação e aponta esperançosamente uma Igreja cuidadosa para com a defesa e a promoção da vida, pensada em seu todo, dos povos da América Latina e do Caribe e sua respectiva habitação.

A Teologia em Santo Domingo: teologia prática para o continente latino-americano e o Caribe

Em termos explicitamente nominais, a Teologia em Santo Domingo teve lugar para amenizar a tensão havida em relação à Teologia da Libertação, produzindo uma teologia prática que, partindo da *arché* da fé presente em sua intelectualidade, inseriu-se nas questões sociais, econômicas, políticas, culturais e religiosas. Nesse sentido, essa teologia prática pode ser inferida em dois aspectos fundamentais: a evangelização inculturada e a dignidade do ser humano e da terra.

A epistemologia teológica libertadora não foi seguida em sua composição metódica no documento em Santo Domingo, pois a "iluminação teológica" foi o primeiro momento do estatuto teórico desse documento. Desse modo, as mediações socioanalítica, hermenêutica e teórico-prática, consolidadas nas conferências de Medellín e de Puebla, deram espaço para um novo procedimento metódico, incisivo na epistemologia: "iluminação teológica", análise da realidade acoplada à evangelização e realce às linhas prioritárias na ação evangelizadora e pastoral. Nessa epistemologia, a "iluminação teológica" se principia em afirmações universais, fundadas na profissão de fé, que culmina em concepções cristológicas que explicitam Jesus Cristo como Filho de Deus, Evangelho do Pai, Redentor e Salvador, mas não aponta a historicidade de Jesus Cristo, que também é garantia epistêmica, em termos teológicos, para realizar essas afirmações. No entanto, essa epistemologia descendente possui um caráter *kenótico*, pelo qual Jesus Cristo é inserido na história do povo latino-americano e caribenho, cuja visibilidade se efetiva pela Igreja, que por proceder da missão do Filho e da missão do Espírito Santo, em consonância com o desígnio do Pai Deus, é peregrina e naturalmente missionária, sendo a evangelização, por conseguinte, sua razão de ser e de existir (SD 12).

Em função da missão evangelizadora da Igreja, a cultura latino-americana e caribenha é pensada em perspectiva cristã, cuja realidade se encontra em duas dimensões. A primeira é que o caráter explícito da evangelização, seja por meio do anúncio, seja pelo testemunho, pode conduzir as culturas à confessionalidade cristã, efetivada mediante um processo de inculturação do Evangelho, capaz de trazer o seguimento de Jesus Cristo como um imperativo necessário para "restaurar o rosto desfigurado do mundo" (SD 13). A segunda dimensão, ainda que não tenha levado a cabo com profundidade tanto o ecumenismo quanto o diálogo inter-religioso – a despeito de experiências pertinentes (SANTA ANA, 1987) já existirem no continente latino-americano à época de Santo Domingo –, é referente ao significado de "cultura cristã", visando pensar a configuração cristã na ultrapassagem de sua própria aparência. Nesse sentido, a configuração cristã da cultura denota a presença do Evangelho na "nova cultura urbana" (SD, n. 253) – decorrente da "cultura moderna", marcadamente antropocêntrica e cientificista – mediante diálogo da fé com a ciência (SD 254), a promoção do discernimento acerca dos valores e antivalores, a reprogramação da paróquia, a programação da "pastoral dos edifícios" (SD 259) e da pastoral ambiental e funcional (SD 260), o incentivo a "evangelizar os grupos de influência e responsáveis da cidade" (SD 261) e a promoção de ação educativa através das instituições escolares e de outras instituições eclesiais, de modo que a perspectiva cristã realce uma "educação para a liberdade" (SD 274), para o trabalho em sua condição de instância que eleva a dignidade humana, o que propicia a urgente e necessária opção preferencial pelos pobres, de modo a incluir "a opção preferencial pelos meios para que as pessoas saiam da sua miséria" (SD 276).

Uma teologia da evangelização inculturada requer priorizar a inserção e a vitalidade do Evangelho nas culturas, mediante o realce da identidade de cada cultura e da boa convivência entre culturas, trazendo à tona novos modos de compreender e viver o Evangelho da vida trazido por Jesus Cristo. É aqui que se pode compreender o que seja a cultura cristã diante dos povos indígenas e afro-americanos e do fenômeno da modernidade e da pós-modernidade. A cultura cristã não se reduz a um processo de formação doutrinária, mas à constituição de *modus vivendi et essendi* que esteja em consonância com a fé cristã, evidenciando a fraternidade, a justiça e a paz no continente latino-americano e no Caribe. Nesse sentido, o documento de Santo Domingo carece de aprofundar o ecumenismo e a relação inter-religiosa no continente latino--americano e no Caribe, em que prevalece um *ethos* comunitário, que norteia a presença do respeito, da corresponsabilidade e da reciprocidade nas relações entre as confissões religiosas e as interculturais.

A evangelização inculturada denota também um teor teológico que incide nas práticas eclesiais diante das culturas latino-americanas e caribenhas. Ainda que, no documento de Santo Domingo, a mediação da antropologia seja precária para compreender a cultura e os processos que fundamentam antropologicamente a inculturação do Evangelho, especialmente a aculturação e a enculturação, verifica-se um processo, ainda superficial, de reconhecimento das culturas indígenas e afro-americanas, com seu respectivo caráter autóctone e seu arcaísmo religioso, tornando imperativo o diálogo, o respeito, a reciprocidade no conhecimento e a elaboração de uma consciência de mestiçagem cultural e racial, tão necessária para uma autêntica inculturação do Evangelho. A categoria "mestiçagem", evocada na conferência de Puebla, mesmo que tenha sido pouco desenvolvida em Santo Domingo, indica a identidade cultural da América Latina e Caribe: um continente marcado pela pluralidade, que não é mera justaposição de culturas, etnias e raças, mas um movimento de potencial unidade dos povos para formar um só povo, que realce simultaneamente a integração latino-americana e caribenha e a multiplicidade de povos, com sua identidade e *ethos* comunitário (SCANNONE, 2017, p. 119-176).

A Teologia é desenvolvida no documento de Santo Domingo também sob o tema da dignidade humana e da terra, mediante o aparecimento dos "novos sinais dos tempos", especialmente os direitos humanos e a ecologia. Explicitou-se anteriormente que promoção humana é uma dimensão da nova evangelização, o que se contrapõe a toda circunstância histórica que fere a dignidade humana, que há de ser realçada à medida que os direitos humanos são efetivados socialmente em seu caráter fundamental de constituição do próprio ser humano. Nesse sentido, ainda que não seja tão evidente a narrativa da histórica opressão vivida pelos povos indígenas e afro-americanos, e pelas mulheres, o documento realça os direitos fundamentais dessas categorias humanas, cuja fundamentação se encontra teologicamente na própria criação do ser humano segundo a imagem e semelhança de Deus (SD 164) e na efetividade do mistério da encarnação do Verbo de Deus, sua ação redentora na cruz e sua ação salvífica na ressurreição que resgata a dignidade de cada pessoa e de seus direitos, que não devem estar sujeitos à violação e tampouco ser violados.

A dignidade humana é realçada na promoção da vida humana na família, concebida como "santuário da vida" (SD 214b), pois sua missão é "viver, crescer e aperfeiçoar-se como comunidade de pessoas que se caracteriza pela unidade e indissolubilidade" (SD 214a), constituindo-se como célula vital da sociedade, Igreja doméstica que vive a fé, mediante a celebração, compreensão e prática da palavra de Deus, a fim de que se edifique como célula que supera a "cultura de morte" (SD 219) e fortaleça as formas de defesa e promoção da vida, desde o nascimento até a morte (SD 225).

Tem-se então uma antropologia teológica fundamental e aplicada à medida que o ser humano se torna o espaço para a compreensão de todo o movimento da revelação de Deus, plenificada em Jesus Cristo e iluminada pela ação do Espírito, tendo a história como o palco do encontro de Deus com o ser humano. Por ser histórica a revelação e por ter o Filho de Deus assumido plenamente essa história, com todos os seus dramas, o ser humano foi resgatado e plenificado, tendo encontrado a real fundamentação de sua dignidade de *humanum* em Jesus Cristo. Por isso, a consolidação efetivada dos direitos humanos ou propriamente dos direitos fundamentais – nascimento, moradia, educação, trabalho, convivência, segurança, nutrição, saúde, terra, cultura, religião –, denotativos de dignidade humana, são analogamente imperativos teologais para levar a cabo a revelação de Deus, no processo de evangelização do continente latino-americano e do Caribe.

A dignidade da terra é uma expressão efetuada por analogia, que corresponde à concepção teológica da terra como "dom de Deus" (SD 171), emergindo como instância que possibilita pensar a ecologia como um tema novo no vocabulário da Igreja latino-americana e caribenha. A terra é concebida como vida dos povos desse continente, pois desde sua tradição arcaica possui caráter *sacro* e materno, de modo que agir contra a terra é dificultar a vida dos camponeses e inibir a promoção humana (SD 176). Tomar a terra para especulação do solo urbano e para tê-la como propriedade a ser explorada e gerar lucro em detrimento da privação dos pobres à habitação e à sobrevivência econômica é ferir tanto a dignidade humana quanto a da terra (SD 178) – por não ser mais um dom compartilhado a todos os seres humanos – e também a dignidade do próprio Deus.

Na esteira temática da terra emerge o tema da ecologia, ainda incipiente na Igreja no início da década de 1990, mas não sem importância e pertinência teológica e pastoral. Fundada na teologia da criação, que afirma ser a criação obra divina, a ecologia aparece como denúncia da violência às populações indígenas e camponesas, "que são despojadas de suas terras ou confinadas em terras menos produtivas" (SD 169), e às ações devastadoras em relação à floresta amazônica e outras partes do continente, denotando uma grave crise ecológica. Diante dessa situação, urge uma ética ecológica que sirva de critério fundamental para o desenvolvimento sustentável do planeta, abandonando definitivamente uma moral utilitarista e individualista, para primar pelo acolhimento ao princípio da destinação universal dos bens da criação e pelas diversas formas denotativas de promoção da justiça e da solidariedade ecológica. Para levar a cabo esse primado, urge a necessidade de um processo educativo ecológico, capaz de realçar axiologicamente a vida e a interdependência dos diversos ecossistemas, e uma espiritualidade que recupera a presença de Deus em toda a sua criação, para que fundamente as diversas ações que visam superar a crise ecológica.

De acordo com o exposto, a Teologia presente no documento de Santo Domingo, com seu teor de descendência estatutário-teórico, propicia que a história seja o espaço da revelação de Deus em Jesus Cristo e da ação evangelizadora da Igreja, cujo caráter missionário a conduz a anunciar e testemunhar o Evangelho do Pai e sua incidência na história, que dignifica a existência humana. Ainda que a Teologia tenha de ser inferida na transversalidade desse documento (GUTIÉRREZ, 1993), pela qual se infere a opção pelos pobres, realizada pela ênfase em ser uma "opção evangélica e preferencial" em função de evidenciar que não se trata de uma opção meramente circunstancial e empregada, mas de uma decisão fundada na própria fé compreendia doxológica, intelectual e testemunhalmente. Emerge então uma teologia prática, efetivada em meio às tensões e ao dinamismo próprios da conferência, trazendo à tona inclusive algumas lacunas, especialmente a do ecumenismo e a do diálogo inter-religioso, mas realçando um complexo teológico que pode servir de impulso para a missão da Igreja em evangelizar, marcada por uma presença evangelizadora efetivamente contemporânea e capaz de contribuir com a defesa e a promoção da vida em todas as suas dimensões.

Considerações finais

Ao longo deste trabalho, objetivou-se analisar fenomenológica e epistemologicamente a Teologia no documento de Santo Domingo, que apresentou os resultados da IV Conferência Geral do Episcopado Latino-Americano e Caribenho. Justificou esse objetivo a necessidade de recepção da tradição teológica continental e a nova conjuntura social, eclesial e teológica que contextualizaram esse evento eclesial. Para atingir esse objetivo, efetuou-se uma decifração fenomenológica para visualizar a estrutura e o *status spiritualis* da Teologia no referido documento, para então analisar epistemologicamente qual teologia está assentada à medida que se efetiva uma leitura transversal desse documento.

O evento de Santo Domingo e o respectivo documento estão situados na relação entre a tradição teológica latino-americana e caribenha e o programa de "nova evangelização" elaborado e impulsionado por João Paulo II, que possui uma identidade remetente à intensificação missionária da Igreja, iluminada por um novo ardor, tanto em disposição quanto em procedimentos metódicos. Por isso, a teologia sistemática cedeu seu lugar para a doutrina cristológica, apresentada por um *modus* descendente agregado a suas repercussões pastorais. Tornou-se possível uma teologia prática que prioriza o ensinamento social e seu teor pastoral, tendo a cristologia como elemento central de toda articulação epistemológica de seu substrato teórico-prático.

Essa teologia prática de centralidade cristológica se apropria do conceito de "nova evangelização" e incide sobre as questões da vida continental, que abrangem o âmbito social, cultural, político e ecológico. Essa teologia prática está situada na própria missão da Igreja, vocacionada permanentemente a evangelizar, tornando o Evangelho sempre contemporâneo de cada época histórica. Nesse sentido, o documento manifesta uma teologia prática para nortear a missão evangelizadora da Igreja, não como um conjunto de regras, mas como uma luz evocativa de um *status spiritualis* de ser a Igreja servidora do Reino, sacramento da salvação que torna a sua universalidade presente à medida que se constitui um sinal real do amor pelos seres humanos, efetivado a partir do *locus* dos pobres, para que os povos tenham vida em abundância.

Referências

BOFF, C. Um "Ajuste Pastoral" – Análise global do documento da IV CELAM. In: ANTONIAZZI, A. et al. *Santo Domingo – Ensaios teológico-pastorais*. Petrópolis: Vozes, 1993, p. 9-54.

CONGREGAÇÃO PARA A DOUTRINA DA FÉ. Instrução *Libertatis Nuntius*. In: *Acta Apostolicae Sedis*, Cidade do Vaticano, v. 76, p. 876-909, 1984.

CONGREGAÇÃO PARA A DOUTRINA DA FÉ. Instrução *Libertais Conscientia*. In: *Acta Apostolicae Sedis*, Cidade do Vaticano, v. 79, p. 554-599, 1987.

EPISCOPADO LATINOAMERICANO. *Conferencias Generales: Río de Janeiro, Medellín, Puebla, Santo Domingo – Documentos pastorales, Introducción, Textos, Indice temático.* Santiago del Chile: San Pablo, 1993.

GONÇALVES, P.S.L. Fenomenologia hermenêutica aplicada à religião em perspectiva latino-americana. In: ALES BELLO, A.; KIRCHNER, R.; PERETTI, C.; SBARDELLA, E.L. (orgs.). *Fenomenologia e experiência religiosa.* Curitiba: Juruá, 2020a, p. 147-158.

GONÇALVES, P.S.L. Teologia da Libertação: um modo de fazer teologia a partir da libertação como perspectiva. In: CAMPOS, B.M.; MARIANI, C.M.C.B.; RIBEIRO, C.O. (orgs.). *Rubem Alves e as contas de vidro – Variações sobre teologia, mística, literatura e ciência.* São Paulo: Loyola, 2020b, p. 187-202.

GUTIÉRREZ, G. *Teología de la liberación.* Lima: CEP, 1971.

GUTIÉRREZ, G. Documento: Um corte transversal. In: ANTONIAZZI, A. et al. *Santo Domingo – Ensaios teológico-pastorais.* Petrópolis: Vozes, 1993, p. 55-68.

JOÃO PAULO II, Carta à Conferência Nacional dos Bispos do Brasil. *Osservatore Romano Português*, v. XVII, n. 16, p. 4-5, 1986.

JOÃO PAULO II. Carta encíclica *Sollicitudo Rei Socialis*. In: *Acta Apostolicae Sedis*, Cidade do Vaticano, v. 80, p. 513-586, 1988.

JOÃO PAULO II. Carta encíclica *Centesimus Annus*. In: *Acta Apostolicae Sedis*, Cidade do Vaticano, v. 83, p. 793-867, 1991.

JOÃO PAULO II. Carta encíclica *Redemptoris Missio*. In: *Acta Apostolicae Sedis*, Cidade do Vaticano, v. 83, p. 249-340, 1991.

LORSCHEIDER, A. A IV Conferência Geral do Episcopado Latino-Americano em Santo Domingo. *Revista Eclesiástica Brasileira*, Petrópolis, v. 53, n. 209, p. 19-39, 1993.

SANTA ANA, J. *Ecumenismo e libertação*. São Paulo: Vozes, 1987.

SCANNONE, J. *La Teología del Pueblo – Raíces teológicas del Papa Francisco*. Santander: Sal Terrae, 2017.

SEGUNDO, J.L. *Libertação da teologia*. São Paulo: Loyola, 1976.

SOBRINO, J.; ELLACURÍA, I. (orgs.). *Mysterium Liberationis – Conceptos fundamentales de la Teología de la Liberación (I-II)*. Madri: Trotta, 1990.

VALENTINI, D. A Conferência de Santo Domingo – Depoimento pessoal. *Revista Eclesiástica Brasileira*, Petrópolis, v. 53, n. 209, p. 5-18, 1993.

4
La Encarnación como inculturación

Cristología de Santo Domingo

Jorge Costadoalt

La cristología de Santo Domingo merece el mismo interés que las de Medellín, Puebla y Aparecida. Ello no solo porque se trata de la IV Conferencia general del episcopado de América Latina y el Caribe, sino porque los prejuicios contra el documento – por cierto atendibles, ya que Santo Domingo fue intervenida por el Vaticano – no debieran impedir ven en ella un aporte. Bien puede criticarse el propósito de la Conferencia de reeditar una cultura cristiana, pero debe reconocerse que la argumentación teológica en su servicio tiene algunos méritos. Esta conferencia, en todo caso, debe considerarse un paso clave en la accidentada etapa de la recepción del Concilio Vaticano II.

En adelante se dirá una palabra sobre la orientación cristológica que Juan Pablo II quiso darle a su documento. Su influjo es decisivo. Luego, se analizará la Profesión de fe localizada en la primera parte, con la cual se quiso marcar el terreno a posibles desviaciones. Por último, en un tercer momento, se dará cuenta de aquello que debe considerarse lo más importante, a saber, la indicación de reconocer la presencia de Cristo en la historia que da Santo Domingo. Tiene dos expresiones: la primera, la de ver a Cristo en los pobres; la segunda, la de entender la evangelización como inculturación de acuerdo al paradigma de la encarnación.

La orientación de Juan Pablo II

La cristología en el documento de Santo Domingo cumple una función fundamental. El subtítulo "Jesucristo ayer, hoy y siempre" indica un interés evangelizador que se desea mantener tras cinco siglos de evangelización del continente[1]. Esta expresión de Hb 13,8 se repite en el documento. Santo Domingo confirma una tradición. Además, los tres capítulos que consta el texto, aunque en ellos pocas veces se trata *in recto* de la cristología, expresan una intencionalidad cristológica. Estos son: Jesucristo, Evangelio del Padre; Jesucristo evangelizador viviente en su Iglesia; y Jesucristo, vida y esperanza de América Latina y el Caribe.

Fue interés del Papa hacer de la cristología la piedra angular de la Conferencia. Así lo expresa en su discurso inaugural. Juan Pablo II recurre a la figura de Cristo con un triple propósito. En el contexto de la celebración o lamentación por los 500 años del Descubrimiento/Conquista de América, Juan Pablo II reivindica el valor de la evangelización de un modo excesivamente complaciente. En lo tocante a ella, no hace ningún reconocimiento de la violencia con que muchas veces fue

---

1. Sobre el tema puede consultarse: Ferraro, 1993; Gallego, 2006; González, 1993; Moreira Neves, 1994; Parise, 2010; Susin, 1991; Lozano, 1999; Codina, 1993.

ejecutada. En cambio, celebra que en el continente se haya "implantado" la cruz de Cristo y la Iglesia, así como la defensa de los indígenas que hicieron algunos clérigos contra los abusos de los conquistadores. En estas tierras fue sembrada la fe, la esperanza y la caridad. El Papa no acepta que la larga etapa evangelizadora sea echada por la borda. Para el papa Wojtyla "con la llegada del Evangelio a América se ensancha la historia de la salvación" (IV CONFERENCIA[2], 1992, p. 9). Esta empresa debe proseguir.

Juan Pablo II estima que Jesucristo es el contenido fundamental de la evangelización. Por ende, le preocupa que se predique un Cristo distinto al de la Iglesia de siempre. Según el Papa

> el evangelio ha de ser predicado en plena fidelidad y pureza, tal como ha sido custodiado y transmitido por la Tradición de la Iglesia. Evangelizar es anunciar a una persona, que es Cristo. En efecto, "no hay evangelización verdadera, mientras no se anuncie el nombre, la doctrina, la vida, las promesas, el reino, el misterio de Jesús de Nazaret, Hijo de Dios" (IV CONFERENCIA, 1992, p. 12).

La preocupación del papa polaco es prácticamente la misma que la suya en Puebla. En el discurso inaugural de la III Conferencia decía a los obispos: "No podemos desfigurar, parcializar o ideologizar la persona de Jesucristo, ya sea convirtiéndolo en un político, un líder, un revolucionario o un simple profeta, ya sea reduciendo al campo de lo meramente privado a quien es el Señor de la Historia" (PUEBLA 178).

---

2. En adelante, solo IV CONFERENCIA.

Juan Pablo II hace referencia a este discurso. En Santo Domingo rechaza que puedan servir a la evangelización cristologías "reductivas" o "desviadas" (IV CONFERENCIA, 1992, p. 12). En esta oportunidad, empero, nada dice del peligro de la fuga intimista.

El tercer interés cristológico del Papa es fundamentar la inculturación del Evangelio en la Encarnación. Una nueva evangelización concebida como un anuncio inculturado de Jesucristo no ha podido hallar un fundamento más adecuado. Este, en consecuencia, es el criterio hermenéutico que permite dar razón de la cristología de Santo Domingo (cf. GONZÁLEZ, 1993, p. 212-215). No viene al caso someter a examen esta Profesión de fe desde la perspectiva de la cristología en general como lo hace Carlos Ignacio González. Tampoco puede decirse que la clave de interpretación del documento sea la opción por los pobres reflejada en las referencias a sus "rostros", como sostiene Benedito Ferraro y Víctor Codina (FERRARO, 1993, p. 86 y CODINA, 1993, p. 57).

El tema de la Encarnación es central en la Profesión de fe cristológica de la Primera parte y el motivo cristológico que rige orgánicamente sus partes. El texto de la IV Conferencia es consistente. Difícilmente ha podido incardinarse una evangelización como inculturación en otro tópico cristológico.

La Profesión de fe

Los obispos latinoamericanos en el Mensaje de la IV Conferencia a los pueblos de América Latina y el Caribe expresan su propósito en términos claramente cristológicos:

La IV Conferencia General del Episcopado Latinoamericano ha querido perfilar las líneas fundamentales de un nuevo impulso evangelizador que ponga a Cristo en el corazón y en los labios, en la acción y la vida de todos los latinoamericanos. Esta es nuestra tarea: hacer que la verdad sobre Cristo, la Iglesia y el hombre penetren más profundamente en todos los estratos de la sociedad en búsqueda de su progresiva transformación. La Nueva Evangelización ha sido la preocupación de nuestro trabajo (IV CONFERENCIA, 1992, p. 36).

En términos generales, puede decirse que el documento final ofrece una cristología con pretensión de integridad, pero no de exhaustividad. El interés ulterior es reeditar en el continente una cultura que vuelva a ser llamada cristiana. Esto es, un nuevo anuncio de Jesucristo que pueda impregnar las culturas latinoamericanas como una buena noticia para todas sus gentes.

La Profesión de fe, como se ha dicho, rige y controla lo que ha de entenderse por Cristo. Pero también, y sobre todo, fundamenta una evangelización como inculturación, de la que la Encarnación es el presupuesto básico y movilizador. Comienza la "profesión" afirmando: "Bendecimos a Dios que en su amor misericordioso "envió a su Hijo, nacido de mujer" (Gl 4,4) para salvar a todos los hombres. Así Jesucristo se hizo uno de nosotros (cf. Hb 2,17)" (IV CONFERENCIA, 1992, p. 54). La Encarnación es la condición de posibilidad para realizar una evangelización como inculturación. Así como el Hijo de Dios se hizo a una cultura determinada, también la evangelización ha de verificarse en otras

93

culturas para que el Evangelio pueda llegar a todos los seres humanos. Se verá en adelante.

La perspectiva cristológica de Santo Domingo es amplia. Va de la creación del mundo a su realización escatológica. Cristo, el hijo de María, es el mismo quien participó en la creación y el Señor de la historia. La visión de la IV Conferencia abarca tanto la totalidad de la vida y misterio de Cristo como destino de la humanidad y del mundo creado. Dios, que todo lo ha hecho y que no dejará fracasar su obra, es un "Padre amoroso y lleno de compasión" (IV CONFERENCIA, 1992, p. 54). Él llama a hombres y mujeres a ser parte del reinado de su Hijo al fin de los tiempos. En aquel momento, afirma el texto, "alcanzaremos la comunión perfecta del cielo, en el gozo de la visión eterna de la Trinidad. Hombres y mujeres, que se hayan mantenido fieles al Señor, vencidos finalmente el pecado, el diablo y la muerte, llegarán a su plenitud humana, participando de la misma naturaleza divina (cf. 2Pd 1,4)" (IV CONFERENCIA, 1992, p. 59). Este plan de recapitulación y de reconciliación tiene como vértice la pasión de Cristo.

La soteriología de la Profesión de fe es amplia. En ella se distingue la praxis de Jesús, los frutos del acontecimiento pascual y la historización que la Iglesia hace de la salvación cristiana. El documento recuerda la praxis de Cristo. En línea con la opción por los pobres de la Iglesia latinoamericana, se destaca que Jesús anunció el Evangelio a quienes eran marginados por su sociedad a causa de sus miserias. Se afirma: "Al comienzo de su ministerio proclama que ha sido enviado a "anunciar a los pobres la Buena Nueva" (Lc 4,18). A todas las víctimas del rechazo y del desprecio, conscientes de sus carencias, Jesús les dice: "Bienaventurados los pobres" (Lc 6,20; cf. Rm 14)" (IV CONFERENCIA, 1992, p. 54).

Aquello que Jesús inauguró, el reino de Dios, es una realidad que, para Santo Domingo, continúa en el presente gracias a la Pascua. También en la actualidad "los necesitados y pecadores pueden sentirse amados por Dios, y objeto de su inmensa ternura (cf. Lc 15,1-32)" (IV CONFERENCIA, 1992, p. 54). Debe notarse que el documento vincula el anuncio de la Buena Noticia a los pobres con el perdón a los pecadores. Todos necesitan del amor de Dios. Pobres y pecadores pueden experimentar la salvación cristiana de parte de quien es "nuestra justicia, nuestra paz y nuestra reconciliación" (IV CONFERENCIA, 1992, p. 55). Aquí, y en otras partes del texto, Santo Domingo recuerda este doble aspecto de la salvación cristiana. Ella ha de verificarse como reconciliación, lo cual ha podido venir muy al caso de sociedades latinoamericanas que en las últimas décadas experimentaron grandes conflictos sociales, dictaduras y terrorismo.

La Profesión de fe cumple el objetivo deseado. Controla fundamentaciones cristológicas que pudieran desviar a los latinoamericanos la fe de la Iglesia. A este efecto enumera asertos teológicos como suelen hacerlo los catecismos:

> Jesucristo, que murió para liberarnos del pecado y de la muerte, ha resucitado para hacernos hijos de Dios en él. Si no hubiera resucitado, "vana sería nuestra predicación y vana nuestra fe" (1Cor 15,14). Él es nuestra esperanza (cf. 1Tm 1,1; 3,14-16), ya que puede salvar a los que se acercan a Dios y está siempre vivo para interceder en favor nuestro (cf. Hb 7,25) (IV CONFERENCIA, 1992, p. 55).

Sí, confesamos que Jesucristo es verdadero Dios y verdadero hombre. Él es el Hijo único del Padre, hecho hombre en el seno de la Virgen María, por obra del Espíritu Santo, que vino al mundo para librarnos de toda esclavitud de pecado, a darnos la gracia de la adopción filial, y a reconciliarnos con Dios y con los hombres. Él es el Evangelio viviente del amor del Padre. En él la humanidad tiene la medida de su dignidad y el sentido de su desarrollo (IV CONFERENCIA, 1992, p. 56).

En la Profesión de fe Santo Domingo anticipa, y sobre todo fundamenta, la promoción humana que pretende impulsar. Esta no se reduce a ningún aspecto particular. Por esos años América Latina y el Caribe comenzaban a experimentar con fuerza el impacto de un neoliberalismo que redujo al ser humano a su capacidad de competir y consumir, y que limitó dimensión de los estados, dejando a muchos latinoamericanos en una completa indefensión. En este contexto, el documento pide que la evangelización promueva un desarrollo integral, un respecto de los derechos de las personas, pero también el compromiso con sus deberes. De esto, según Santo Domingo, ha podido depender que las sociedades del continente sean justas y solidarias, expresiones de un reino en camino de realización. Una lectura entrelíneas hace pensar que, con el recuerdo del carácter escatológico del Reino, la Conferencia desea conjugar identificaciones rápidas entre el reino de Dios y los proyectos de izquierda que por esos años tuvieron a la revolución nicaragüense como ícono de la efectividad histórica del cristianismo. Pero el texto es equilibrado. En estas tierras una Nueva evangelización ha de proclamar "sin equívocos el Evangelio de la justicia, del amor y de la misericordia" (IV CONFERENCIA, 1992, p. 58). Este modo de historizar la soteriología cristiana se basa estrictamente en la Encarnación del Hijo. Santo Domingo recurre a *Gaudium et spes* 22. El Concilio ofrece una antropología cristológica, consistente en concebir al ser humano y su destino a la luz del Hijo encarnado. En Jesucristo, "verdadero Dios y verdadero hombre", "la humanidad tiene la medida de su dignidad y el sentido de su desarrollo" (IV CONFERENCIA, 1992, p. 56). En virtud de Cristo el ser humano se conoce a sí mismo y "la sublimidad de su vocación" (IV CONFERENCIA, 1992, p. 58). Pero Cristo no solo es la medida y el destino de la humanidad, sino también el principio activo de su realización. Gracias a la resurrección, Cristo continúa la acción histórica de Jesús en favor del advenimiento del reino. Este, comenzado por él y esperado para el fin de los tiempos, es una realidad, como se ha dicho, en proceso. El reino que Jesús anunció, y que espera a la humanidad al fin de los tiempos, es una realidad que se verifica ya ahora a modo de comunión del ser humano con Dios, toda vez que los hombres se convierten a la palabra gracias al Espíritu.

Es así como la cristología es también la clave de la eclesiología de la Profesión de fe. La razón de ser de la Iglesia es continuar el anuncio del Evangelio comenzado por Jesús. Nuevamente en términos casi catequéticos, afirma:

> Conforme a la promesa de Jesús, el Espíritu Santo fue derramado sobre los apóstoles reunidos con María en el cenáculo (cf. At 1,12-14; 2,1). Con la donación del Espíritu en Pentecostés, la Iglesia fue enviada a anunciar el Evange-

lio. Desde ese día, ella, nuevo pueblo de Dios (cf. 1Pd 2,9-10) y cuerpo de Cristo (cf. 1Cor 12,27; Ef 4,12), está ordenada al Reino, del cual es germen, signo e instrumento (cf. Rm 18) hasta el fin de los tiempos (IV CONFERENCIA, 1992, p. 56).

Esta declaración eclesiológica se sostiene en la cristología de Santo Domingo. Jesús, el Hijo enviado por el Padre para salvar a la humanidad, es quien envía a los apóstoles a anunciar el Evangelio, dotándolos a este efecto de su propio Espíritu. La Iglesia es misionera. "La evangelización es su razón de ser; existe para evangelizar (cf. EN 15)" (IV CONFERENCIA, 1992, p. 57). Tras *Evangelii Nuntiandi*, Santo Domingo pide que, de un modo explícito, la Nueva Evangelización "transmita, consolide y madure en nuestros pueblos la fe en Dios, Padre de Nuestro Señor Jesucristo" (IV CONFERENCIA, 1992, p. 55).

La Profesión de fe termina con un largo párrafo mariológico. En él establece una estrecha relación entre Cristo, el reino y la Iglesia, todo en función de una evangelización que ha de ser inculturada. María, en esta oportunidad, es recordada como una mujer creyente, evangelizada y evangelizadora, consagrada ella misma al "servicio del reino hasta la cruz". Ella, junto al beato Juan Diego, es madre de los latinoamericanos y garante de su dignidad de hijos de Dios. María de Guadalupe es "[...] un gran ejemplo de Evangelización perfectamente inculturada" (JUAN PABLO II. Discurso inaugural, 24; IV CONFERENCIA, 1992, p. 59) y camino al encuentro con su Hijo. Los cristianos pueden amarla con el mismo amor con que la amó Jesucristo.

Continuidad de la presencia de Cristo en la actualidad

Se ha dicho que la cristología de Santo Domingo es descendente o "desde arriba" (PARISE, 2010, p. 220). Este juicio es acertado. Las menciones a Jesús en su praxis terrena son pocas. En cambio, las que aluden al misterio de Cristo y, en particular a la Encarnación, son numerosas e importantes. Esto, sin embargo, no desmerece la cristología del documento. La opción por fundamentar la evangelización en la Encarnación guarda íntima relación con el propósito de Santo Domingo de impulsar una inculturación. Si la Conferencia promueve una Nueva evangelización, su interés por inculturar este Evangelio no ha podido sino radicar en el envío del Padre al Hijo concretado en la Encarnación, esto es, "desde arriba".

Esta Encarnación, por otra parte, continúa en la actualidad. Cristo aún se hace presente en la historia. El resucitado y crucificado es perceptible hoy de dos maneras. Lo es en la praxis cristiana que, animada por el Espíritu de Jesús, prosigue su praxis terrena. Esta, en esta ocasión, ha de verificarse mediante un seguimiento inculturado de Cristo (IV CONFERENCIA, 1992, p. 87).

Además, Cristo se manifiesta en los pobres y, en consecuencia, urge reconocer en sus rostros el rostro mismo de Dios. Especialmente este último requerimiento de la evangelización marca una diferencia respecto de la primera evangelización. Una nueva evangelización que no tuviera en cuenta este dato teológico constituiría otra suerte de conquista colonialista. Bien puede decirse que, en el documento de Santo

Domingo, la cristología de la Encarnación y la cristología de los rostros son inseparables.

a) Cristo presente en los pobres

La IV Conferencia ratifica la opción preferencial por los pobres hecha por la Iglesia en Medellín y Puebla. En Aparecida, la Iglesia latinoamericana confirma en este punto las tres conferencias anteriores. En esta oportunidad, la V Conferencia hace suyas las palabras del discurso inaugural de Benedicto XVI acerca de la índole cristológica de esta opción ("En este sentido, la opción preferencial por los pobres está implícita en la fe cristológica en aquel Dios que se ha hecho pobre por nosotros, para enriquecernos con su pobreza (cf. 2Cor 8,9)"). Esta serie de importantes definiciones eclesiales autoriza a pensar que la opción por los pobres u opción preferencial por ellos constituye la denominación sintética más representativa de lo que ha sido la recepción del Concilio Vaticano II en América Latina y el Caribe. Ella, a la vez, se establece en continuidad con el hondo deseo de Juan XXIII de una "Iglesia de todos, pero particularmente de los pobres". Y con *Evangelii gaudium* del papa Francisco, y sus meras palabras "cuánto querría una Iglesia pobre y de los pobres" que tanto eco han tenido en el continente.

Esta opción preferencial por los pobres poco tiene de paternalista cuando ella arranca de una manifestación actual de Cristo en los pobres. Constatar la revelación de Cristo en ellos durante el período postconciliar latinoamericano ha sido una experiencia y un mandato desde el día que el primer papa, Pablo VI, puso un pie en el continente. En Mosquera, con ocasión de la inauguración de la conferencia de Medellín, decía a los campesinos colombianos: "vosotros sois también un sacramento, es decir, una imagen sagrada del Señor en el mundo, un reflejo que representa y no esconde su rostro humano y divino" (PABLO VI, 1968, p. 619-623, 619). Desde entonces, esta ha sido una convicción pastoral hondamente arraigada. Santo Domingo la expresa en estos términos:

> los rostros desfigurados por el hambre, consecuencia de la inflación, de la deuda externa y de injusticias sociales; los rostros desilusionados por los políticos, que prometen pero no cumplen; los rostros humillados a causa de su propia cultura, que no es respetada y es incluso despreciada; los rostros aterrorizados por la violencia diaria e indiscriminada; los rostros angustiados de los menores abandonados que caminan por nuestras calles y duermen bajo nuestros puentes; los rostros sufridos de las mujeres humilladas y postergadas; los rostros cansados de los migrantes, que no encuentran digna acogida; los rostros envejecidos por el tiempo y el trabajo de los que no tienen lo mínimo para sobrevivir dignamente (cf. CELAM, "Documento de trabajo", 163) (IV CONFERENCIA, 1992, p. 178).

Este modo de describir los rostros de los pobres que representan sacramentalmente a Cristo, Santo Domingo lo toma de Puebla. En el documento de la III Conferencia, la descripción de los rostros impactó la pastoral latinoamericana. Aquella vez los pobres fueron niños, jóvenes, indígenas y afroamericanos, campesinos, obreros, subempleados y desempleados, marginados y hacinados urbanos, ancianos (DP, 3-39); debe notarse que, a diferencia de Santo Domingo, Puebla nada dice de rostros de mujeres en los que sea posible reconocer el de Cristo. Aparecida, por su parte, nuevamente usará este método para descubrir en los rostros de los pobres el de Dios. El documento, esta vez, abunda en elencos y nuevas situaciones de latinoamericanos víctimas inocentes de males naturales, y también de pecados personales y estructurales (IV CONFERENCIA, 1992, p. 65, 402, 407-443).

La opción preferencial por los pobres es respuesta a esta percepción teológica de Dios en ellos. Santo Domingo renueva esta opción con una serie de matices:

> Evangelizar es hacer lo que hizo Jesucristo, cuando en la sinagoga mostró que vino a "evangelizar" a los pobres (cf. Lc 4,18-19). Él "siendo rico se hizo pobre para enriquecernos con su pobreza" (2Cor 8,9). Él nos desafía a dar un testimonio auténtico de pobreza evangélica en nuestro estilo de vida y en nuestras estructuras eclesiales, tal cual como él lo dio. Ésta es la fundamentación que nos compromete en una opción evangélica y preferencial por los pobres, firme e irrevocable pero no exclusiva ni excluyente, tan solemnemente afirmada en las Conferencias de Medellín y Puebla (IV CONFERENCIA, 1992, p. 178).

Ya Puebla había introducido la palabra "preferencial" para mitigar una opción por los pobres a secas. Ahora, en Santo Domingo, se subraya que la opción es "evangélica" y "no exclusiva ni excluyente". En otro lugar del documento la precisión tiene que ver con que la opción sea "auténtica" (IV CONFERENCIA, 1992, p. 50). No es errado pensar que un concepto tan importante para la Iglesia latinoamericana haya querido delimitárselo para enfriar la praxis cristiana de los sectores más comprometidos con los cambios sociales. Se ha dicho que Juan Pablo II, en su discurso inaugural de la Conferencia, quiso advertir contra las reducciones cristológicas de "izquierda". Esto no obstante, como se ve, el texto citado ratifica Puebla y Medellín. La opción preferencial por los pobres, de ser considerada "firme e irrevocable". Ella debe regir en la nueva metodología pastoral, la inculturación del Evangelio. La IV Conferencia da suma importancia a esta opción al incluirla en su oración conclusiva.

La cita en comento es relevante pues precisamente vincula la cristología de Encarnación con la teología de los rostros pobres de Cristo (cf. CODINA, 1993, p. 57). La Encarnación, que hace posible entender la evangelización como anuncio inculturado del Evangelio, es cualificada con el texto paulino que habla de quien, "siendo rico, se hizo pobre para enriquecernos con su pobreza" (2Cor 8,9). El Hijo de Dios no solo se hizo hombre, sino que se "hizo pobre". En palabras de Paolo Parise: "El punto de partida es Dios que ha enviado a Jesucristo, que, ungido por el Espíritu Santo, ha proclamado el reino de Dios, Buena noticia para aquellos que se encuentran en los márgenes de la sociedad" (PARISE, 2010, n. 192). Asimismo, podría decirse que, tal como el Cristo hecho pobre nos enriquece, lo hacen también los pobres, revelando de Cristo aspectos siempre nuevos a través de pobrezas emergentes.

En línea con lo anterior, pero profundizándolo, Santo Domingo confirma a Puebla cuando pide reconocer que los pobres son sujetos, que no han de ser considerados simples destinatarios del anuncio del Evangelio: "con el 'potencial evangelizador de los pobres' (Documento de Puebla, 1147), la Iglesia pobre quiere impulsar la evangelización de nuestras comunidades" (IV CONFERENCIA, 1992, p. 178). Esta afirmación tan sencilla concentra un enorme poder. Pues, si los pobres son los primeros destinatarios del Evangelio, nadie mejor que ellos sabe en qué consiste la Buena nueva. La Iglesia que se constituye a partir de ellos puede inculturar el Evangelio de un modo radical.

b) La Encarnación como inculturación

Santo Domingo trasunta la preocupación del Papa por una cultura occidental que progresivamente deja de ser cristiana. Juan Pablo II encara este acontecimiento con su proyecto de Nueva evangelización. A los obispos latinoamericanos les preocupa el "secularismo" y, haciendo suya las palabras del Papa, "una crisis cultural de proporciones insospechadas". En estas circunstancias en que van "desapareciendo valores evangélicos y aun humanos fundamentales, se presenta a la Iglesia un desafío gigantesco para una nueva Evangelización, al cual se propone responder con el esfuerzo de la inculturación del Evangelio" (IV CONFERENCIA, 1992, p. 230).

La respuesta de la IV Conferencia a esta situación es semi restauracionista, pues su intención no es volver a la Cristiandad, sino a un nuevo modo de inculturación. Según Santo Domingo, "toda evangelización ha de ser [...] inculturación del Evangelio. Así toda cultura puede llegar a ser cristiana, es decir, a hacer referencia a Cristo e inspirarse en él y en su mensaje" (IV CONFERENCIA, 1992, p. 13). Santo Domingo dedica todo un capítulo al tema de una "cultura cristiana". El punto de quiebre entre la nueva y la antigua evangelización,

104

como se ha destacado arriba, estriba en el reconocimiento de la persona de Cristo en la de los pobres. Estos ya no son considerados simples destinatarios de una inculturación, sino protagonistas.

El fundamento teológico de la empresa evangelizadora de inculturación del Evangelio es – como se ha dicho recientemente – la Encarnación: "La analogía entre la Encarnación y la presencia cristiana en el contexto sociocultural e histórico de los pueblos nos lleva al planteamiento teológico de la inculturación" (IV CONFERENCIA, 1992, p. 243). Lo afirma en otra oportunidad: "la Nueva Evangelización continuará en la línea de la Encarnación del Verbo" (IV CONFERENCIA, 1992, p. 50). En otras palabras, así como el Verbo asumió en Cristo una humanidad completa y con todas sus diferencias culturales, de un modo semejante a como los contemporáneos vieron en Jesús a un judío del siglo I hablando un arameo con acento galileo, los cristianos latinoamericanos de fines del siglo XX han de hacer inteligible el Evangelio a las personas y los pueblos de su época en las categorías culturales que estos puedan hacerlo suyo. "Esta inculturación es un proceso conducido desde el Evangelio hasta el interior de cada pueblo y comunidad con la mediación del lenguaje y de los símbolos comprensibles y apropiados a juicio de la Iglesia" (IV CONFERENCIA, 1992, p. 243).

Hasta aquí debe decirse que una evangelización de este tipo no tiene nada de nuevo. No es necesario ir muy lejos en la historia pastoral de América Latina para descubrir multiplicados los ejemplos de adaptación del Evangelio a las realidades de los más diversos pueblos originarios.

105

La novedad mayor que aporta una evangelización inculturada nueva se sustenta en otro dato teológico. A saber, que Cristo estuvo y actualmente se halla en los pueblos originarios aún antes de su evangelización. Santo Domingo reconoce en ellos las semillas del Verbo (IV CONFERENCIA, 1992, p. 17, 138, 244). Pero es mucho más claro cuando indica que Cristo se encuentra ya vivo y operante en todo ser humano al cual se ha unido desde el momento de la Encarnación. La novedad de esta visión teológica es producto de la teología del siglo XX y, de un modo preciso, del Concilio Vaticano II (GS 22). Según la IV Conferencia: "Jesucristo se inserta en el corazón de la humanidad e invita a todas las culturas a dejarse llevar por su espíritu hacia la plenitud, elevando en ellas lo que es bueno y purificando lo que se encuentra marcado por el pecado" (IV CONFERENCIA, 1992, p. 13). En otros términos, una inculturación del Evangelio supone que Cristo está a ambos lados del acto de evangelización, en el evangelizador y en el evangelizado, demandando del primero una "conversión pastoral" en el más hondo sentido de la palabra.

Así las cosas, la acción evangelizadora debiera tener en cuenta varios aspectos. Tendría que consistir en un anuncio de la Buena Nueva con "un lenguaje que haga más cercano el mismo Evangelio de siempre a las nuevas realidades culturales de hoy" (IV CONFERENCIA, 1992, p. 30); debiera también discernir los valores culturales auténticos para encarnar en la cultura a la que pertenecen "el mensaje evangélico y la reflexión y praxis de la Iglesia" (IV CONFERENCIA, 1992, p. 229), teniéndose en cuenta que hay "valores evangélicos que se han mantenido más o menos puros en la actual cultura" (IV

CONFERENCIA, 1992, p. 230); que nuevos valores pueden coincidir con el mensaje de Cristo (cf. IV CONFERENCIA, 1992, p. 230); que hay valores evangélicos que las culturas no conocen pero que pueden adquirir (cf. IV CONFERENCIA, 1992, p. 230). En todo caso, lo importante será que "la sociedad descubra el carácter cristiano de estos valores, los aprecie y los mantenga como tales" (IV CONFERENCIA, 1992, p. 230). De aquí que se pueda "promover en los pueblos indígenas sus valores culturales autóctonos" (IV CONFERENCIA, 1992, p. 248); "desarrollar la conciencia del mestizaje, no sólo racial sino cultural" (IV CONFERENCIA, 1992, p. 250); ver en la cultura urbana un campo apropiado para una nueva expresión de la fe (IV CONFERENCIA, 1992, p. 256); y establecer un diálogo crítico con la modernidad y la postmodernidad (cf. IV CONFERENCIA, 1992, p. 24). En todos los casos, el Evangelio ha de ser criterio dirimente para discernir en las culturas aquello que debe ser purificado y aquello que puede ser perfeccionado (cf. IV CONFERENCIA, 1992, p. 22; 13 y 230).

Para Santo Domingo, la Iglesia es el sujeto por excelencia de la inculturación. Resuena en el documento una idea dominante en *Lumen Gentium* (LG 8). Existe una analogía entre la unión del Verbo y la humanidad, y entre la Iglesia y el mundo. La Iglesia, mediante la inculturación, "encarna el Evangelio en las diversas culturas y, al mismo tiempo, introduce a los pueblos con sus culturas en su misma comunidad" (IV CONFERENCIA, 1992, p. 230). La nota distintiva es la opción de la Iglesia latinoamericana por los pobres. Pues la "Iglesia defiende los auténticos valores culturales de todos los pueblos, especialmente de los oprimidos, indefensos y marginados, ante la fuerza arrolladora de las estructuras de pecado manifiestas en la sociedad moderna" (IV CONFERENCIA, 1992, p. 243). "Esta acción pastoral es, en primera instancia, un asunto espiritual. El seguimiento de Jesús ha de ser inculturado, lo cual vale especialmente para el clero, los religiosos y religiosas, los catequistas y agentes pastorales (cf. IV CONFERENCIA, 1992, p. 45).

Para Santo Domingo, tres son los grandes misterios de la salvación que han de ser inculturados: "la Navidad, que muestra el camino de la Encarnación y mueve al evangelizador a compartir su vida con el evangelizado; la Pascua, que conduce a través del sufrimiento a la purificación de los pecados, para que sean redimidos; y Pentecostés, que por la fuerza del Espíritu posibilita a todos entender en su propia lengua las maravillas de Dios" (IV CONFERENCIA, 1992, p. 230). En todo caso, una auténtica inculturación tendría que verificarse como promoción humana y liberación integral de personas y pueblos oprimidos. A la promoción humana el documento dedica una de las tres partes. Le da una importancia central. La liberación socio-política, en cambio, es acotada al máximo. En todo caso la radica en Cristo: "Con alegría testimoniamos que en Jesucristo tenemos la liberación integral para cada uno de nosotros y para nuestros pueblos; liberación del pecado, de la muerte y de la esclavitud, que está hecha de perdón y de reconciliación" (IV CONFERENCIA, 1992, p. 123). Santo Domingo subordina la liberación – concepto omnipresente en Puebla – al valor mayor de la reconstitución cristiana de sociedades que, por aquellos años, se hallaban divididas por la violencia, la guerra y el odio.

Conclusiones

Los resultados de Santo Domingo han sido vistos con desdén debido a la intervención vaticana de la IV Conferencia. Paolo Parise nota que cristólogos latinoamericanos importantes como Jon Sobrino y Pedro Trigo resaltan la importancia de Medellín y Puebla, pero ignoran por completo Santo Domingo (PARISE, 2010, p. 231).

No obstante, no puede desconocerse el valor de su cristología. Dada la intención de una evangelización inculturada del Evangelio en el continente, la opción de la Encarnación debe considerarse apropiada. Así como el Hijo de Dios fue enviado por el Padre a hacer suya la cultura de su tiempo para redimirla y llevarla a su plenitud en todos sus aspectos, también la Iglesia latinoamericana, impulsada a una Nueva evangelización, ha de asumir las culturas de su tiempo y, desde dentro, discernir la acción del Espíritu de Cristo en ellas. Que la cristología de la IV conferencia sea "descendente" no debe considerárselo problemático, especialmente cuando ella ancla en episodios evangélicos que mandan reconocer a Cristo en los pobres (Mt 25,31-46; 2Cor 8,9).

La cristología de Santo Domingo es consistente, por lo demás, con Medellín y Puebla, y lo será con Aparecida en un punto decisivo, a saber, en el mandato de reconocer el rostro de Cristo en los rostros de numerosos rostros latinoamericanos marginados y oprimidos. El Cristo de esta Conferencia remite a los pobres y, aunque se lo diga con cautela, es un Cristo liberador. Santo Domingo desea que sean los pobres quienes evangelicen la Iglesia, los sujetos principales de la inculturación.

Por cierto, es discutible que la V Conferencia haya pretendido reeditar en el continente una "cultura cristiana". Sin embargo, a diferencia de la que fue una primera evangelización de América Latina y el Caribe, una Nueva evangelización habrá debido comenzar reconociendo que Cristo ya se encuentra en los pobres y que estos pueden considerarse los primeros evangelizadores como lo fue Juan Diego y la Virgen de Guadalupe.

Referências

CODINA, V. Nuevos rostros en Santo Domingo. *Páginas*, 122, p. 49-61, 1993.

IV CONFERENCIA GENERAL DEL EPISCOPADO LATINOAMERICANO. *Nueva evangelización, promoción humana, cultura cristiana – Conclusiones*. San Pablo, 1992.

FERRARO, B. Cristología no documento de Santo Domingo. *Revista de Cultura Teológica*, 1 (4), p. 83-88, 1993.

GALLEGO, A. El seguimiento de Jesús en Medellín, Puebla y Santo Domingo. *Páginas*, 198, p. 15-25, 2006.

GONZÀLEZ, C.I. El misterio de Cristo en el Documento de Santo Domingo. *Medellín*, 67, p. 212-215, 1993.

LOZANO, U. *Jesucristo Evangelizador – Cristología y evangelización en el Documento final de la IV Conferencia General del Episcopado latinoamericano en Santo Domingo*. Roma: Pontificia Universidad Gregoriana, 1999.

NEVES, L.M. *Santo Domingo: análises y comentários*. Peru, 1994.

PABLO VI. Discurso en Mosquera – Colombia, 23/08/. *AAS*, LX, 619-623.

PARISE, P. *Cristologie delle Conferenze Generali dell'Episcopato dell'America Latina e Caraibi: Da Rio de Janeiro ad Aparecida.* Roma: Pontificia Universidad Gregoriana, 2010.

SUSIN, L.C. **Cómo irá Jesús para Santo Domingo.** *Convergencia*, 26 (240), p. 83-102, 1991.

5
Eclesiologia e conversão pastoral da IV Conferência de Santo Domingo

Elizeu Conceição
José Aguiar Nobre

Ao afirmar que Cristo é a Luz dos Povos, o Concílio Ecumênico Vaticano II argumenta que "deseja ardentemente anunciar o Evangelho a toda a criatura (cf. Mc 16,15) e iluminar todos os seres humanos com a claridade de Cristo que resplandece na face da Igreja" (LG 1). Naquele contexto do concílio, este foi um grito esperançoso para os povos que se sentiam imersos nas trevas de um tempo eclesial fechado em si mesmo. Grito que voltou a ecoar na IV Conferência Geral do Episcopado Latino--Americano, que aconteceu no ano de 1992, em Santo Domingo, capital da República Dominicana. "Vencer a cultura da morte com a cultura de vida do Evangelho, eis o grito esperançoso de Santo Domingo" (LIBÂNIO, 1992, p. 59). Na contemporaneidade, com o Magistério do Papa Francisco, podemos reafirmar que a esperança dos pobres e daqueles envoltos em trevas volta a se acender ecoando também os seus gritos. A celebração do Sínodo para a Amazônia é um exemplo desse grito hoje.

Cremos ser sempre num espírito de cuidado para que a mensagem do Evangelho seja ecoada e ouvida por toda a Igreja que os seus eventos acontecem. Entendemos que é assim que ela se esforça para que o som de sua voz e um raio da luz divina, em meio às diferentes trevas, segue a ecoar mensagens de esperanças e a iluminar a vida das pessoas. Afirmamos, com isso, que não obstante a centralização em Roma, a Conferência de Santo Domingo também representa esse grito esperançoso que eclodiu do seu jeito e foi ecoado nas reflexões críticas do povo deste continente. Povo que é sempre zeloso pela fidelidade à mensagem revelada. Apesar de ser vista por alguns teólogos como uma conferência romana celebrada no continente latino-americano, e por isso, às vezes olham-na com suspeita e às vezes com esperança, é sabido que ela teve como objetivo central a reorientação da ação pastoral da Igreja, à luz do que o Papa João Paulo II chamou de nova evangelização. Já no discurso inaugural, o Santo Padre ponderou que "esta Conferência deverá saber conjugar os três elementos doutrinais e pastorais, que constituem como as três coordenadas da nova evangelização: Cristologia, Eclesiologia e Antropologia" (JOÃO PAULO II, 1992, n. 5). Com estas coordenadas, o papa afirmava que seria possível encarar os desafios que a ação evangelizadora da Igreja enfrentava na América Latina e Caribe. Apesar do belo objetivo, Santo Domingo, ele não teve o mesmo impacto neste continente como as conferências anteriores.

A partir de alguns dados históricos, nos propomos, neste capítulo, a identificar "a eclesiologia de Santo Domingo" (SD) e, ao mesmo tempo, ver esta conferência "dentro da Eclesiologia dos anos de 1990". Em consequência disso "pinçaremos" algumas "propostas de um novo modelo pastoral" aí evidenciadas, a fim de abordarmos a temática da "Eclesiologia e da conversão pastoral" propostas pelos bispos para a Igreja na América Latina e Caribe, em Santo Domingo.

Levando em consideração a estrutura do documento, que é feita em três partes bastante desiguais, procuraremos fomentar a nossa reflexão a partir da segunda parte que é estruturada em três capítulos, a saber: *a nova evangelização*, *a promoção humana* e *a cultura cristã*. Procuraremos acenar pistas de reflexão a partir das seguintes questões: Quais são suas prospectivas, seus avanços, seus recuos, suas tarefas inacabadas? Qual era a eclesiologia que a envolvia e quais foram as propostas de conversão pastoral?

1 Alguns elementos históricos da conferência

À guisa de contexto, é mister recordar que a IV Conferência Geral do Episcopado Latino-Americano e Caribenho aconteceu nos dias 12-28 de outubro de 1992, na Casa San Pablo, Santo Domingo, República Dominicana. A abertura foi realizada pelo Papa João Paulo II e contou com um total de 391 participantes. Os brasileiros representantes foram 53 bispos, mais 14 convidados entre padres, religiosas, diáconos e leigos, num total de 67 pessoas. Dom Luciano Pedro Mendes de Almeida, SJ, arcebispo de Mariana-MG, era o presidente da Conferência Nacional dos Bispos do Brasil – CNBB, e era o presidente da Comissão de Redação da IV Conferência Geral.

A preparação esteve marcada pelo contexto eclesiástico latino-americano dos anos de 1980. Apesar desta não ser mencionada, estavam em pleno espírito os desdobramentos da Teologia da Libertação, bem como as produções de seus respectivos teólogos. Recordamos que os pronunciamentos da Congregação da Doutrina da Fé (*Libertatis Nuntius; Libertatis Conscientia*) também aí se faziam presentes de diferentes formas. Aí aparecem elementos que já vinham influenciando enormemente no processo de preparação da IV Conferência. Recordemos que a história é sempre marcada por continuidade e descontinuidades. Nesse sentido, a preparação da IV Conferência foi marcada por uma descontinuidade daquilo que se havia realizado desde Medellín. As iniciativas para a realização de Santo Domingo iam "desconhecendo" e desconsiderando as realizações anteriores. Isto fica evidente quando são analisados os dois documentos de consulta. Em 1991, o CELAM entregou um novo documento, como inicialmente estava previsto, substituindo o anterior. Este foi recebido, assim como na realização da Assembleia, com momentos de fortes críticas, gerando tensão e conflitos. Vale recordar que a preparação de Santo Domingo nasceu sob a turbulência dos 500 anos do encontro de dois mundos, da colonização das américas. A data evocava sentimentos antagônicos, contraditórios e irreconciliáveis. A elaboração do documento final foi extremamente difícil, refletindo as diferentes correntes eclesiais e eclesiásticas no interior da Conferência.

Estes poucos fatores históricos apontam que aqueles anos estavam permeados de desafios, sonhos e divergências, que são próprios do dinamismo da história. Eles condicionaram enormemente a organização e a celebração deste evento em Santo Domingo. Nesse sentido, Francisco Merlos Arroyo assinala alguns fatores importantes:

> 1) Não foram tidos suficientemente em conta os grandes pensadores da teologia latino-americana, mas tão só os que sintonizavam com a linha "oficial"; 2) Percebia-se uma polarização de posições, interpretações, opções e estratégias para devolver à Igreja seu potencial de mudança social inspirado no Evangelho; 3) Aparecia o temor de que o processo preparatório desembocasse em um freio aos pronunciamentos de Medellín e Puebla; 4) Intuía-se uma tensão dissimulada entre as Conferências dos bispos e a Cúria Romana, que punha em questão e enevoava a colegialidade episcopal com suas frequentes intervenções; 5) Finalmente, o tema central de SD foi aprovado, depois de não poucos debates, tratando de explicá-lo em continuidade e em relação com a história da Igreja latino-americana (ARROYO, 2018, p. 97).

É importante observar estes fatores e relatos, para que tenhamos em mente a sinuosidade do processo histórico na vida da Igreja. Nesse sentido, recordamos que, mesmo sendo uma conferência altamente criticada, historicamente é necessário apresentar a análise crítica dos seus acontecimentos para que tenhamos um conhecimento da sua preparação, do evento e do seu conteúdo. Por isso, após trinta anos da sua realização, teólogas e teólogos se põem a refletir dentro de uma visão descolonizadora, ponderando sobre a celebração da Conferência de Santo Domingo na caminhada da Igreja no Continente Latino-americano, que hoje reflete sobre a temática da sinodalidade. Cada perspectiva ou cada olhar se torna complementar na releitura deste acontecimento para a Igreja em nosso continente. Por exemplo, recordamos que, não obstante as críticas, as linhas pastorais recolheram opções importantes em busca de continuidade das lutas:

> Pela vida, pelos pobres, pela inculturação do evangelho, por formas de atuação da Igreja. O texto foi acolhido com um misto de preocupação e esperança. Preocupação por ter uma visão muito eclesiocêntrica e por ter abandonado a metodologia clássica da pastoral latino-americana do ver-julgar-agir. Esperança pela maior abertura e pela reflexão teológica bem superior à dos anteriores (LIBÂNIO, 1992, p. 49).

Ora, por este fragmento, já se destaca um sinal de esperança na qualidade das reflexões teológicas aí fomentadas. Que tal revisitá-las? Nesse espírito de uma melhor busca de qualidade se torna possível notar que a visão pastoral aí apresentada foi refletida sob quatro aspectos importantes: o profetismo, a comunhão, a celebração e a diaconia. A esses aspectos foram levados em conta os seus elementos característicos como: a palavra evangelizadora, o testemunho das comunidades, a religiosidade popular e os desafios nas estruturas dos diferentes serviços circunscritos à realidade da comunidade. Desse modo, vale ressaltar que a IV Conferência se esforçou para se manter fiel à ação pastoral de Jesus de Nazaré, consideramos muito importante reconhecer isso na eclesiologia de Santo Domingo.

2 A eclesiologia de Santo Domingo como chave de compreensão da realidade atual

Para entendermos a eclesiologia de Santo Domingo é necessário levarmos em consideração que ao celebrar os 500 anos de evangelização na América Latina havia todo um espírito paradoxal de conquistas e trabalho evangelizador por um lado e de povo colonizado e explorado por outro. Nesse espírito, contudo, entendemos que, entre críticas e louvores, a presença da Igreja neste continente precisa ser sempre celebrada e revisada, pois a verdadeira evangelização deveria sempre se colocar em clima de reforma, a fim de atualizar a mensagem do Evangelho. Quando se fala de mensagem revisada é porque entendemos o imperativo de se adequar às necessidades e responder aos desafios do Povo de Deus. Cada etapa de revisão é um passo de continuidade mesmo que dentro de uma descontinuidade, ou seja, são passos diferentes que dão prosseguimento no anúncio do Evangelho de Jesus Cristo. Melhor ainda, "entre a ruptura com o passado necessária para manter a identidade" (CATÃO, 1993, p. 13), há sempre o lastro de perspectivas e de avanços para que a mensagem revelada seja sempre inteligível e, assim, acolhida, vivida, experimentada pelos fiéis. Nunca foi diferente a busca da vivência da Aliança na longínqua e belíssima história da salvação. Nesse sentido, recorda que, à época, neste Continente "regressava a democracia, depois de um período obscuro de regimes autoritários, defensores da ideologia da segurança nacional" (ARROYO, 2018, p. 95). Para tristeza nossa, no atual contexto sociopolítico e eclesial, vemos também carreatas e protestos pedindo a volta destes mesmos tempos obscuros, o que revela uma urgente necessidade de estudos do que realmente significam os tempos ditatoriais a fim de que jamais haja pessoas acéfalas a reivindicá-los.

A contemporaneidade paradoxalmente vive uma primavera eclesial com o Magistério do Papa Francisco, mas isso se dá em meio a um espírito beligerante tanto na seara política quanto eclesial. Trata-se de um tempo marcado pelo retorno das elites ultraconservadoras, protagonizando uma investida de retomada do poder ultraconservador. Há, pois, no espírito eclesial que se desenvolve no meio do mundo muitos desafios. Ainda bem que o nosso tempo está marcado pelas esperanças de sinodalidade, e esta, indubitavelmente, haverá de trazer efetivamente uma nova evangelização como protagonizava Santo Domingo. Ou seja, o projeto sinodal existe exatamente para que a comunidade retome a sua vocação que é inerente à sua gênese: evangelizar sempre de maneira nova e atualizada. Senão nem haveria necessidade de todo um trabalho sinodal, pois este já deveria acontecer naturalmente, não fosse as forças antagônicas ao Evangelho que são também inerentes à fragilidade humana. Felizmente Deus entende, pois o Amor nunca diz basta. Nesse sentido, observa-se todo o esforço da Igreja em fazer valer a sua vocação de garantir o espírito evangélico no mundo, de modo que inspiram as lideranças da Igreja a intuírem por onde o caminho do Espírito deve passar. Indubitavelmente, percebemos que é com esse intuito profético que o Papa Francisco pede a realização de uma Assembleia Eclesial que, sem dúvida se torna emblemática pelo próprio fato de efetivar a sua celebração em um contexto inóspito para tal. Aí está a força da Igreja na América Latina: a realização de algo inédito no limiar dos tempos hodiernos e para o qual o mundo eclesial estava voltando a sua atenção. Um sinal de esperança eclode no ar. A celebração da Assembleia Eclesial na América Latina, durante o mês de novembro/2021, em meio a todos os desafios impostos pela Pandemia do Covid-19, nos permite continuar sonhando e percebendo a ação do Espírito em pleno movimento. Ainda mais que ela nos ajuda a retomar os documentos das conferências para avaliarmos nossa caminhada, como é o caso da presente obra.

É neste ponto que a eclesiologia da IV Conferência se torna chave de leitura da nossa realidade atual, já que um número expressivo de pessoas deseja e luta para que uma nova organização eclesial seja posta em prática a fim de que as decisões práticas e pastorais das Igrejas particulares possam se efetivar de modo sinodal. Os bispos presentes na assembleia de Santo Domingo reconhecem que foram convocados pelo papa para traçarem estratégias de evangelização global para os anos seguintes. Assim se expressaram: "O Santo Padre nos convocou para comprometer a Igreja da América Latina e do Caribe numa Nova Evangelização e 'traçar agora, para os próximos anos, uma nova estratégia evangelizadora, um plano global de evangelização'" (SD 22).

Neste sentido, foram pensados alguns elementos de base para o plano global, de modo que se pudesse orientar as dioceses no seu agir pastoral (cf. SD 22). Foi assim que o documento final parecia apresentar uma preocupação de relatar tudo. A esse respeito observa-se que:

> Nenhum documento pode dizer tudo que se quer.
> Este talvez tenha querido dizer demais. Pois a

sua leitura dá, às vezes, a sensação de que havia uma certa ansiedade de passar para o texto as mais diversas, e algumas minúsculas, preocupações. São pequenos recados que nascem do medo e do desejo. Medo de que se perca algum valor, de que não se faça a reforma esperada. Desejo de não desperdiçar a ocasião de fazer alertas ou de propor sugestões para a pastoral (LIBÂNIO, 1992, p. 57).

Em consonância com as duas Conferências anteriores, principalmente no que se refere à opção pelos pobres, e, em sintonia com a Doutrina Social da Igreja, a IV Conferência de Santo Domingo assume, no quesito promoção humana, o patamar de uma dimensão privilegiada da nova evangelização, sendo compreendida como parte da missão evangelizadora (cf. SD 158). A doutrina social da Igreja tem "o valor de um instrumento de evangelização, porque ilumina a vivência concreta da nossa fé" (SD 158).

Observamos que a nova evangelização proposta por João Paulo II tem um enfoque mais religioso e doutrinal e menos libertador. As expressões "libertação", "libertador", "oprimido", "opressão" foram praticamente eliminadas do documento (cf. BOFF, 1994, p. 27-29). Em substituição destas expressões que caracterizavam uma linha muito libertadora da teologia foi sendo cunhada a ideia de promoção humana. Esta expressão "manifesta a preocupação de não envolver a Igreja, como tal, nos processos históricos de transformação social, econômica e política" (CATÃO, 1993, p. 35).

Como sabemos, após a Conferência de Medellín, a eclesiologia do Concílio Vaticano II, descrita principalmente na

Lumen Gentiun, foi aos poucos sendo acolhida na América Latina. Batizada como uma eclesiologia de comunhão em que se vê na unidade teológico-pastoral entre comunhão e missão esse espírito eclesiológico e sinodal, ele procurou ser desenhado na essência e na *práxis* da Igreja, neste continente latino-americano. Segundo Hackmann, a novidade emanada de Santo Domingo foi a de "apresentar a Igreja como mistério/ sacramento de comunhão evangelizadora inculturada, promotora e humana" (HACKMANN, p. 170). Essa novidade nasce da centralidade cristológica, embasada na frase bíblica: "Jesus Cristo ontem, hoje e sempre" (Hb 13,8). É um olhar que se desloca da figura humana para a figura divina. Desse modo, esse olhar parte de Jesus para iluminar a vida humana e deixa de partir do humano para contemplar o divino.

3 Santo Domingo dentro da Eclesiologia dos anos de 1980/1990

Entendemos que a Conferência de Santo Domingo nasce de um processo. Por mais que a sua efetivação se deu em meio a conflitos, imposições e resistências, vale recordar que ele está na linha de um processo de compreensão e reflexões dos desafios da Igreja que se iniciou no Vaticano II. A Igreja se abre a um diálogo com o mundo moderno a partir deste Concílio e o seu processo continua em assimilação, execução, movimento e renovação. Ainda há um longo caminho a percorrer para assimilarmos o genuíno espírito do Concílio. Na IV Conferência celebrada em Santo Domingo, a sua própria temática de nova evangelização, promoção humana e cultura cristã, inevitavelmente, aponta para os desafios da realidade *práxico-transformadora* da Igreja. Sendo assim, ele pode ser visto como um diálogo positivo que implica uma nova compreensão da Igreja e da sua missão que vai sendo assimilado aos poucos.

Um dos pontos controversos que influenciou no modelo metodológico adotado por João Paulo II, pode ter sido o seu bom êxito no combate ao comunismo polonês. Com isso, ele, de certa forma, tentou colocar freios no modelo teológico e pastoral da Igreja na América Latina, pois tinha receio de que aquele modelo pastoral da Teologia da Libertação produzisse frutos sociais semelhantes ao do comunismo. A efervescência das Comunidades Eclesiais de Base era a marca visível do que a Teologia da Libertação estava causando. Isso produzia uma interpretação, por vezes, errônea, principalmente a de que a teologia estava mais preocupada com a realidade social do povo do que com a evangelização. No fundo, o que se lia na Constituição Pastoral *Gaudium et Spes,* que fala da solidariedade da Igreja com a realidade do mundo moderno, estava calando forte na vida e na *práxis* dos protagonistas da evangelização neste continente:

> As alegrias e as esperanças, as tristezas e as angústias dos homens de hoje, sobretudo dos pobres e de todos aqueles que sofrem, são também as alegrias e as esperanças, as tristezas e as angústias dos discípulos de Cristo; e não há realidade alguma verdadeiramente humana que não encontre eco no seu coração (GS 1).

Como já havia sido acolhido este ideal na Conferência de Medellín, ratificado em Puebla, a eclesiologia deste período da celebração da IV Conferência de Santo Domingo, na América

Latina e Caribe, estava fortemente marcada pelas reflexões das comunidades de base em que ecoava uma teologia denominada de teologia da libertação. Este modelo fortemente embasado pelas conclusões dos documentos de Medellín e Puebla ganhou uma consistência no interior das comunidades que, como se sabe, de certa forma, era vista com preocupações por Roma. Compreendemos que as preocupações da Cúria Romana com este estilo eclesial era porque fugia ao seu controle. Seria, pois, necessário dar um novo direcionamento pastoral para este continente, trazendo então a ideia da Nova Evangelização, com um ar de novidade. Contudo, as tensões eram inevitáveis dado que já havia cimentada uma compreensão de autonomia dessas comunidades advindas em processos, desde o espírito do Vaticano II. Tanto é que nem sequer o termo libertação foi usado:

> O binômio "opressão e liberação" pode ter sido substituído, em nível de maior profundidade, pelo binômio "cultura de morte e cultura de vida". Nesse caso, a cultura de morte é a expressão das opressões econômicas, políticas, culturais e religiosas existentes na sociedade atual. Opressões não só pessoais, mas também estruturais. A cultura de vida significa, neste caso, o movimento de libertação levado a seu grau mais profundo e radical, modificando a realidade social e religiosa nas suas profundezas culturais com necessárias mudanças pessoais e estruturais. Nesse caso, a temática da libertação terá sido assumida no sentido mais pleno do termo de reter sua positividade, negando-lhe os limites (LIBÂNIO, 1992, p. 58).

Contudo, este registro é importante para nos fazer ver que a temática da libertação esteve indiretamente presente e, por que não dizer, foi elevada ao grau hermenêutico. Ao remeter à expressão "cultura de vida e cultura de morte" já aponta para uma profundidade das questões, dado que fundir um costume culturalmente exige tempo e o desencadeamento de vários processos.

> A temática central da cultura não refletiu suficientemente as culturas oprimidas, não enquanto fato, mas enquanto questionadoras do sistema vigente e de muitas estruturas da Igreja. O VIII Encontro Intereclesial de CEBs, realizado em Santa Maria em setembro de 1992, revelara a enorme riqueza e a tremenda força crítica das culturas oprimidas. E tal perspectiva não aparece no Documento (LIBÂNIO, 1992, p. 58).

Nesse caso, é possível observar que as reflexões fomentadas no decorrer da preparação e celebração da Conferência de Santo Domingo denunciam que a cultura de morte foi imposta no decorrer dos 500 anos de colonização. Em face desse espírito de tensões e ao mesmo tempo de esperança para a continuidade da evangelização no continente latino-americano e caribenho é que se propõe um novo modelo pastoral chamado de nova evangelização.

4 A proposta de um novo modelo pastoral

Claramente, não se pode dizer que o documento final da Assembleia de Santo Domingo apresente uma proposta como algo a ser aplicado, mas apresenta alguns pontos que iluminam o estilo pensado por João Paulo II. O grande desafio pastoral da Igreja naquele momento era "a inculturação do Evangelho a fim de criar uma cultura cristã" (SD 230). Somente desta forma seria possível ter uma autêntica promoção humana. Ao falar de novo modelo pastoral é importante entender o que se entendia por Nova Evangelização e o que representa o novo modelo pastoral.

Clodovis Boff chama o novo modelo pastoral proposto em Santo Domingo como "ajuste pastoral".

> Como "ajuste pastoral" entendemos a retomada do caminho já tradicional da Igreja latino-americana, mas dando-lhe uma outra direção não contrária, mas diferente da estabelecida. Na verdade, trata-se de um direcionamento global. Por ele, os bispos reassumem a caminhada que vem de Medellín, mas num outro contexto e por isso com outra sensibilidade, numa outra ótica (BOFF, 1994, p. 26).

Sabemos que a Igreja insiste na formação religiosa e na direção espiritual, litúrgica (cf. SD 41-43). Ela justifica isso afirmando que "a falta de formação doutrinal e de profundidade na vida da fé faz de muitos católicos presa fácil do secularismo, do hedonismo e do consumismo, que invadem a cultura moderna e, em todo caso, os incapacita de evangelizá-la" (SD 44). Após elencar uma série de compromissos, os bispos tratam dos leigos, na Igreja e no mundo, que constituem uma linha pastoral prioritária, especialmente as mulheres, adolescentes e jovens, com os quais eles assumem compromissos pastorais a fim de que possam responder aos desafios da promoção humana, da solidariedade e da construção da civilização do amor (cf. SD 120).

Assim, a Nova Evangelização aparece quase que para corrigir o ativismo dos que pensam transformar cristãmente a sociedade por intermédio de ações ou mecanismos econômicos e políticos, sem maior preocupação com a santidade da vida. Exige, assim, uma coerência entre a fé e a vida. O Papa João Paulo II afirma que a Nova Evangelização é a ideia central de toda temática desta conferência:

> A nova evangelização não consiste num "novo Evangelho", que surgiria sempre de nós mesmos, da nossa cultura ou da nossa análise, sobre as necessidades do homem. Por isso, não seria "Evangelho", mas pura invenção humana, e a salvação não se encontraria nele. Nem mesmo consiste em retirar do Evangelho tudo aquilo que parece dificilmente assimilável. Não é a cultura a medida do Evangelho, mas Jesus Cristo é a medida de toda a cultura e de toda obra humana. Não, a nova evangelização não nasce do desejo de "agradar aos homens" ou de "procurar o seu favor" (Gl 1,10), mas da responsabilidade pelo dom que Deus nos fez em Cristo, pelo qual temos acesso à verdade sobre Deus e sobre o homem, e à possibilidade da vida verdadeira (DISCURSO INAUGURAL, n. 6).

Observamos, assim, que o ensejo de que a missão da Igreja possa favorecer o limiar de uma vida verdadeira – segundo os valores do Evangelhos radicados na *práxis* de Jesus de Nazaré –, é que a proposta de uma nova evangelização aparece na IV Conferência de Santo Domingo como uma tentativa da Igreja em cumprir a sua missão evangelizadora e por isso ousa propor uma eclesiologia de conversão. Recordamos que os tempos vão "desbotando" as suas cores e por isso é tão importante o trabalho da história de refazer esse caminho "recolorindo" as reflexões.

O documento é abundante em afirmações socioanalíticas, teológicas e normativas. Servirá, em muitos momentos bem concretos, como fonte de inspiração, de verificação, de orientação para ações pastorais. Mas à medida que o tempo vai passando, esta letra do texto se empalidece. Haverá sempre pequenos resgates. Mas certamente a Conferência de Santo Domingo como um todo marcará mais profundamente o agir da Igreja que o simples conteúdo do texto (LIBÂNIO, 1992, p. 58).

A Igreja é uma "grande nave", não é um simples barquinho, e para que seja possível notar a sua conversão, o mínimo que seja de mudanças de direção, demanda não só de um certo tempo como também de um olhar ajustado, que seja capaz de notar esta mudança de rumo. Entendemos que é nesse agir da Igreja, com suas peculiaridades e criatividades, que está a chave para que sempre seja possível prosseguir com o longo e sinuoso processo eclesiológico de conversão pastoral.

5 A Eclesiologia e a conversão pastoral

Dos dados levantados quanto à eclesiologia e a conversão pastoral, tem ainda um ponto relevante que vale a pena refletir. Trata-se da coerência entre a fé e a vida, abordada no documento final.

Comprova-se que a maior parte dos batizados ainda não tomou plena consciência de sua pertença à Igreja. Sentem-se católicos, mas não Igreja. Poucos assumem os valores cristãos como elemento de sua identidade cultural, não sentindo a necessidade de um compromisso eclesial e evangelizador. Como consequência, o mundo do trabalho, da política, da economia, da ciência, da arte, da literatura e dos meios de comunicação social não são guiados por critérios evangélicos. Assim se explica a incoerência entre a fé que dizem professar e o compromisso real na vida (cf. Puebla, n. 783) (SD 96).

Com esta citação, os bispos afirmam que os obstáculos na evangelização estão na falta de coerência dos cristãos que não vivem segundo a sua fé. Paradoxalmente, observamos que mais contundente do que esta reflexão é a constatação e que tal fato se dá em vista de uma clara falta de compromisso dos pastores (dos próprios bispos) ao assumirem – talvez displicentemente –, que "se comprova que os leigos nem sempre são adequadamente acompanhados pelos pastores na descoberta e amadurecimento da própria vocação" (SD 96). Entendemos que na gravidade e crueza desta verdade reside, pois, a chave do estágio das incoerências entre fé e vida. E, segundo o próprio documento, a persistência de certa mentalidade clerical, tanto dos clérigos quanto de certos leigos, que acabam se prendendo nas tarefas internas gerando uma deficitária formação, e isso "privam-nos de dar respostas eficazes aos atuais desafios da sociedade" (SD 96).

Todas estas constatações possibilitam entender que, embora tratou-se da realidade dos pobres e oprimidos, "essa não foi a tônica da assembleia nem do documento, e Santo Domingo não produziu impacto maior na eclesialidade ou na ação pastoral da Igreja no continente" (MANZATTO, 2018, p. 310). Desse modo, mesmo como continuidade e fruto das conferências anteriores, o compromisso com os pobres e oprimidos continua sendo uma esperança de libertação.

Não obstante a tudo o que foi dito, mesmo que de maneira singela e periférica, tanto pelas deficiências dos autores deste texto quanto pelo limite do escopo do próprio espaço, vale recordar que a IV Conferência de Santo Domingo, ao deixar a sua marca e o seu imaginário de uma nova evangelização, ressalta que tem uma preocupação inerente ao seu ser próprio como portadora da Boa-nova que consiste na sua marca.

> Esta marca lhe virá do "imaginário pastoral" que ela cria. Este imaginário vincula-se sobretudo às linhas profundas, às opções fundamentais, à inspiração principal de todo o processo vivido nesses anos e cristalizado de maneira incompleta e imperfeita no texto. Ousaria dizer que o eixo inspirador do texto tem a dupla face da angústia sofrida e da esperança alegre. A angústia da pequenez da Igreja concreta, sobretudo nas suas atuais estruturas ainda muito dependentes do ministério ordenado, diante da gigantesca missão da evangelização, da promoção humana, da fermentação cristã das culturas num continente que vem sofrendo nas últimas décadas um terrível processo de pauperização crescente (LIBÂNIO, 1992, p. 59).

Em face desse pensamento e constatação de um paradoxo entre angústia sofrida e esperança alegre, esta última é inerente ao crente. E por isso entendemos que, mediante a presença da esperança, a Igreja se torna um mistério de comunhão que envolve e compromete a todos que creem no Cristo Jesus. Em vista disso, cremos que sempre suscitará na vida da Igreja a continuidade de um Espírito Renovador e de resistência à "cultura de morte". Isso é tão verdadeiro a ponto de nos sentirmos motivados hoje a escrever este texto entendendo que é parte da nossa missão e responsabilidade celebrar com uma publicação a realização da IV Conferência em Santo Domingo, no ano de 1992. É desse modo que em 2022, quando se celebra, no mês de outubro, em Roma, um evento sobre a sinodalidade, nada mais justo do que também ter em mãos um texto sobre Santo Domingo. É assim que sempre será possível fazer memória desse sinuoso caminho que compõe a belíssima e longínqua história da salvação. Trata-se de um registro peculiar de um Povo de Deus sempre a caminho. Como a sinodalidade presume o fator comunhão para que a *práxis* eclesial seja eficaz, sobretudo nos grandes centros urbanos, geradores de periferias geográficas e existenciais, acreditou-se que a criação de ações pastorais abundantes poderia atender aos desafios urbanos. No entanto, a célere e ininterrupta mudança social continua exigindo constante conversão pastoral para que a Igreja continue exercendo a sua função primordial: evangelizar sempre de maneira nova. Por isso a temática da nova evangelização será sempre atual e necessária na vida da Igreja. Um cristão é aquele que renasce em Jesus Cristo, tornando-se um homem novo (cf. Rm 6,3-11) a cada dia como Nicodemos (Jo 3,1-21). Da mesma forma, a Igreja, enquanto estrutura, vive em permanente renovação, de conferências em sínodos vai atualizando o dom recebido de Jesus e de seu Espírito.

Considerações finais

Santo Domingo, embora tenha sido uma conferência com grande influência da Cúria Romana, entendemos que ela trouxe luzes à realidade pastoral da Igreja na América Latina, uma vez que a profundidade de suas reflexões tem muito a ser levada em conta na *práxis* eclesial. Sabemos que a consciência de que os desafios de um avanço na eclesiologia para que ela realmente possa dar lugar ao espírito do que o Concílio Vaticano II protagonizou ainda está muito longe de se efetivar. Primeiro porque não há interesse por parte de cultura fortemente clericalizada e elitista. Segundo porque, por isso mesmo, não há uma formação permanente para que aquilo que se reflete nos documentos possa ser assimilado, vivido e celebrado no chão da vida eclesial. O fato de em pleno século XXI ainda termos uma eclesiologia centrada no ministério ordenado põe a descoberto o longo caminho a trilhar. Temos hoje uma eclesiologia fortemente clericalizada, até mesmo pelos próprios leigos que a legitimam. Há ainda o fenômeno de um mundo secular desprovido de um fermento cristão. Isso nos coloca, necessariamente, em movimento para que seja possível continuar com ousadia um processo de compreensão dos documentos das conferências latino-americana e caribenha. Pois entendemos que se faz necessário que todos "embarquem nessa missão profética de anúncio e denúncia" (LIBÂNIO, 1992, p. 59).

Deve-se levar em consideração, como já afirmamos, que o impacto deste documento não foi tão forte como os documentos das conferências anteriores.

Mesmo que sua reflexão possa ser lida como interessante e pertinente, ela foi logo suplantada pela perspectiva da chegada do novo século e, pouco tempo depois, já não figurava na ordem do dia, até pela dificuldade de se perceber sua ligação com a tradição latino-americana (MANZATTO, 2018, p. 310).

Não obstante a esta e tantas outras constatações, é mister recordar a Conferência de Santo Domingo no limiar da História da Igreja, dado que é assim que se forja o seu caminhar. Quando a sua reflexão propõe uma luta no combate à cultura de morte, observamos que o documento ganha uma relevância ímpar na contemporaneidade eivada de tantas mortes que poderiam ser evitadas. Se todos se unissem para a defesa da vida (Jo 10,10), indubitavelmente, as inúmeras mortes evitáveis não se efetivariam e a comunidade eclesial não poderia se eximir das responsabilidades pela defesa da vida e denúncias da cultura da morte com uma sociedade de fiéis defendendo armas quando falta é comida. Celebrar trinta anos de Santo Domingo em um contexto de Assembleia Eclesial na América Latina e de um Sínodo dos Bispos, em Roma, sobre os desafios da sinodalidade é, sem dúvida, uma oportunidade nova que o Espírito concede à Igreja a fim de que ela possa se colocar a serviço de uma eclesiologia de conversão pastoral. Entendemos a conversão sempre processual e infinita, pois o dinamismo da história está a exigir de todos um movimento em defesa da vida. Com uma cultura da vida haurida da Pessoa e da mensagem de Cristo. Isso sempre será possível mediante a renovação de mentalidades. Essas renovações possibilitarão abrir uma comunidade cristã à novidade que é soprada pelo Espírito condutor da sua Igreja.

Em suma, ao conclamarmos que ao celebrarmos trinta anos da Conferência de Santo Domingo possamos reencontrar as pistas concretas para viabilizar o sonho de uma efetiva eclesiologia de comunhão, e sobretudo nos deixando entusiasmar pela grande convocatória que João Paulo II faz a todos a fim de se empenharem na luta pela vida em oposição a todas as formas da cultura da morte. A certeza de que Cristo está junto conosco neste processo nos é garantido pela fé.

Referências

ARROYO, F.M. A IV Conferência de Santo Domingo: entre a suspeita e a esperança. In: BRIGHENTI, A.; PASSOS, J.D. (orgs.). *Compêndio das Conferências dos Bispos da América Latina e Caribe.* São Paulo: Paulinas/Paulus, 2018.

BOFF, C. O *"Evangelho" de Santo Domingo: os dez temas- -eixo do documento da IV CELAM.* Petrópolis: Vozes, 1994.

CATÃO, F. *Santo Domingo: significação e silêncios.* São Paulo: Paulinas, 1993.

CONSELHO EPISCOPAL LATINO-AMERICANO – CE-LAM. *Conclusões da Conferência de Santo Domingo: nova evangelização, promoção humana, cultura cristã.* Brasília: CNBB, 1992.

CONSELHO EPISCOPAL LATINO-AMERICANO – CE-LAM. *Documentos do CELAM.* São Paulo: Paulus, 2005.

CONCÍLIO ECUMÊNICO VATICANO II. Constituição pastoral *Gaudium et Spes.* São Paulo: Paulus, 1997.

CONCÍLIO ECUMÊNICO VATICANO II. Constituição dogmática *Lumen Gentium.* São Paulo: Paulus, 1997.

HACKMANN, G.L.B. A Eclesiologia de comunhão de Santo Domingo. *Teocomunicação*, Porto Alegre, v. 23, n. 100, p. 153-296, jun./1993.

MANZATO, A. Opção preferencial pelos pobres. In: BRIGHEN-TI, A.; PASSOS, J.D. (orgs.). *Compêndio das Conferências dos Bispos da América Latina e Caribe.* São Paulo: Paulinas/Paulus, 2018.

LIBÂNIO, J.B. Prefácio. In. CONSELHO EPISCOPAL LATINO-AMERICANO – CELAM. *Conclusões da Conferência de Santo Domingo: nova evangelização, promoção humana, cultura cristã.* 7. ed. Brasília: CNBB, 1992. Disponível em: http://portal.pucminas.br/imagedb/documento/DOC_DSC_NOME_ARQUI20130906182510.pdf – Acesso em 10/11/2021.

MORENO, J.L.D. O Concílio Vaticano II e a Igreja na América Latina. In: BRIGHENTI, A.; PASSOS, J.D. (orgs.). *Compêndio das Conferências dos Bispos da América Latina e Caribe.* São Paulo: Paulinas/Paulus, 2018.

6
Pensamento social na Conferência de Santo Domingo

Élio Gasda

A IV Conferência Geral do Episcopado Latino-americano (CELAM) realizada em Santo Domingo ocorreu no contexto da memória histórica dos 500 anos de conquista e evangelização da América Latina e Caribe (1492-1992). A perspectiva da Nova Evangelização proposta pelo pontificado de João Paulo II é também uma chave de leitura fundamental para o documento (GASDA, 2018, p. 343-354).

O pensamento social do Documento de Santo Domingo (SD) insere-se na tradição iniciada pelo CELAM em Medellín (1968) e continuada por Puebla (1979). O texto pode ser melhor compreendido no interior do movimento teológico-eclesiológico-pastoral inaugurado em Medellín. Contudo, Santo Domingo acabou criando seu próprio estilo, diferente dos documentos anteriores, refletindo notavelmente a Doutrina Social de João Paulo II.

A dimensão do pensamento social deve ser entendida na metodologia do Documento: iluminação teológica; desafios pastorais; linhas pastorais. A categoria "sinais dos tempos", utilizada em função da nova evangelização também é uma referência obrigatória (cf. SD 30) (MURAD, 1993, p. 11-29).

O capítulo está organizado da seguinte forma: 1) Discurso Inaugural do Santo Padre o Papa João Paulo II; 2) Promoção humana, paradigma do pensamento social; 3) Doutrina Social da Igreja.

As raríssimas referências bibliográficas demonstram a pouca relevância desse tema no Documento de Santo Domingo. Devido à extensão, o texto não aborda o item 2.3 – A família e a vida.

Discurso Inaugural

O Discurso Inaugural indica os principais temas do pensamento social.

João Paulo II, citando *Sollicitudo rei socialis*, 41, afirma que "a preocupação pelo social faz parte da missão evangelizadora da Igreja". Efetivamente, ensinar e difundir a doutrina social pertence à missão evangelizadora da Igreja e faz parte essencial da mensagem cristã (cf. Discurso Inaugural, 13).

O papa define o contexto histórico latino-americano como caótico e desconcertante. Há uma clamorosa desordem e uma injustiça institucionalizada: nações, setores da população, famílias e indivíduos cada vez mais ricos e privilegiados diante de povos, famílias e multidões de pessoas submergidas na pobreza, vítimas da fome e das doenças, carentes de moradias dignas, de assistência sanitária, de acesso à cultura; a elas se somam, às vezes, o atraso em tomar medidas necessárias, a passividade e a imprudência, bem como a falta de uma séria moral administrativa (cf. Discurso Inaugural, 15).

No Discurso Inaugural, João Paulo II dá o tom: "Não existe autêntica promoção humana, nem verdadeira libertação, nem opção preferencial pelos pobres, se não se parte dos mesmos fundamentos da dignidade da pessoa e do ambiente em que ela deve desenvolver-se, de acordo com o projeto do Criador" (Discurso Inaugural, 18).

É preciso agir. Mas não basta mudar as mentalidades e comportamentos. É preciso mudar as estruturas se queremos superar o abismo existente entre os países ricos e os países pobres, como também as desigualdades profundas entre cidadãos de um mesmo país. Numa palavra: é preciso fazer valer a solidariedade diante da vontade de dominar (cf. Discurso Inaugural, 19).

O pensamento social é enriquecido com o enfoque da cultura. As atenções estão voltadas para os desafios da cultura da modernidade e do neoliberalismo (cf. Discurso Inaugural, 20-24). O anúncio do Evangelho e a Doutrina Social da Igreja são os meios privilegiados para a promoção humana. "Todos são chamados a construir a civilização do amor neste Continente da esperança" (Discurso Inaugural, 28). A meta da Evangelização inculturada será a promoção integral da pessoa humana e dos povos do continente.

Por último, vale destacar a relação entre Doutrina Social e as temáticas das teologias da libertação latino-americanas. Não há condenação da Teologia da Libertação. O pensamento social produzido pela tradição teológica latino-americana e caribenha é importante e atual para o pensamento social de Santo Domingo:

A genuína práxis de libertação há de estar sempre inspirada pela doutrina da Igreja, que conserva todo o seu valor e deve ser tida em conta quando se trata do tema das teologias de libertação. Por outro lado, a Igreja não pode de maneira nenhuma deixar que lhe seja arrebatada, por qualquer ideologia ou corrente política, a bandeira da justiça, que é uma das primeiras exigências do Evangelho e, ao mesmo tempo, fruto da chegada do Reino de Deus (Discurso inaugural, 16).

Também na *Mensagem dos bispos da IV Conferência aos povos da América Latina e Caribe* está explicitada a relação profunda entre nova evangelização, promoção humana e libertação. Santo Domingo mantém a unidade entre história da salvação e salvação na história das Conferências anteriores. O texto do Livro do Êxodo serve de principal iluminação bíblico-teológica:

> Grandes maiorias dos nossos povos padecem condições dramáticas nas suas vidas. Verificamo-lo nas cotidianas tarefas pastorais e exprimimo-lo com clareza em muitos documentos. Assim, quando os seus sofrimentos nos oprimem, ressoa aos nossos ouvidos a palavra que Deus disse a Moisés: "Eu vi a miséria do meu povo... tenho ouvido o seu clamor... conheço, pois, a sua dor... Estou decidido... a conduzi-lo desta terra para uma terra fértil e esperançosa" (Ex 3,7-8). Essas condições poderiam abalar a nossa esperança. Mas... nós procuramos realizar o que Ele fez e ensinou: assumir a dor da humanidade e atuar para que se converta em caminho de redenção (7-8).

O Documento pretende oferecer o conceito de promoção humana como substitutivo de libertação/libertador das opressões da cultura de morte (BRAVO, 1992, p. 67-71).

Promoção humana, paradigma do pensamento social

O vínculo entre evangelização e promoção humana é indissociável (cf. SD 157). A promoção humana, tema do capítulo 2, é uma dimensão privilegiada da Evangelização na América Latina e no Caribe.

Ao assumir a perspectiva da opção pelos pobres e do empenho por uma sociedade justa e fraterna, Santo Domingo quer assegurar a continuidade com Medellín e Puebla (MIFSUD, 1993, p. 455-480). O conceito libertação/libertador, utilizado de forma destacada em Medellín e Puebla, é citado três vezes: 74, 157, 243. A denúncia das "estruturas de pecado", conceito valioso da teologia da libertação, é aproveitado no Documento (cf. SD 243).

De enfoque cristológico, o texto busca articular a prática de Jesus com as exigências da promoção humana. "Nossa fé no Deus de Jesus Cristo e o amor aos irmãos têm de traduzir-se em obras concretas. O seguimento de Cristo significa comprometer-se a viver segundo seu estilo" (SD 160).

> Jesus ordenou a seus discípulos que distribuíssem o pão multiplicado à multidão necessitada, de modo que "todos comeram e ficaram saciados" (cf Mc 6,34-44). Passou a vida fazendo o bem (At 10,38) e no final dos tempos nos julgará no amor (cf. Mt 25). Jesus é o bom samaritano (Lc 10,25-37) que encarna a caridade e a transforma em ajuda eficaz. Sua ação

é motivada pela dignidade da pessoa humana, cujo fundamento está em Jesus Cristo como Verbo criador (Jo 1,3), encarnado (cf. Jo 1,14) (SD 159).

Sinais dos tempos

É dever permanente da Igreja "examinar atenciosamente os sinais dos tempos e interpretá-los à luz do Evangelho" (GS, 4). A história e os "sinais dos tempos" se tornam chaves de interpretação da própria fé e, por extensão, do sentido da existência e da atividade humana no mundo.

No contexto do paradigma da promoção humana, os "novos sinais dos tempos" são fundamentais para entender o pensamento social do Documento. Elencados retratam o momento histórico de Santo Domingo: Direitos humanos, ecologia, terra, empobrecimento e solidariedade, Trabalho, Migrações e turismo, ordem democrática, nova ordem econômica, integração latino-americana.

Diante destes sinais é preciso discernimento. Os sinais dos tempos são abordados a partir da perspectiva teológica da presença e ausência de Deus. Enquanto presença de Deus, são um apelo ao compromisso. Enquanto ausência, são um chamado à conversão.

A Doutrina Social da Igreja, citando *Populorum Progressio* (14-15), indica o grande objetivo da promoção humana: levar o homem e a mulher a passar de condições menos humanas para condições cada vez mais humanas, até chegar ao pleno conhecimento de Jesus Cristo (cf. SD,162).

Definir estas questões como "sinais dos tempos" significa afirmar que são também interpelação divina e pedem discernimento (cf. SD 194, 254, 256) por parte das instâncias eclesiais (episcopado, laicato, Igrejas locais, comunidades). Essa atitude pode ser favorecida adotando-se o próprio método da Conferência: caracterização teológica, desafios Pastorais e Linhas Pastorais (VELEZ, 1993, p. 163-194).

Considerando a centralidade dos "novos sinais dos tempos" para o pensamento social de Santo Domingo, o texto passa a descrevê-los em uma síntese.

Direitos Humanos (cf. SD 164-168)

O Documento de Puebla já havia identificado a violação sistemática dos Direitos Humanos como um "desafio lançado à evangelização" (cf. DP 90). Também em Puebla os bispos tinham assumido o compromisso de defender os direitos humanos, de se solidarizar com as vítimas, também apoiar todos os que lutam em defesa dos direitos humanos (cf. DP 146).

Em Santo Domingo, os direitos humanos ganharam destaque como "novos sinais dos tempos". Há o reconhecimento de que houve um certo progresso na consciência dos direitos nos últimos anos; porém, o desrespeito a eles cresceu quase na mesma proporção. Os bispos denunciam o aumento preocupante das violações em toda América Latina e Caribe: terrorismo, repressão, assassinatos, condições de extrema pobreza e de estruturas econômicas injustas que originam grandes desigualdades.

A intolerância política e a indiferença diante da situação de empobrecimento generalizado mostram desprezo pela vida humana. Merecem uma denúncia veemente as violências contra os direitos das crianças, da mulher e dos grupos mais vulneráveis da América Latina: camponeses, indígenas e afro--americanos. A deterioração das condições sociais e políticas provocam retrocessos na garantia de inúmeros direitos.

O Documento traz uma afirmação importante para a compreensão mais sistêmica das violações aos direitos humanos: "Condições de extrema pobreza e estruturas econômicas injustas também geram inúmeras violações aos direitos humanos" (SD 167a). É a dimensão político-estrutural do problema. Pelo fato de estarem vinculados às estruturas da sociedade, os direitos humanos somente serão efetivamente garantidos se se buscar a transformação das forças políticas e econômicas geradoras das violações dos direitos. Ou seja, na América Latina a violação aos direitos humanos é estrutural. Contudo, o Documento não aponta de forma direta contra os causadores concretos de tais violações.

O Documento afirma, enquanto fundamentação teológica, que "toda violação dos direitos humanos contradiz o Plano de Deus, portanto, é pecado" (SD 164). Cristo é a fonte mais profunda que garante a dignidade humana. Portanto, qualquer violação dos direitos humanos é uma ofensa a Deus. Ao assinalar a violação dos direitos humanos como "pecado", Santo Domingo faz uma severa crítica teológica-moral aos agressores dos direitos humanos na América Latina, desde a atuação dos agentes do Estado nas prisões, nos interrogatórios sob tortura, no desaparecimento dos corpos e impunidade. Mas também na violação efetuada pelo narcotráfico, pelas empresas que exploram e escravizam os trabalhadores.

Os direitos humanos devem ser defendidos de forma mais incisiva e corajosa pelos cristãos:

> Empenhar-se firmemente, à luz dos valores evangélicos, na superação de toda injusta discriminação por razão de raças, nacionalismos, culturas, sexos e credos, procurando eliminar todo ódio, ressentimento e espírito de vingança, promovendo a reconciliação e a justiça (SD 168).

Faz parte da nova evangelização

> promover de modo mais eficaz e corajoso os direitos humanos, a partir do Evangelho e da Doutrina Social da Igreja, com a palavra, a ação e a colaboração, comprometendo-se na defesa dos direitos individuais e sociais da pessoa humana e dos povos, das culturas e dos setores marginalizados, bem como dos desprotegidos e dos presos (SD 168).

Dentre as orientações pastorais, vale destacar o incentivo à participação dos cristãos em organismos de diálogo e mediação e instituições de apoio às vítimas (cf. SD 168).

Ecologia (cf. SD 169-170)

Ecologia, "novos sinais dos tempos! É a primeira vez que o tema da ecologia aparece em Documentos do CELAM de forma tão explícita. Puebla apenas o menciona (cf. DP 139, 327). Santo Domingo recolhe algumas posturas avançadas que marcaram presença na Conferência das Nações Unidas sobre meio ambiente e desenvolvimento, celebrada no Rio de Janeiro em 1992.

Rio-92 (Conferência das Nações Unidas sobre o Meio Ambiente e o Desenvolvimento) revelou a gravidade da crise ecológica. As metrópoles e suas gigantescas periferias estão deterioradas. No campo, as populações indígenas e os pequenos camponeses são despojados de suas terras. Florestas como a Amazônia são desmatadas. Multiplicam-se as queimadas. Santo Domingo mostra que o problema ecológico é realmente muito grave (cf. SD 169).

O texto identifica a relação íntima entre o meio ambiente e a vida das comunidades indígenas, dos camponeses e dos moradores mais pobres das cidades grandes. São eles os primeiros a sofrer as consequências do chamado "desenvolvimento sustentável", que busca o crescimento econômico às custas dos limites ecológicos.

É necessário perguntar:

> São legítimas todas estas aspirações? Quem paga os custos de tal desenvolvimento? A quem se destinam seus benefícios? Não é imoral e ilegítimo um desenvolvimento que privilegia as minorias ricas em detrimento das grandes maiorias empobrecidas do mundo? (SD 169).

Esses questionamentos brotam da proposta de uma "ética ecológica". O Documento dá um novo passo na crítica do individualismo radical da sociedade de consumo e da lógica do acúmulo de riqueza do capitalismo.

A superação deste modelo de desenvolvimento destruidor começa pelo respeito de um dos grandes princípios da Doutrina Social da Igreja, a destinação universal dos bens da criação, da promoção da justiça com os povos do presente aliada à solidariedade como critérios para um desenvolvimento que não comprometa as gerações do futuro.

Santo Domingo oferece algumas pistas para a construção de uma ética ecológica que reoriente o desenvolvimento sustentável: reeducar os jovens para o valor da vida; formar para a tomada de consciência da interdependência dos diversos ecossistemas, cultivar uma espiritualidade ecológica, aprender dos pobres a austeridade e a partilha, valorizar a sabedoria dos povos indígenas. Dizer não à sociedade de consumismo (cf. SD 169-170).

Terra (cf. SD 171-177)

No universo da ecologia, o Documento aborda a terra entre os "novos sinais dos tempos". Como dom de Deus, "os cristãos não olham o universo, somente como natureza considerada em si mesma, mas como criação e primeiro dom do amor do Senhor por nós!" (cf. SD 171).

A partir da teologia da criação, o Documento recorda que Deus criou o homem e a mulher para que cultivassem e cuidassem do jardim do Éden, que vivessem dos frutos da terra (cf. Gn 2,15-16). Os limites traçados (cf. Gn 2,17) recordam à humanidade que Deus é o Senhor e criador, e dele "é a terra e tudo que nela existe". Estes limites no uso da terra visam preservar a justiça e o direito de todos ao destino universal dos bens da criação.

Na América Latina e no Caribe existem duas mentalidades opostas com relação aos bens da natureza (cf. SD 172): A

146

primeira, própria das comunidades indígenas, é uma relação de respeito e veneração pela terra como lugar sagrado, centro integrador da vida da comunidade. É um habitat onde nele vivem e com ele convivem em harmonia. A natureza os coloca em comunhão com seus antepassados e em harmonia com Deus. É *pacha mama*, lugar sagrado de comunhão com os ancestrais. A terra forma parte essencial de sua espiritualidade e de sua história. O respeito pela terra faz parte da natureza humana, ela é a *mãe terra* que alimenta seus filhos. Por isso deve ser cuidada, deve-se pedir permissão para cultivá-la sem destruir a vida.

A segunda é na visão mercantilista da economia do capitalismo, a natureza é uma mercadoria. O capitalismo considera a terra como uma coisa a ser dominada, suas riquezas naturais e sua biodiversidade são fontes de exploração visando o enriquecimento egoísta. Expulsa e elimina seus primeiros habitantes para alcançar seus objetivos. Essa mentalidade capitalista também está na origem da especulação do solo urbano, tornando a terra inacessível à habitação dos pobres, cada vez mais numerosos em nossas grandes cidades. Em síntese, é a principal responsável pela existência de milhares de famílias sem-terra e sem moradia na América Latina e Caribe.

O grande desafio pastoral na América Latina é a escandalosa concentração de terra em posse de pouquíssimos latifundiários. Poderosos ruralistas continuam invadindo territórios indígenas, quilombolas e expulsando os pequenos agricultores de suas terras (cf. SD 174). É grande o número de famílias expulsas de suas terras vivendo na pobreza.

A modernização da agricultura e a expansão do agronegócio favorece e fortalece os setores econômicos à custa dos pequenos trabalhadores rurais. Sem dúvida, "a situação da apropriação, administração e utilização da terra na América Latina e no Caribe é um dos apelos mais urgentes à Promoção Humana" (cf. SD 175).

Diante desse quadro dramático da luta pela terra, Santo Domingo aponta como linha pastoral o trabalho permanente pela reforma agrária e pelo apoio às organizações de pequenos agricultores e indígenas que lutam para conservar ou readquirir suas terras como grandes linhas pastorais (cf. SD 177). O Documento também é inovador ao incentivar uma "Teologia da terra" com ênfase na inculturação junto aos povos indígenas. Essa "Teologia da terra" é desafiada a inspirar uma presença mais comprometida dos cristãos e das pastorais junto às comunidades de camponeses, quilombolas e indígenas em defesa dos seus direitos.

Empobrecimento e solidariedade (cf. SD 178-181)

Santo Domingo identifica a realidade da pobreza na América Latina e caribe e a solidariedade com os pobres como um dos "novos sinais dos tempos". A opção pelos pobres é reafirmada como uma das linhas pastorais prioritárias (3ª parte do documento). "Fazemos nosso o clamor dos pobres" (SD 296).

O n. 178 é o mais importante de todo o Documento de Santo Domingo para o pensamento social: "Evangelizar é fazer o que Jesus Cristo fez, quando mostrou na sinagoga que veio para evangelizar os pobres" (Lc 4,18-19).

Santo Domingo se destaca pelo fato de colocar a opção pelos pobres no centro da missão evangelizadora da Igreja. E vai além: os próprios bispos são "desafiados a dar testemunho autêntico de pobreza evangélica em seu estilo de vida nas estruturas eclesiais, tal qual Cristo fez". E, para expressar e coerência com as Conferências anteriores do CELAM, afirma o Documento:

> Esta fundamentação em Cristo compromete toda Igreja numa opção evangélica e preferencial pelos pobres, firme e irrevogável, mas não exclusiva e nem excludente, tão solenemente afirmada nas Conferências de Medellín e Puebla. Sob a luz desta opção preferencial, a exemplo de Jesus, nos inspiramos para toda ação evangelizadora comunitária e pessoal (SD 178).

Pobre não é um conceito abstrato. Pobre tem rosto, nome, histórias, cultura, fome e dor.

> É preciso descobrir nos rostos sofredores dos pobres o rosto do Senhor (Mt 25,31-46): Na fé encontramos os rostos desfigurados pela fome, consequência da inflação, da dívida externa e das injustiças sociais; os rostos desiludidos pelos políticos que prometem, mas não cumprem; os rostos humilhados por causa de sua própria cultura, que não é respeitada, quando não desprezada; os rostos angustiados dos menores abandonados que caminham por nossas ruas e dormem sob nossas pontes; os rostos sofridos das mulheres humilhadas e desprezadas; os rostos cansados dos migrantes que não encontram digna acolhida; os rostos envelhecidos pelo tempo e pelo trabalho dos que não têm o mínimo para sobreviver dignamente. Amor misericordioso é também voltar-se para os que se encontram em carência espiritual, moral, social e cultural (SD 178).

O quadro da pobreza cresceu tanto em números absolutos como em relativos.

> O crescente empobrecimento no qual estão submetidos milhões de irmãos nossos até chegar a intoleráveis extremos de miséria é o mais devastador e humilhante flagelo que vive a América Latina. Assim o denunciamos tanto em Medellín como em Puebla e hoje voltamos a fazer, com preocupação e angústia [...]. A nós pastores nos comove até as entranhas ver continuamente a multidão de homens, mulheres, crianças, jovens e anciãos que sofrem o insuportável peso da miséria, assim como diversas formas de exclusão social, étnica e cultural; são pessoas humanas concretas e irrepetíveis que veem seus horizontes cada vez mais fechados e sua dignidade não reconhecida (SD 179).

O capitalismo neoliberal que predomina na América Latina e no Caribe aprofunda ainda mais as consequências negativas da economia sobre os pobres: livre mercado, eliminação da legislação trabalhista, desemprego em massa, redução dos investimentos públicos que protegiam as famílias dos trabalhadores, cortes nos salários, privatizações das riquezas nacionais, são apontadas como causas do aumento da pobreza (cf. SD 179).

A orientação pastoral é inequívoca: assumir com decisão renovada a evangélica opção preferencial pelos pobres; privilegiar o serviço aos mais pobres entre os pobres; promover a participação política pleiteando leis que defendam os direitos sociais; fazer das paróquias espaços de solidariedade; apoiar a economia solidária (cf. SD 180-181).

Conforme o Documento, os pobres devem ser considerados como atores sociais e sujeitos eclesiais! A diversidade de rostos implica que a ação pastoral deve incorporar a dimensão antropológica e cultural. O "pobre" é também um "diferente". Entre eles existe uma diversidade. As mediações socioanalíticas são insuficientes para a conhecer e interpretar a realidade do pobre de forma adequada.

Para um conhecimento mais coerente e justo do fenômeno das pobrezas na América Latina e Caribe é imprescindível incorporar as mediações culturais, antropológicas, históricas e identitárias. O contato com os novos movimentos sociais – movimentos feministas, ecológico, pacifista, antirracista – é uma forma de considerar a emergência dos novos rostos dos pobres como atores sociais.

Trabalho (cf. SD 182-185)

No pensamento social de Santo Domingo o mundo do trabalho é um dos "novos sinais dos tempos". É uma das realidades mais inquietantes da pastoral na América Latina e Caribe. Um dos fatores das mudanças econômicas é o progresso da tecnologia, com suas repercussões sobre o trabalho (cf. SD 182-186): aumento do desemprego, exclusão dos trabalhadores dos benefícios do sistema econômico, deslocamentos forçados em busca de trabalho (cf. SD 186-189).

Para o pensamento social cristão, "o trabalho tem um profundo sentido humanizador e salvífico". O trabalho expressa a vocação cocriadora do homem e da mulher como "filhos de Deus" (cf. Gn 1,26), que foi resgatado e elevado por Jesus, trabalhador e "filho de carpinteiro" (cf. Mt 13,55 e Mc 6,3) (cf. SD 182).

A Doutrina Social da Igreja tem no trabalho humano uma "chave da questão social" (cf. LE, 2). Sua dimensão subjetiva é fonte da dignidade do trabalhador e a origem dos seus direitos (cf. LE, 6).

A deterioração das condições de vida das famílias que dependem do trabalho para viver revela um desprezo pela dignidade dos trabalhadores. É escasso ou nulo o cumprimento de normas estabelecidas para defender os direitos dos setores mais vulneráveis do mundo do trabalho. A perda da autonomia das organizações de trabalhadores frente ao poder do capital contribui para a negação da primazia do sujeito do trabalho sobre a lógica do lucro. Em um contexto de níveis alarmantes de desemprego e raras oportunidades de trabalho para os jovens (cf. SD 183).

O desafio mais imediato para a pastoral na América Latina e Caribe consiste em despertar a sociedade para uma cultura de valorização da dimensão subjetiva do trabalho. Despertar, também, uma cultura de solidariedade inspirada na fraternidade universal: somos filhos do mesmo Pai que nos faz irmãos em Jesus Cristo (cf. SD 183).

A defesa dos direitos do trabalhador é o principal desafio para a pastoral da Igreja (cf. SD 184). Para sua concretização, o Documento destaca três linhas de ação (cf. SD 185): criação e incentivo de uma pastoral do trabalho em todas as dioceses; apoiar as organizações dos trabalhadores para a defesa de seus direitos: salário suficiente, descanso, proteção social para a velhice, a doença e o desemprego; incentivar a formação de

152

trabalhadores, empresários e governantes no Direito do Trabalho; propiciar espaços de encontro e mútua colaboração entre as três esferas: trabalho, empresa e Estado.

Migrações e turismo (cf. SD 186-189)

O Documento de Santo Domingo considera o fenômeno das migrações e do turismo internacional como "um novo sinal dos tempos". O pensamento social sobre as migrações e o turismo parte de uma fundamentação teológica:

> O Verbo de Deus se faz carne para reunir em um só povo os que andavam dispersos e para fazer deles cidadãos do céu (Fl 3,20; Hb 11,13-16). O Filho de Deus se faz peregrino, passa pela experiência dos que não têm lugar (cf. Mt 2,13-23), como migrante radicado numa insignificante aldeia (cf. Jo 1,46). Educa a seus discípulos para serem missionários, fazendo-os passar pela experiência do que migra a fim de confiar somente no amor de Deus, de cuja boa-nova são portadores (cf. Mc 6,6b-12) (SD 186).

Na década de 1990 há um incremento da migração dos povos latino-americanos, africanos e asiáticos para os países do Hemisfério Norte, principalmente para a Europa Ocidental e Estados Unidos. Há também um aumento da mobilidade humana entre os países latino-americanos. Nos países com problemas de migração por causas socioeconômicas não existem medidas sociais para detê-la; nos países receptores há uma tendência a impedir seu ingresso. Surgem também fenômenos como a repatriação voluntária e a deportação dos que não obtêm visto de permanência. O auge das viagens e o turismo, e inclusive as peregrinações religiosas e dos que vivem do mar, interpelam a solicitude especial da Igreja (cf. SD 187).

Como orientação, o Documento prioriza a criação e investimento na Pastoral da Mobilidade Humana nas dioceses e Conferências episcopais das regiões afetadas. O principal objetivo, e mais imediato, dessa pastoral consiste no cuidado para que, na acolhida e nos demais serviços em favor dos migrantes, se respeite suas riquezas espirituais e religiosas.

Outra questão, a médio e longo prazos, é contribuir para o processo de sensibilização dos poderes públicos para a realidade das migrações, chamando a atenção para a equidade dos direitos trabalhistas, o acesso a políticas públicas (educação, moradia, saúde), e o cumprimento de convênios internacionais da ONU em torno das migrações. Igualmente importante é conscientizar a sociedade sobre as causas mais preocupantes das migrações dos povos latino-americanos que são forçados a abandonar seus países em busca de melhores condições de vida. Como ajudar os povos do campo a permanecer na sua terra? (cf. SD 188-189).

Ordem democrática (cf. SD 190-193)

A instituição de sistemas democráticos é outro dos "novos sinais dos tempos".

Ainda que a Igreja não seja democrática, ela tem simpatia pelo sistema da democracia à medida que assegura a participação dos cidadãos. O Documento oferece uma justificação teológica para fundar seu posicionamento a respeito da democracia.

154

Cristo, o Senhor, enviado pelo Pai para a redenção do mundo, veio para anunciar a boa notícia e iniciar o Reino e, mediante a conversão das pessoas, obter uma nova vida segundo Deus e um novo tipo de convivência e relação social. À Igreja, fiel à missão que lhe outorgou seu fundador, corresponde constituir a comunidade dos filhos de Deus e ajudar na construção de uma sociedade onde primam os valores cristãos evangélicos (SD 190).

Com sua Doutrina Social, a Igreja acompanha os povos em suas lutas e anseios de maior participação nas esferas da política. Na América Latina e Caribe, os sistemas democráticos foram se consolidando depois de Puebla. Contudo, infelizmente, em alguns países, diversos fatores estão deteriorando a democracia: corrupção, distanciamento das lideranças partidárias com relação aos interesses das bases e às reais necessidades da comunidade; vazios programáticos e desatenção do social e ético-cultural da parte das organizações partidárias; governos eleitos que não se orientam para o bem comum; clientelismo e populismo (cf. SD 192).

A descrição acima recolhe de maneira articulada muitos dos problemas da democracia no continente. Apesar da fragilidade dos regimes democráticos reais, Santo Domingo não hesita em reconhecê-la "como o sistema de governo mais aceitável, ainda que seu exercício seja mais formal que real" (SD 191).

A proposta de uma democracia mais real para América Latina e Caribe depende de uma construção coletiva mais ampla, em que todos os setores da população possam participar de alguma forma. A possibilidade de democracias mais autênticas supõe formas mais organizadas das próprias classes populares. Planejar estruturas territoriais mais funcionais criativas e decisórias que favoreçam o exercício da democracia. Em outras palavras, o respeito pelo pluralismo social, a garantia da participação organizada de todos os setores nas instâncias de decisões políticas pode garantir uma democracia mais autêntica. O protagonismo deve estar nas mãos do povo (cf. SD 193a-b).

A Igreja respeita a legítima autonomia da ordem temporal e não tem um modelo específico de regime político. São significativas duas orientações pastorais voltadas para a contribuição com a democracia nos países do continente: proclamar os valores de uma genuína democracia pluralista, justa e participativa. Criar condições para que o laicato seja formado na Doutrina Social da Igreja em vista de uma atuação política dirigida ao aperfeiçoamento da democracia e ao serviço efetivo da comunidade (cf. SD 190-193).

Nova ordem econômica (cf. SD 194-200)

Este "novo sinal dos tempos", segundo o Documento, é que mais exige discernimento por parte dos cristãos. A hegemonia do neoliberalismo no início da década de 1990 piorou consideravelmente todos os índices sociais: desemprego, exclusão, violência, destruição dos direitos sociais. Difunde-se uma mentalidade consumista individualista.

"A Igreja a partir de sua perspectiva é chamada a fazer um sério discernimento. Temos de nos perguntar: até onde deve chegar a liberdade de mercado? Que características deve ter para que esteja a serviço do desenvolvimento dos povos?" (SD 194).

Quais são os limites do mercado? Quem define tais limites?

A economia de mercado deve ter limites. O Documento assinala

a necessidade de ações concretas dos poderes públicos para que a economia de mercado não se converta em algo absoluto ao qual se sacrifique tudo, acentuando a desigualdade e marginalizando as grandes maiorias. Não pode haver economia de mercado socialmente justa sem um compromisso com a solidariedade através de um marco jurídico que assegure o valor da pessoa e da justiça e uma preocupação com os pobres (SD 195).

O critério colocado pelo Documento, para saber se os limites do mercado são aceitáveis, é o serviço "ao desenvolvimento das maiorias" (cf. SD 194; 195b; 200b). O mercado tem sérias limitações éticas e sociais, é incapaz de dar respostas às necessidades dos povos. O mercado está intimamente ligado a interpretações redutivas da pessoa e da sociedade (cf. SD 195ab; 199c). O empobrecimento dos trabalhadores e o aprofundamento do abismo entre ricos e pobres gera uma situação moralmente insustentável.

O Estado não pode abdicar de cumprir seu papel de garantidor dos direitos sociais através de políticas públicas. "Os ajustes econômicos... costumam produzir uma grave deterioração do nível de vida dos pobres. Por isso, o Estado é obrigado, na medida do possível, porém sincera e generosamente, a compensar os custos sociais dos mais pobres" (SD 196).

157

Para uma ação mais efetiva frente à economia do capitalismo neoliberal três orientações chamam a atenção (cf. SD 200-203): fortalecer o conhecimento, difusão e prática da Doutrina Social da Igreja nos distintos ambientes; impulsionar, nos diversos níveis e setores da Igreja, uma pastoral social que parta da opção evangélica preferencial pelos pobres, atuando nas frentes do anúncio, da denúncia e do testemunho. Denunciar os mecanismos da economia de mercado que prejudicam fundamentalmente os pobres. A Igreja não pode estar ausente numa hora na qual não há quem vele pelos interesses dos pobres; assentar as bases de uma economia solidária, real e eficiente, sem esquecer a correspondente criação de modelos socioeconômicos em nível local e nacional.

Integração latino-americana (cf. SD 204-209)

A perspectiva em torno de uma real integração latino-americana é valorizada como um "novo sinal dos tempos".

Santo Domingo apresenta uma valiosa justificativa teológica para continuar este esforço.

> Jesus Cristo tornou presente o Reino de Deus, um reino de justiça, de amor e de paz. Realizou a fraternidade de todos fazendo-se irmão nosso e ensinando-nos a nos reconhecermos como filhos de um mesmo Pai (cf. Mc 14,36). Ele nos chama à unidade: "Que todos sejam um como Eu e o Pai somos um" (17,21) (SD 204).

A solidariedade internacional tem contribuído para o dinamismo das nações que se associam, como sinal dos tempos. O Documento se apoia na experiência de que nenhuma nação pode viver e desenvolver-se com solidez de maneira isolada.

Todos sentimos a urgência de integrar o disperso e de unir esforços para que a interdependência se torne solidariedade e que possa transformar-se em fraternidade (cf. SD 204).

O contexto imediato do Documento são as mudanças do sistema econômico internacional. O acontecimento mais impactante é o empobrecimento das maiorias latino-americanas. Frente a essa realidade dramática os povos do continente não podem reagir isoladamente. É preciso buscar nova força na união e na integração (cf. SD 204-209, 282). Mas o que se experimenta é um isolamento das nações, ao mesmo tempo em que se incrementa uma globalização da economia planetária junto à formação de grandes blocos. Ocorre uma desintegração no interior dos países como efeito de discriminações raciais ou grupais e do predomínio econômico-político-cultural de interesses particulares, que dificultam uma abertura a espaços mais amplos.

É preciso insistir na urgência de transformar as estruturas injustas que mantêm os países cada vez mais ricos junto a outros cada vez mais pobres. A integração latino-americana é fundamental para ajudar a superar os problemas angustiantes que afetam os povos deste continente. Os governos têm a responsabilidade de prosseguir os processos de integração já em andamento (cf. SD 206).

Inspirada na solidariedade, cabe à Igreja incentivar e acompanhar os esforços em prol da integração latino-americana como "pátria grande" (SD 209).

Doutrina Social da Igreja

Santo Domingo faz da Doutrina Social da Igreja uma fonte imprescindível do pensamento social e do agir dos cristãos na sociedade. São muitas referências à DSI (cf. SD 50, 76, 98, 158, 162, 168, 190, 193, 200, 271).

A moral social do Magistério está sistematizada na Doutrina Social da Igreja, que como ensinamento moral da Igreja é de natureza catequética: "Parte necessária de toda pregação e de toda catequese deve ser a Doutrina Social da Igreja, que constitui a base e o estímulo da autêntica opção preferencial pelos pobres" (SD 50).

Iluminar a ação dos cristãos no campo social, político e econômico com a luz do Evangelho é o principal objetivo. A DSI é instrumental teórico de referência da ação pastoral da Igreja na dimensão social da evangelização. Através dela, a Igreja oferece os conteúdos e princípios de reflexão, os critérios de análise da realidade e de avaliação das estruturas e mecanismos sociais, políticos, situações, projetos, opções político-partidárias. Também oferece diretrizes de ação para promover o humanismo integral e solidário.

A Doutrina Social da Igreja é o ensinamento do Magistério em matéria social e contém princípios, critérios e orientações para a atuação do crente na tarefa de transformar o mundo segundo o projeto de Deus.

O ensino do pensamento social da Igreja "faz arte da missão evangelizadora e tem "o valor de um instrumento de evangelização", porque ilumina a vivência concreta de nossa fé (cf. SD 158). A DSI deve entrar, como parte integrante, no caminho formativo de todos os fiéis, mas, de maneira destacada, dos diáconos permanentes:

> O ministério dos diáconos é de importância para o serviço de comunhão na América Latina.

160

Eles são, de forma muito privilegiada, sinais do Senhor Jesus "que não veio para ser servido, mas para servir e dar a sua vida em resgate por muitos" (Mt 20,28). Seu serviço será o testemunho evangélico diante de uma história em que a iniquidade se faz presente cada vez mais e se esfria a caridade (cf. Mt 24,12). Para uma Nova Evangelização que, pelo serviço da Palavra e a Doutrina Social da Igreja, responda às necessidades de promoção humana e vá gerando uma cultura de solidariedade (SD 76).

Uma sólida formação nesta Doutrina Social é fundamental para que o povo de Deus atue como fermento na sociedade. Mas, para isso, é preciso "criar as condições para que os leigos se formem segundo a DSI, em vista de uma atuação política dirigida ao aperfeiçoamento da democracia, e ao serviço efetivo da comunidade" (SD 193).

Com o seu ensinamento social a Igreja atualiza o Evangelho na complexa exigência da promoção humana. A DSI atualiza no curso da história a mensagem de libertação do Evangelho do Reino. O compromisso pastoral de "promover de modo mais eficaz e corajoso os direitos humanos deve ser feito a partir do Evangelho e da Doutrina Social da Igreja, com palavra, ação e colaboração" (SD 168). Uma educação que fomente a dignidade da pessoa humana e a verdadeira solidariedade há de ser inspirada no Evangelho e na Doutrina Social da Igreja (cf. SD 271).

Em Santo Domingo, a questão social, voltada para a superação das injustiças em vista da transformação da sociedade, recebe os novos enfoques das culturas: culturas ameríndias, africanas, cultura popular, cultura do capitalismo, cultura da pós-modernidade, pluralismo cultural, inculturação do evangelho como critério de mudança social (FRANÇA MIRANDA, 1993, p. 31-44).

Santo Domingo oficializa um termo significativo para interpretar a cultura do neoliberalismo. O documento aponta as manifestações da "cultura de morte" e dos "poderes da morte" na América Latina (cf. SD 9, 13, 26, 219, 235, 243, 245). Frente à cultura da morte, os bispos convocam os cristãos para que se comprometam com a "cultura da vida" (cf. SD 116, 118, 287, 288). As duas culturas são frontalmente opostas.

A cultura da morte é a expressão das opressões econômicas, políticas, culturais e religiosas existentes na sociedade. A cultura da vida significaria a práxis de libertação em vista da transformação das estruturas geradoras da cultura de morte (TABORDA, 1993, p. 103-122).

Para saber enfrentar a cultura da morte do capitalismo o Documento orienta "robustecer o conhecimento, difusão e prática da Doutrina Social da Igreja nos distintos ambientes" (SD 200). Santo Domingo considera a transformação de estruturas de morte uma tarefa inadiável. Vencer a cultura da morte com a cultura da vida.

Considerações finais

O texto apresentou uma visão geral dos principais aspectos do pensamento social no Documento de Santo Domingo. João Paulo II, no Discurso Inaugural, definiu o método, as grandes questões e as linhas teológicas do Documento. O pensamento social é um reflexo da Doutrina Social da Igreja na perspectiva do seu pontificado.

É possível perceber o esforço de continuidade com as Conferências de Medellín e Puebla principalmente: decifrar a realidade a partir da chave de leitura dos sinais dos tempos; opção decidida pelos pobres.

O destaque ao tema da ecologia e da integração latino--americana (pátria grande) conferem originalidade ao pensamento social desta Conferência do CELAM.

A principal fragilidade de Santo Domingo é a ausência de um pensamento crítico contundente ao capitalismo existente na América Latina e no Caribe. Os termos "capital" e "capitalismo" sequer são citados. O texto oferece uma leitura superficial e ingênua do sistema econômico e dos poderes políticos hegemônicos no continente.

A "nova ordem econômica" é apenas outro nome para o capitalismo mundial. A cultura de morte é adjetivo da dimensão ideológica do mesmo capitalismo enquanto sistema econômico.

Por último, o Documento apresenta a Doutrina Social da Igreja como paradigma do pensamento social para o continente. A DSI é uma teologia moral que brota das exigências éticas do Evangelho. Todos os temas sociais são tratados neste horizonte.

A necessidade de uma ética teológica latino-americana que assuma a realidade da injustiça e da violência estrutural já era uma urgência naquele contexto. O pensamento social da Igreja adquire legitimidade histórica quando assume a humanidade sofredora. A teologia da libertação é uma das construções éticas mais representativas da Igreja. Não se pode entender o pensamento social latino-americano sem considerar

163

a teologia da libertação. Doutrina Social da Igreja e teologias da libertação continuam importantes e necessárias na América Latina e Caribe.

Referências

BRAVO, C. Reflexiones en torno a Santo Domingo. *Revista Christus*, 660-661, p. 67-71, 1992.

CONFERÊNCIA GERAL DO EPISCOPADO LATINO-AME-RICANO/CELAM. *Santo Domingo: Conclusões da IV Conferência do Episcopado Latino-americano – Nova evangelização, promoção humana e cultura cristã: "Jesus Cristo ontem, hoje e sempre"* (Hb 13,8). 7. ed. Tradução oficial da CNBB.

CONFERÊNCIA GERAL DO EPISCOPADO LATINO--AMERICANO/CELAM. *Documento de Puebla: Evangelizacão no presente e no futuro da América Latina – Conclusões da III Conferência Geral do Episcopado Latino-americano.* São Paulo: Paulinas, 1979.

FRANÇA MIRANDA, M. Um catolicismo plural? – A propósito da evangelização inculturada de Santo Domingo. *Perspectiva Teológica*, 25, p. 31-44, 1993.

GASDA, É. Pastoral social e pensamento social da Igreja nas Conferências Gerais. In: BRIGHENTI, A.; PASSOS, J. (org.). *Compêndio das Conferências dos bispos da América Latina e Caribe.* São Paulo: Paulinas/Paulus, 2018, p. 343-354.

MIFSUD, Tony. La promoción humana en el Documento de Santo Domingo. *Moralia – Revista de Ciencias Morales*, v. 16, n. 60, p. 455-480, 1993.

MURAD, A. Documento de Santo Domingo – Princípios hermenêuticos de leitura. *Perspectiva Teológica*, 25, p. 11-29, 1993.

TABORDA, F. Nueva evangelizacion, promocion humana, cultura cristiana: lectura crítica de los tres conceptos y su articulación en el documento de Santo Domingo. In: RAMIREZ, S.; CODINA, V.; MURAD, A. TABORDA, F. *Comprension de las conclusiones de Santo Domingo*. Bogotá: Confederación Latinoamericana de Religiosos (CLAR), 1993, p. 103-122.

VÉLEZ, N. La Conferencia de Santo Domingo – Pinceladas socio-eclesiales. *Theologica Xaveriana*, 106, p. 163-164, 1993. Disponível em https://revistas.javeriana.edu.co/index.php/teoxaveriana/article/view/21861

7
O laicato em Santo Domingo

César Kuzma

Desde o Concílio Vaticano II (1962-1965), o tema do laicato tem sido uma constante nas reflexões eclesiológicas e pastorais, naquilo que corresponde à compreensão de sua vocação e no horizonte específico de sua missão. Uma recepção crítica sobre esta questão foi realizada em Medellín (1968) e Puebla (1979), e o mesmo ocorreu em Santo Domingo (1992), quando se enfatizou a promoção e o protagonismo de leigos e leigas na ação evangelizadora da Igreja. O texto que apresentamos abaixo tem o objetivo de oferecer uma reflexão sobre o laicato e o modo como este tema apareceu e se desenvolveu na Conferência e no Documento de Santo Domingo (SD). Nosso interesse é trazer a temática de forma aberta, crítica, dialogal, num tom em que se possa entender o contexto histórico em que surgiu a Conferência, destacando a presença do tema do laicato neste processo, seus objetivos, desafios e linhas de ação pastoral. Contudo, no intuito de celebrar os trinta anos de sua realização, faremos a tarefa de apresentar, atualizar e ressignificar o tema a partir de Santo Domingo, apontando para novos horizontes que nos chegam com o

Pontificado de Francisco, principalmente no pensar de uma Igreja sinodal e em saída.

1 Apresentação e posição do laicato na Conferência de Santo Domingo

A IV Conferência Geral do Episcopado Latino-Americano e Caribenho e as suas Conclusões trazidas no Documento Final, realizadas e publicadas em 1992, situam-se na proposta que decorre do Concílio Vaticano II que, na América Latina, por conta da teologia e eclesiologia que aqui se desenvolveram, buscaram por oferecer um olhar crítico e profético para as realidades que nos desafiam eclesial, histórica e socialmente. Na memória dos 500 anos de evangelização (ou de presença cristã), na expectativa da virada do milênio e frente a diversos problemas que afligem os povos do continente, em especial os povos originários, afro-americanos e os empobrecidos, bem como as novas urgências de um mundo moderno e globalizado, o Documento de Santo Domingo quis ser, como diz a sua apresentação, "uma palavra de esperança, um instrumento eficaz para a nova evangelização, uma mensagem renovada de Jesus Cristo, fundamentada na promoção humana e princípio de uma autêntica cultura cristã" (CELAM, 1992, p. 37). Estas três dimensões que constituem um único tema (nova evangelização, promoção humana e cultura cristã) devem servir de referência para os desafios e para buscar linhas prioritárias de atuação pastoral.

Todavia, mesmo seguindo esta história, intenção e tradição, é importante ressaltar que o Documento de Santo Domingo tem perspectivas diferentes das que se teve em Medellín e Puebla e esta condição traz causas e consequências para as Conclusões apresentadas e para os possíveis desdobramentos teológicos, eclesiológicos e pastorais que foram encaminhados. Isso se deu pela metodologia adotada e que não se ocupou em fazer uma visão atenta e crítica da realidade (no método ver-julgar-agir), mas em seguir um método dedutivo do quadro social, político e eclesial e, portanto, partir de um horizonte cristológico determinado (de onde se julga a realidade) e que apresenta um dado teológico, cultural e caminho a ser seguido. Outro ponto que marca a Conferência e as Conclusões Finais diz respeito às intervenções eclesiásticas que ocorreram por parte do Vaticano e a intenção de enfraquecer aspectos particulares das Igrejas locais, da teologia latino-americana, do próprio CELAM e das Conferências Episcopais em seus contextos e lideranças, no que toca a um caminho mais crítico e mais livre na condução dos trabalhos, de forma mais atenta às realidades locais e na construção de horizontes pastorais favoráveis a estas realidades (MERLOS ARROYO, 2018, p. 96). Ainda assim, como insiste Francisco Merlos Arroyo (2018, p. 99-101), a fé é provada, a esperança se faz criativa e muitos gestos ocorrem durante todo o processo, que, mesmo sendo o Documento um paradoxo, sob vários aspectos, a Igreja da América Latina e do Caribe segue em caminho e numa mensagem libertadora ainda vigente, ainda que de forma resistente e insistente, mas profética.

Dentro deste contexto é que precisamos apresentar e localizar a posição do laicato em Santo Domingo, numa condição que herda aspectos do Vaticano II, de Medellín e Puebla, mas que também sofre tensões e novas interpretações, que tece horizontes próprios, dentre os quais há avanços, evidentemente, e que em outros se faz necessária uma atenção especial, uma leitura crítica, para entender e situar o contexto e as possíveis implicações. Nossa intenção aqui não é a da crítica resistente e por vezes negativa, mas a de apresentar, situar e atualizar a proposta da Conferência e, de modo construtivo, ressignificar aspectos que são importantes para a trajetória do laicato no continente.

No que chega ao laicato, o Documento faz valer as intenções conciliares, sobretudo com base no capítulo II da *Lumen gentium* (LG), que trata do Povo de Deus e que dá à condição batismal um aspecto fundante e determinante da vida cristã. Por este dado, leigos e leigas assumem sua posição no corpo eclesial e na sua missão, no exercício do sacerdócio comum e no sentir comum da fé (LG 10; 12), em atitude de serviço e de corresponsabilidade. Neste espírito, o Documento de Santo Domingo aposta no trabalho de leigos e leigas para a transformação da sociedade, onde são chamados e onde é o campo preferencial de sua missão (LG 31b). Para a reflexão do laicato, o Documento resgata e segue a linha das duas Conferências anteriores (Medellín e Puebla) e traz a influência do Sínodo dos bispos de 1987 e o da Exortação Pós-Sinodal *Christifideles Laici* (ChL), de João Paulo II, de 1988. Afirma que os fiéis leigos e leigas "são chamados por Cristo como Igreja, agentes e destinatários da Boa-Nova de salvação, a exercer no mundo, vinda de Deus, uma tarefa evangelizadora indispensável" (SD 94).

De modo direto e objetivo, Santo Domingo faz uma reflexão e oferece uma orientação para o laicato na segunda parte do Documento, quando trata de "Jesus Cristo, evangelizador vivo em sua Igreja". Nesta parte, aparecem descrições da Igreja e suas propostas pastorais, e quando trata especificamente do laicato, o documento sugere seis apontamentos (SD 95-103), a saber: a) os leigos hoje em nossas Igrejas; b) os desafios para os leigos; c) principais linhas pastorais; d) ministérios conferidos aos leigos; e) os movimentos e associações de Igreja; e, por fim, f) leigos, linha pastoral prioritária. Estas não são as únicas partes onde o tema do laicato aparece; aqui elas estão de forma mais direta e objetiva, situando o laicato dentro de uma proposta eclesial determinada e na linha da Conferência. No entanto, reflexões e apontamentos para o laicato também se fazem notar em outras partes do Documento, como também em discursos anteriores (como do Papa João Paulo II, na abertura) e em mensagens posteriores que foram proferidas e que estão registradas nas Conclusões Finais. Em outras partes, é possível perceber e se faz notória e de reconhecimento de todos a participação do laicato nas Comunidades Eclesiais de Base, em movimentos, nas paróquias, nos diversos campos de trabalho pastoral e social, na política, educação e nas artes, na família e em demais esferas da sociedade. Entram também aí o papel da mulher e da juventude, com abordagens específicas (SD 104-110; 111-120).

Mas o ponto que mais se destaca no Documento é a ênfase que se dá na promoção do laicato, em vista de um autêntico protagonismo, uma linha prioritária (SD 103), o que exige formação integral e permanente, espiritualidade própria, liberdade e autonomia no exercício de sua vocação e missão. "Um laicato, bem estruturado e com uma formação permanente, maduro e comprometido, é o sinal de Igrejas particulares que levam muito a sério o compromisso da nova evangelização" (SD 103).

2 Desafios apontados pelo documento e principais linhas pastorais

O Documento de Santo Domingo traz três desafios principais para o laicato e, frente a estes desafios (SD 97), oferece algumas linhas pastorais (SD 98-99). É evidente que os desafios não se esgotam nestes três e são muito maiores, exigentes e complexos, como também as linhas de ação pastoral. Contudo, faz-se necessário compreendê-los dentro da proposta da Conferência e, ainda assim, é possível discorrer sobre eles em uma abrangência maior. Sobre os desafios, o Documento diz que são urgências do momento e que reclamam:

1) *Que todos os leigos e leigas sejam protagonistas da nova evangelização, da promoção humana e da cultura cristã.* Para que isso ocorra, faz-se necessária uma verdadeira promoção do laicato, de forma constante, permanente e sob vários aspectos da vida pública e eclesial, e que por ela se afaste toda a forma de clericalismo e que se evite que leigos e leigas se empenhem apenas (ou mais) em trabalhos e ações intraeclesiais ou que persistam somente numa condição de observância passiva da fé e de aspectos estritamente católicos, sem uma referência crítica e madura. Desta maneira, o Documento chama a atenção para a responsabilidade que o laicato assume na sociedade, como aspecto fundamental de sua vocação e missão, de forma livre e organizada, com boa formação,

firme e imbuída dos valores do Reino de Deus. Porém, este desafio esbarra em outra questão, apontada pelo próprio Documento em ponto anterior, de que grande parte dos batizados não tomou ou não tem consciência de sua pertença à Igreja e naquilo que corresponde a sua vocação e missão (SD 96). Estão marcados por uma cultura católica, própria da nossa sociedade, mas que isso não os torna cristãos de fato ou em um sentimento de ser Igreja, de assumir compromissos e responsabilidades, num autêntico e profético seguimento de Jesus. É uma questão que afeta o todo da missão e torna os fiéis leigos e leigas presos em uma estrutura de Igreja passiva, sem criticidade e sem percepção do alcance de seu trabalho e daquilo que podem oferecer. Assim, o chamado a um protagonismo exige outra realidade eclesial, exige promoção da vocação, formação específica e reconhecimento daquilo que os leigos e leigas são e do que podem oferecer e contribuir na missão, de um modo próprio e autêntico.

2) Isso leva ao segundo desafio, de *que os batizados não evangelizados sejam os principais destinatários da nova evangelização*. O que se quer, na realidade, é mudar a percepção de se ter uma cultura católica que não se traduz em prática e vivência cristã, logo em testemunhos de vida e coerência evangélica. Chama-se a atenção para a conversão, para um novo momento evangelizador que seja capaz de ir a estas pessoas e localidades e oferecer a elas um discurso novo, com novas expressões e métodos, com novas linguagens e aberturas. Falta, a muitos fiéis,

a consciência de seu batismo e a implicação desta condição em sua vida de fé. Este problema que afeta a muitos leigos e leigas decorre da estrutura eclesial e da falta de acompanhamento de muitos pastores (SD 96), que não incentivam o amadurecimento e a descoberta dos valores desta vocação. Isso leva à persistência de uma mentalidade clerical, como já era apontada na Conferência de Puebla (DP 784; SD 96). Este desafio também favorece um novo entendimento dos ministérios conferidos aos leigos (SD 101) e do papel que exercem os novos movimentos e associações laicais (SD 102), que podem oferecer espaços onde esta consciência e este avanço da evangelização sejam contemplados, desde que tenham critérios de eclesialidade, conforme já foi indicado na *Christifideles Laici* (ChL 30) e que Santo Domingo retoma.

3) E, por fim, o Documento de Santo Domingo aponta para *o desafio da santidade e o exercício da missão de leigos e leigas*. É importante reconhecer que os fiéis leigos e leigas têm um caminho próprio para viver a sua fé e devem ser incentivados a caminhar em direção a esta maturidade, numa busca constante, pois só assim terão um crescimento na fé e poderão exercer a sua missão de forma autêntica, livre e com compromisso evangélico. A missão dos leigos e leigas não é de suplência e seu caminho de espiritualidade não é uma adaptação de outras formas e expressões eclesiais. Há uma missão própria para o laicato e ela se faz reconhecer no todo da missão da Igreja, como também há um caminho próprio de es-

piritualidade e de busca de santidade. Se a sua missão é no mundo, como afirmou o Vaticano II e como pede Santo Domingo, diante de todos os desafios e urgências, é frente a estas realidades que se vai viver a vocação e perante estas situações é que se vai buscar dar razões da sua fé e se deixar conduzir pelo Espírito, num crescimento e amadurecimento da fé. Assim, a missão se fortalece e será autêntica, como autêntica e fortalecida será a espiritualidade vivida, num caminho que leva à santidade e à santificação do mundo onde estamos. Este é um caminho e um entendimento que devem ser oferecidos a todos os fiéis, estejam no lugar onde estiverem, mais ou menos atuantes, mais ou menos conscientes de sua vocação e missão, mas numa proposta eclesial que se abre e oferece a eles um horizonte novo, de formação, de pertença e de caminho de espiritualidade. Somente desta maneira é que se poderá encontrar um protagonismo, na linha de sujeitos eclesiais, como depois falará o Documento de Aparecida (DAp), em 2007 (DAp 497a), para que todos os fiéis, todo o povo de Deus tenha a possibilidade e a oportunidade de encontrar espaços de crescimento de espiritualidade e de maturidade de fé.

Para dar entendimento e enfrentamento a estes desafios, o Documento de Santo Domingo oferece algumas linhas pastorais, na intenção de "incrementar a vivência da Igreja-comunhão, que nos leve à corresponsabilidade na ação da Igreja" (SD 98). Desse modo, para que se favoreça o protagonismo, a evangelização dos fiéis e o caminho próprio de santidade e missão, que são os principais desafios elencados, o Documento incentiva a participação dos leigos e leigas nos Conselhos Pastorais, na comunhão com os pastores e demais vocações, pois estes são espaços de encontro e também de formação, podendo integrar diversos grupos apostólicos. Embora, aqui, o Documento traz algo complexo, pois, ao mesmo tempo em que incentiva e encoraja, limita a ação do laicato ao dizer que eles devem ter "adequada autonomia" (SD 98). Ora, se ela é "adequada", não é autêntica e não é livre e se faz limitada no exercício e no entendimento. Nota-se, então, que, mesmo nas linhas pastorais, nas quais se pretende um avanço, as estruturas e o receio de uma liberdade da ação dos leigos e leigas é uma presença real e, de certa forma, incômoda. É onde a ideia de Igreja-comunhão pode trazer a ideia de uma Igreja-obediência, onde o aspecto piramidal e hierárquico se faz mais forte que a dimensão horizontal de todo o Povo de Deus. Aliás, este é um paradoxo já apontado por Merlos Arroyo (2018, p. 100-101), ao dizer da interpretação "entre a Igreja piramidal e Igreja de Comunhão = Igreja vertical e Igreja horizontal". É certo que a dimensão de *communio* é uma realidade mistérica da Igreja e ela é acentuada pela teologia do Vaticano II, no capítulo I da *Lumen Gentium*, sendo a Igreja, na sua diversidade de ministérios, dons e carismas, chamada a ser comunhão, como reflexo da Trindade, que assim é e que assim se revela e se realiza. Trata-se de um desafio, uma tarefa necessária para que o sentido comunitário não se firme em esferas de poder que anulam identidades e condições, impedindo a Igreja de seguir o seu chamado e o horizonte de sua missão. A comunhão se dá no reconhecimento da diversidade de carismas e ministérios que em Cristo, no seguimento e no assumir da sua missão, na orientação do Espírito se fazem comunhão, sendo uma só coisa nele. É quando a Igreja se entende e se define numa autêntica relação de "comunidade-carismas e ministérios" (FORTE, 2005, p. 36).

Ainda dentro destas linhas de ação pastoral, o Documento fala da formação e que ela deve ser "integral, gradual e permanente" (SD 99), dispensando atenção especial à formação dos pobres. Neste ponto, o Documento reconhece a grande contribuição que leigos e leigas já exercem na vida eclesial, em diversos serviços e ministérios, também no que atende à formação. Fala que cresce a sua consciência na responsabilidade para com o mundo e para a missão *ad gentes* e que isso faz aumentar o sentido evangelizador próprio desta vocação (SD 95). Como diz o Documento e como já afirmou o Decreto *Apostolicam actuositatem* (AA), sobre o Apostolado dos leigos, a ação de evangelização, a vocação e missão dos leigos e leigas é uma tarefa indispensável (SD 94; AA 1). Fala-se ainda de comunhão e participação (SD 100), em todos os espaços de Igreja e na liberdade de associação e que se favoreça a formação de movimentos com um perfil mais latino-americano, atento às realidades e inculturados às experiências do continente (SD 102).

3 Atualização e ressignificação da proposta para os dias de hoje

No celebrar dos trinta anos da Conferência de Santo Domingo, temos a intenção de trazer aspectos fundamentais de seu Documento e que atingem diretamente a vocação e missão dos leigos e leigas e, desta forma, atualizar e ressignificar a proposta, em atenção aos dias de hoje e do que temos com o Pontificado de Francisco. Esta nossa intenção procura valorizar aspectos de Santo Domingo, dando a eles um sentido atual, ao mesmo tempo em que se abre para novos horizontes e perspectivas pastorais.

1) *De uma Igreja comunhão e participação para uma Igreja em sinodalidade*: o momento em que se realizou a IV Conferência Episcopal do Continente Latino-Americano e Caribenho, em Santo Domingo, estava em grande acento na eclesiologia católica a ideia de Igreja de Comunhão ou eclesiologia de comunhão, também dita assim. Esta dimensão de *communio* é essencial e fundamental na experiência cristã e ela foi valorizada em âmbito conciliar, ao entender o mistério que habita na Igreja (LG, cap. I), a dimensão pneumatológica e o reconhecimento de todo o Povo de Deus (LG, cap. II), com realidades e particularidades próprias, na diversidade que forma unidade. Esta condição é muito acentuada no novo entendimento do *Sacerdócio comum* de todos os fiéis (LG 10) e na definição do *Senso da fé*, em que se vê afirmado que o conjunto de fiéis ungidos pelo Espírito Santo não pode errar na fé (LG 12). Mas a percepção do Povo de Deus e suas particularidades trazem embates complexos, históricos e resistência de aspectos estruturais marcados pelo poder e clericalismo. Aos poucos, esta intenção de *communio* se enfraqueceu, a novidade conciliar do Povo de Deus foi sendo deixada de lado e a intenção de comunhão num sentido mais de conformação e obediência às autoridades competentes se fez valer com mais força, numa hierar-

quização da prática cristã. A legítima ideia de comunhão e participação de todos se viu enfraquecida frente às estruturas hierárquicas, tanto em nível das igrejas locais quanto no exercício específico de vocações e ministérios. Passados 50 e 60 anos do Vaticano II, com o Pontificado de Francisco, estes temas ressurgem com mais força, por Francisco fazer um resgate da agenda conciliar e para propor uma nova forma de a Igreja se relacionar e partir em missão. Francisco faz um resgate profundo da categoria Povo de Deus e ela se torna um aspecto fundamental para a compreensão de Igreja em saída, trazendo rosto e identidade eclesial. Na Exortação *Evangelii gaudium*, no n. 111, Francisco diz que todo o Povo de Deus anuncia o Evangelho e que a evangelização é dever da Igreja, mas que este sujeito da evangelização é mais que uma instituição orgânica e hierárquica, é, antes de tudo, "um povo que peregrina para Deus. Trata-se certamente de um *mistério* que mergulha as raízes na Trindade, mas tem a sua concretização histórica num povo peregrino e evangelizador, que sempre transcende toda a necessária expressão institucional" (EG 111). Francisco fala de um povo que tem muitos rostos e muitos carismas e que constitui a Igreja de Cristo. Esta Igreja é chamada a uma missão e este povo, em sua totalidade, sai em missão, num caminhar juntos, de modo sinodal. Desta forma, Francisco resgata a dimensão de *communio* na sua essência e valoriza a diversidade ministerial de todo o Povo de Deus. Ressalta a condição de serviço e diz que todos são responsáveis e que esta caminhada se faz em conjunto, num espírito comunitário, aberto e livre, de forma sinodal.

2) *De agentes da nova evangelização para discípulos missionários de uma Igreja em saída*: o tema da Nova Evangelização é a ideia central de toda a temática da Conferência de Santo Domingo, uma questão que é trazida pelo discurso inaugural do Papa João Paulo II a todos os participantes (JOÃO PAULO II, 1992, p. 16), e que retoma uma intenção já enfatizada por ele no Haiti, em 1983, e também em Santo Domingo, em 1984 (MERLOS ARROYO, 2018, p. 97). Não se trata de um "novo Evangelho", mas de uma nova forma de anunciar a presença de Cristo na realidade latino-americana e caribenha, na fidelidade ao magistério oficial e à Tradição da Igreja e em crítica ao que o Papa chamou de "cristologias redutivas" e que, segundo ele, causam discordâncias e interferem na comunhão da Igreja (JOÃO PAULO II, 1992, p. 17). É certo que a base deste discurso estava em uma forte crítica a aspectos da Teologia da Libertação e a práticas pastorais da Igreja da América Latina, que vinham desde Medellín e Puebla, para as quais a relação com o Vaticano seguia em pontos de tensão. Estas tensões, aliás, estiveram presentes na preparação da Conferência, durante os processos de discussão e redação e após o seu término (SCOPINHO, 2013). É dentro deste propósito que o laicato aparece como um importante agente de evangelização, devendo ser promovido e reforçado em seu protagonismo, com um acompanhamento de seus pastores e com a proposta de uma formação adequada e permanente. Entram aí um impulso novo aos movimentos eclesiais e às novas associações laicais, ao mesmo tempo em que se percebe um enfraquecimento das Comunidades Eclesiais

de Base, uma experiência mais ligada à prática libertadora e de herança de Medellín e Puebla. A grosso modo, devemos olhar que a atenção para a promoção do laicato, o incentivo de sua formação e o pedido para se criarem e fortalecerem conselhos e espaços de decisão como sendo um ganho. Contudo, não se fez suficiente, pois o modo impositivo e clerical do processo percorreu e ainda segue por vários aspectos da vida da Igreja e termina por impedir a promoção e o efetivo protagonismo. É onde, pensamos nós, devemos resgatar esta intenção primeira de Santo Domingo e redimensioná-la ao que Francisco propõe como Igreja em saída (EG 24), numa ponte que se faz de Santo Domingo à *Evangelii gaudium* e que perpassa pela proposta do Documento de Aparecida, que traz a todos a condição de discípulos missionários, de verdadeiros sujeitos eclesiais (DAp 497a). Sem esta promoção, sem uma profunda e insistente formação, sem a liberdade e autonomia para um autêntico caminho de espiritualidade/santidade não se concebe um laicato em saída e disposto a viver e a assumir aspectos fundamentais de sua vocação e missão. Faz-se necessário, pois, caminhar da condição de agentes da nova evangelização para o assumir a condição de discípulos missionários de uma Igreja em saída, na ousadia e de forma sinodal.

3) *Da promoção humana a todas as periferias*: quando do Santo Domingo apresentou a questão da promoção humana, teve por objetivo atender por esta expressão a todas as urgências sociais do continente, de pobreza, de

direitos, em atenção às violações contra os povos originários e afro-americanos, bem como outras realidades, no entanto, não com a mesma força com que se firmou em Medellín e Puebla, com a "opção preferencial pelos pobres". Como diz Aquino Junior (2018, p. 298), o enfoque se dá em outras dimensões, atendendo o que se quer com a nova evangelização, num tom mais religioso e doutrinal, e a promoção humana, neste âmbito, é formada por acentos ético-culturais, deixando de fora expressões como libertação, libertador, oprimido, opressão, conforme já tinha sido assinalado por Clodovis Boff em 1994 (p. 27-29), e que Aquino Junior retoma. Na expressão de Clodovis Boff, a IV Conferência propõe um "ajuste pastoral" e relativiza a missão social da Igreja, uma característica fundamental da pastoral do continente latino-americano. De um modo ou de outro, a intenção de oferecer algo concreto à realidade oprimida e excluída não fica de fora da práxis que se desenvolve em momento posterior, mas os acentos apresentados fazem com que as urgências avancem para outras expressões, o que, de uma forma ou de outra, enfraquece e lança uma pergunta mais profunda para aquilo que se entende e se quer fazer entender por promoção humana. Passado este tempo e agora no revisitar dos conteúdos de Santo Domingo, no que toca especificamente à missão dos leigos e leigas que atuam diretamente na sociedade, em todas as esferas da vida pública, trazendo em pauta a proposta de uma Igreja em saída, a pergunta a se fazer é: para o horizonte, para a direção desta saída e qual seria a atitude a ser seguida? Para

Francisco, esta saída não é ao acaso ou a uma maneira de fazer a Igreja mais presente e mais visível no mundo, mas sim, uma saída para todas as periferias que nos cercam, periferias existenciais e sociais que reclamam de todos nós uma atenção, trazem um grito e uma exigência de vida, justiça e libertação, que é próprio do Evangelho, e aquilo que a Igreja anuncia. De modo mais contundente, Francisco não condiciona a ação social ao dado religioso, mas a transformação social faz parte do alcance da fé, de um Reino de Deus que se faz antecipar pela prática e missão da Igreja. Desta forma, o conteúdo da promoção humana redescobre um novo vigor para uma Igreja que sai para todas as periferias, sociais e existenciais, num compromisso autêntico e libertador, na qual leigos e leigas, em seu protagonismo, devem assumir com propriedade.

4) *Da cultura cristã à cultura do encontro*: a cultura cristã foi um dos pilares do Documento de Santo Domingo, puxada pela nova evangelização e pela promoção humana. Neste ponto, o documento afirma que o Evangelho não se identifica com nenhuma cultura em particular, mas sim, tem a intenção de inspirá-las e transformá-las a partir de dentro, trazendo a elas os valores do Reino (JOÃO PAULO II, 1992, p. 26). Ao mesmo tempo, a proposta de Santo Domingo pretendeu valorizar as culturas originárias e entender que a fé deve se inculturar nestas realidades, jamais substituí-las. A cultura própria que se construiu na América Latina e no Caribe marca o modo de crer do nosso povo, e isso não pode ser desprezado

ou considerado de menor importância. Entretanto, faltam passos decisivos nesta questão, quando se vê que no celebrar dos 500 anos de evangelização não se evidenciou ou reconheceu as muitas feridas que foram abertas, bem como a humanização, característica própria da fé cristã, não se fez valer em sua totalidade, principalmente quando a vida, a terra e as culturas locais foram destruídas e exploradas, quando não aniquiladas totalmente. Uma vez que se pensa em favorecer a cultura cristã e com ela a promoção humana e a nova evangelização, esta maneira nova não pode trazer erros do passado e deve ter consciência dos limites de nossos processos e ter uma postura de atenção, interação e diálogo. É neste ponto que a ideia da cultura do encontro, trazida por Francisco (FRANCISCO, 2016), pode nos oferecer outro entendimento sobre esta questão. A cultura do encontro vai reconhecer como legítimas as formas de ser e de se expressar religiosamente de outros povos, busca aproximação, expõe a sua fala e novidade, mas também se abre a escutar e aprender de outras mentes e sabedorias originárias. Na *Evangelii gaudium*, Francisco diz que a graça supõe a cultura (EG 115) e que, desta forma, não se impõe a ela, mas a respeita. Sem dúvida, isso é um avanço. Na Exortação *Querida Amazônia* (QE), de 2020, Francisco fala do Sonho cultural e por este sonho ele fala do "poliedro amazônico", obviamente (o documento nasce desta e para esta realidade), mas também fala de "cuidar das raízes", de "encontro intercultural" e de "culturas ameaçadas, povos em risco". Francisco diz que todos nós "deveríamos evitar generalizações injustas, discursos simplistas ou conclusões elaboradas apenas a partir das nossas próprias estruturas mentais e experiências" (QE 32). Francisco reforça aqui o que ele já havia afirmado na *Evangelii Gaudium*, ao dizer que "a mensagem que anunciamos sempre apresenta alguma roupagem cultural, mas às vezes, na Igreja, caímos na vaidosa sacralização da própria cultura, o que pode mostrar mais fanatismo do que autêntico ardor missionário" (EG 117). Nessa linha, encontramos espaço na Encíclica *Fratelli tutti* (FT), de 2020, que reconhece que vivemos em uma sociedade pluralista e que se faz importante o diálogo e o reconhecimento da verdade do outro, numa coexistência necessária, que nos leve ao encontro e que resgate a amabilidade, que nos faz mais humanos (FT 211-224). É onde vemos importância na participação e no assumir próprio da vocação e missão dos leigos e leigas, pois eles estão inseridos na sociedade, em todos os seus espaços e situações e podem, portanto, viver o exercício da amabilidade e do encontro, na busca de consensos e na abertura de novos caminhos.

5) *De um protagonismo favorecido a um profetismo autêntico, garantido pelo batismo*: por fim, gostaríamos de dar ênfase a este que é um dos principais pontos que favorece a vocação e missão dos leigos e leigas e que é uma herança de Santo Domingo, que é o protagonismo, um convite para assumir com força o seu papel na missão da Igreja no mundo. Ao falar de protagonismo, Santo Domingo fala da promoção desta vocação, naquilo que lhe

é próprio e no entendimento de que um laicato organizado, bem formado e com uma autêntica espiritualidade pode favorecer uma transformação nas estruturas do continente, levando vida, justiça e paz. Leigos e leigas são chamados à corresponsabilidade, e isso é um serviço autêntico, de compromisso com a nova evangelização (SD 103). No entanto, por mais que reconheçamos esta atitude, a ideia de favorecer e de promover um protagonismo pode esconder práticas clericalistas que fazem com que a vocação laical esteja submetida ou dependente de outra instância, de um ministro ordenado, por exemplo. Se levarmos em consideração de que a Conferência de Santo Domingo enrijeceu alguns aspectos da linha pastoral na América Latina e impôs uma postura mais rígida e hierárquica, esta submissão e dependência se fazem presentes também, mesmo que indiretamente. Por esta razão, acolhemos a intenção da promoção e do protagonismo, próprios de Santo Domingo, mas julgamos ser necessária uma ação mais profunda, na intenção de resgatar o aspecto fundamental que legitima toda e qualquer ação e ministério, que é a condição batismal. Pelo batismo, todos os fiéis são incorporados a Cristo e de Cristo recebem a função de serem sacerdotes, profetas e de reger/organizar o mundo na ótica do Reino de Deus (LG 31a). Estas funções próprias dão um novo sentido à vocação laical e trazem aquilo que lhe é próprio, de onde nasce a sua identidade como membro ativo e atuante do Povo de Deus. A condição batismal traz um resgate da eclesiologia Povo de Deus e com ela se reforça a intenção da sinodalidade, tão presente e tão cara no Pontificado de Francisco, um chamado de todos para uma Igreja em saída, como discípulos missionários, para todas as periferias. O batismo nos traz esta relação íntima com Cristo e nos coloca no horizonte de seu seguimento, onde a exigência do caminho se faz presente e as opções tomadas tornam legítima toda a busca e sentido. Viver autenticamente o batismo é favorecer e promover a condição cristã em sua plenitude, no assumir da cruz de Jesus e no fazer das opções dele também as nossas. Aí sim, leigos e leigas, como Povo de Deus, estarão assumidos e assumirão a missão da Igreja em sua totalidade, com audácia e profetismo, de forma autêntica e coerente, num jeito próprio de ser e fazer Igreja, como anos mais tarde vai se firmar na Conferência de Aparecida (DAp 210-213).

Considerações finais

Refletir sobre o tema do laicato ainda continua sendo uma urgência. As proposições que foram tecidas e que são trazidas pelo Documento de Santo Domingo constituem avanços para o processo de construção e amadurecimento desta vocação e missão, sobretudo no que diz sobre a formação, promoção e o aspecto do protagonismo. Todavia, sem um situar deste tema dentro da trajetória do Vaticano II, Medellín, Puebla e, posteriormente, Aparecida, os entornos oferecidos sobre o laicato se perdem e não são posicionados de modo satisfatório. É importante enfatizar que a reflexão sobre o laicato em Santo Domingo não surge isolada, mas herda uma recepção crítica e criativa do Vaticano II no continente, enriquecida por uma teologia do laicato e uma prática pastoral que se fizeram correspondentes. Este caminho deve ser observado, a fim de que no celebrar dos seus trinta anos e frente à novidade que temos com o Papa Francisco, novos rumos possam ser pensados, atualizados e ressignificados.

Referências

AQUINO JUNIOR, F. Evangelização e promoção humana. In: BRIGHENTI, A.; PASSOS, J.D. (orgs.). *Compêndio das Conferências dos Bispos da América Latina e Caribe*. São Paulo: Paulinas/Paulus, 2018, p. 291-302.

BOFF, C. O *"Evangelho" de Santo Domingo: os dez temas- -eixo do documento da IV CELAM*. Petrópolis: Vozes, 1994.

CELAM. *Conclusões da Conferência de Puebla: evangelização no presente e no futuro da América Latina*. São Paulo: Paulinas, 1979.

CELAM. Apresentação. In: CELAM. *Conclusões da Conferência de Santo Domingo: nova evangelização, promoção humana, cultura cristã*. 5. ed. São Paulo: Paulinas, 2006, p. 37-39.

CELAM. *Conclusões da Conferência de Santo Domingo: nova evangelização, promoção humana, cultura cristã*. 5. ed. São Paulo: Paulinas, 2006.

CELAM. *Documento de Aparecida: texto conclusivo da V Conferência Geral do Episcopado Latino-Americano e do Caribe*. São Paulo: Paulus, Paulinas, 2007.

COMPÊNDIO do Vaticano II. *Constituições, decretos, declarações*. 30. ed. Petrópolis: Vozes, 1968.

FORTE, B. *A Igreja: ícone da Trindade*. 2. ed. São Paulo: Loyola, 2005.

FRANCISCO. *Evangelii Gaudium*. São Paulo: Paulus/Loyola, 2013.

FRANCISCO. *Por uma cultura do encontro*, 13/12/2016. Disponível em https://www.vatican.va/content/francesco/pt/cotidie/2016/documents/papa-francesco-cotidie_20160913_cultura-do-encontro.html – Acesso em 20/12/2021.

FRANCISCO. *Fratelli Tutti*. São Paulo: Paulus, 2020.

FRANCISCO. *Querida Amazônia*, 2020. Disponível em https://www.vatican.va/content/francesco/pt/cotidie/2016/documents/papa-francesco-cotidie_20160913_cultura-do-encontro.html – Acesso em: 20/12/2021.

JOÃO PAULO II. *Christifideles Laici*. São Paulo: Paulinas, 1988.

JOÃO PAULO II. Discurso inaugural do Papa João Paulo II. In: CELAM. *Conclusões da Conferência de Santo Domingo: nova evangelização, promoção humana, cultura cristã*. 5. ed. São Paulo: Paulinas, 2006, p. 11-35.

MERLOS ARROYO, F. A IV Conferência de Santo Domingo: entre a suspeita e a esperança. In: BRIGHENTI, A.; PASSOS, J.D. (orgs.). *Compêndio das Conferências dos Bispos da América Latina e Caribe*. São Paulo: Paulinas/Paulus, 2018, p. 95-103.

SCOPINHO, S.C.D. O laicato na Conferência Episcopal Latino-Americana de Santo Domingo. *REB*, v. 13, n. 291, 2013, p. 575-598.

8
A espiritualidade dos cristãos leigos e a Conferência de Santo Domingo

Ceci Mariani

Dá-nos a graça,
Em continuidade com Medellín e Pue-
bla,
De nos empenhar numa Nova Evan-
gelização,
À qual todos somos chamados,
Com o especial protagonismo dos lei-
gos,
particularmente dos jovens,
comprometendo-nos numa educação
contínua na fé,
celebrando teu louvor,
e anunciando-te para além das nos-
sas próprias fronteiras,
numa Igreja decididamente missioná-
ria.
SD 303

Para refletir sobre a espiritualidade do cristão leigo e leiga a partir das *Conclusões da IV Conferência do Episcopado Latino-Americano* em Santo Domingo (SD) é preciso ter presente a inspiração fundamental que marca o documento, expressa com muita clareza no discurso inaugural proferido por João Paulo II, que convida a celebrar os 500 anos da presença da Igreja Católica no Brasil. A proposta é de uma conferência que sirva de impulso a uma "nova evangelização". Uma nova evangelização, afirma João Paulo II, com novo ardor, métodos e expressão: "Uma evangelização nova no seu ardor supõe uma fé sólida, uma caridade pastoral intensa e uma fidelidade a toda prova que, sob o influxo do Espírito, gerem uma mística, um incontido entusiasmo na tarefa de anunciar o evangelho" (CONCLUSÕES..., 1992, p. 19).

A evangelização, lembra o Santo Padre (retomando a *Evangelii Nuntiandi*, 29-39), deve levar à promoção humana e, por isso, a "nova evangelização" deve voltar a atenção para a "difícil e delicada" (Ibid.) realidade social da América Latina naquele momento, ainda marcada pela desigualdade, como denunciara *Medellín* e *Puebla*. O papa também reafirma a opção preferencial da Igreja pelos pobres, em continuidade com a tradição do Magistério Latino-americano, pois "o serviço dos pobres é medida privilegiada, embora não exclusiva" do seguimento de Cristo (Ibid., p. 25). Neste sentido, não se pode esquecer da existência dos grupos humanos "particularmente submergidos na pobreza". Aos índios e afro-americanos, João Paulo II dirigiu uma mensagem especial (p. 19). A promoção humana é o alvo da evangelização num mundo de desigualdade causada "por uma desordem real" e uma "injustiça institucionalizada, à qual se somam, às vezes, o atraso em tomar medidas necessárias, a passividade e a imprudência, bem como a falta de uma séria moral administrativa" (ibid., p. 24). Testemunha-se, nesse momento, "nações, setores da população, famílias e indivíduos cada vez mais ricos e privilegiados diante de povos, famílias e multidões de pessoas submergidas na pobreza, vítimas da fome e das doenças, carentes de moradias dignas, de assistência sanitária, de acesso à cultura" (Ibid.).

Preocupado também com o racionalismo moderno, que traz como consequência o relativismo ético, João Paulo II entende que a preocupação central da Igreja deve ser anunciar Jesus Cristo a todas as culturas. A Igreja deve ser arauta da esperança

> que se [apoie] nas promessas de Deus, na fidelidade à sua palavra e que tem como certeza inquebrantável *a ressurreição de Cristo*, sua vitória sobre o pecado e a morte, primeiro anúncio e raiz de toda a evangelização, fundamento de toda promoção humana, princípio de toda a autêntica cultura cristã, que não pode deixar de ser a cultura da ressurreição e da vida, vivificada pelo sopro do Espírito de Pentecostes (Ibid., p. 35-36).

Jesus é luz que faz ver os sinais do Reino, e sua cruz revela o pecado que provoca a morte do inocente. Evangelizar é iluminar a realidade com a cruz de Cristo. Aceitar o Cristo, para João Paulo II, é o grande desafio da humanidade. Em 1990, ano que precede a Conferência de Santo Domingo, em suas anotações de exercícios espirituais, ele escreve:

> **Testemunho (*testemonio superiore* [testemunho superior])**
> Testemunho do próprio Cristo, testemunho do Verbo que veio ao mundo, mas que os seus não receberam: grande drama da história da humanidade. Aceitar, e não repudiar o testemunho da Palavra. Trata-se, aqui, da Verdade de que Deus é verdadeiro, de que Deus é Verdade.

Nesse ponto central, a missão da Igreja encontra um ambiente desfavorável: ceticismo-niilismo acomete a busca da Verdade, mas não tentando encontrá-la; aceita-se o fato religioso, mas não se fala da verdade religiosa; um ambiente criado pela *mass media* [mídia de massa] (WOJTYLA, 2014, p. 424-425).

O acesso à Verdade supõe a fé em Cristo, o Rei que vem dar testemunho da verdade. A liberdade, acrescenta Wojtyla (2014), deriva da pertença ao Reino de Deus anunciado por Jesus. Da pertença ao Reino derivam todos os direitos, incluindo o direito à liberdade religiosa que emana da condição humana de ser transcendente, da filiação divina.

Em seus exercícios espirituais realizados em fevereiro de 1991, João Paulo II, diante do impacto da Guerra do Golfo, medita sobre a provação que o conflito no Oriente Próximo significa para a Igreja, e escreve: "A maior necessidade: santidade". Os tempos modernos, magníficos e terríveis são tempos de

um radical *nolite obdurare corda vestra* [não endureçais vosso coração], um chamamento à santidade, ao amor desinteressado, ao *elencho* [repúdio] de tudo aquilo que se opõe a esse amor: *amor carnale* [Santa Catarina de Siena], dependência dos respeitos humanos etc. Olhar cravado em Cristo: temor filial (WOJTYLA, 2014, p. 443).

Em outra de suas meditações, reflete sobre a dificuldade que é falar de Deus. Não é fácil falar de Deus, uma vez que a mentalidade moderna o reduziu a uma "necessidade religiosa" (Ibid., p. 446). A Igreja deve se opor a essa redução por meio do testemunho do Deus Vivo e Verdadeiro revelado em Jesus

Cristo: "Na hora de falar de Deus é mais fácil nos determos na autenticidade do sentimento subjetivo do que na autenticidade da verdade acerca de Deus. Às vezes, um ateu possui um sentimento da grandeza de Deus como algo inatingível mais profundo do que o de um crente" (WOJTYLA, 2014, p. 446).

Uma nova evangelização, propõe o pontífice, supõe um esforço de inculturação do evangelho, de modo que os valores cristãos transformem os diversos núcleos culturais. É preciso compreender as mentalidades e atitudes do mundo atual para iluminá-las a partir do evangelho. Retomando a *Redemptoris Missio*, 52, recomenda que "a penetração do Evangelho nas culturas não seja uma simples adaptação externa, mas um processo profundo e abrangente que englobe tanto a mensagem cristã como a reflexão e a práxis da Igreja, respeitando sempre as características e a integridade da fé" (CONCLUSÕES..., 1992, p. 33).

Enfim, a nova evangelização, ele adverte no discurso de abertura do Documento de Santo Domingo, requer vigorosa renovação da vida diocesana: "as paróquias, os movimentos apostólicos e associações laicais, e todas as comunidades eclesiais em geral, devem ser evangelizadas e evangelizadoras" (Ibid., p. 25). A renovação deve contar com a promoção das vocações sacerdotais e religiosas e com a atuação dos leigos, principalmente as mulheres e os jovens. Requer também um empenho da missão *ad gentes*. Contudo, lembra o Santo Padre retomando a *Redentoris Missio*, a primeira forma de evangelização é o testemunho.

Em resposta à convocação do Santo Padre e após longa preparação, os bispos apresentam as conclusões da IV Conferência do Episcopado Latino-Americano "com a humildade da verdade, dando graças a Deus pelas muitas e grandes luzes, e pedindo perdão pelas inegáveis sombras que cobriram este período [o longo período de colonização]" (CONCLUSÕES..., 1992, p. 47). Colocam-se em continuidade com as conferências anteriores que tiveram em seu fundamento a espiritualidade da libertação, nascida da experiência de encontro com Deus no meio dos pobres, e assumem a proposta de uma "Nova Evangelização" que tenha como meta a promoção humana e uma cultura iluminada pelas Escrituras. Têm presente, entretanto, que o tempo apresenta novos desafios. Preocupa o relativismo, desconfia-se da utilização da mediação socioanalítica assumida pela Teologia da Libertação. A Igreja se ressente do enfraquecimento de sua autoridade como instituição. O neoliberalismo se impõe em muitos países da América Latina, trazendo, como consequência, mais pobreza.

Propõem como linhas pastorais prioritárias para a "Nova Evangelização" a convocação de todos os fiéis, especialmente os leigos, entre eles os jovens; a utilização de uma catequese renovada e de uma liturgia viva como meios no exercício da missão que deve se voltar para os cristãos, especialmente os distantes e indiferentes, e para outros povos situados além das fronteiras da Igreja; o compromisso de trabalhar pela promoção do povo latino-americano e caribenho, elegendo como principais destinatários os mais pobres e tendo a família como lugar privilegiado de atuação; o incentivo a uma evangelização que penetre as raízes da cultura, especialmente da cultura urbana.

1 O chamado à santidade

Neste contexto se situa a espiritualidade, o chamado à santidade. É sempre bom lembrar do significado que tem o chamado à santidade em termos bíblicos. Segundo o Dicionário Crítico de Teologia, a raiz *qadash*, da qual deriva o termo, nas religiões antigas, exprime majestade e potência da divindade. Nas línguas semíticas, tem em primeiro lugar o valor positivo de consagração e posteriormente o de separação. Usado como adjetivo, qualifica o próprio Deus e as pessoas e coisas que estão em relação a Ele. Os parágrafos da Lei de Santidade em Lv 17–26 vão dar destaque à afirmação de que o Senhor é santo e é Ele que santifica. Ele chama o povo a ser santo, a uma santidade que, "para além dos ritos, exige comportamento moral que chega até a amar seu próximo como a si mesmo (Lv 19,18)" (DICIONÁRIO CRÍTICO DE TEOLOGIA, 2004, p. 1.609). Os profetas vão fazer evoluir a compreensão de santidade no sentido moral, indicando que "consagrar-se a Deus exige engajamento fiel e resoluto, consciente das rupturas necessárias" (Ibid.).

O Novo Testamento assume esse sentido bíblico da grandeza e da santidade de Deus que chama à participação em sua santidade. Para o Novo Testamento, santidade é vocação de todos os cristãos. Jesus, entretanto, aprofunda o seu sentido quando dá, na Última Ceia, o seu mandamento, que é o chamado de Deus a um amor maior. Pede aos discípulos que se amem uns aos outros como Ele os amou, amem com o amor do Pai, pois foi com o amor que Ele recebeu do Pai que Ele os amou (cf. Jo 15,9-17).

O Concílio Vaticano II reafirma que a santidade é um chamado dirigido a todos, pois, pelo batismo da fé, tornamo-nos filhos de Deus e participantes da natureza divina[3]: "Todos os fiéis de qualquer ordem são chamados à plenitude da vida cristã e à perfeição da caridade" (LG 40). Chamando a atenção para o compromisso com o mundo que isso implica, acrescenta: "por esta santidade se promove também na sociedade terrestre um modo mais humano de viver" (Ibid.). A perfeição, na perspectiva do Concílio, se dá pelo uso das forças recebidas da autodoação de Cristo, forças que nos impulsionam também a seguir "seus vestígios e feitos conformes à sua imagem, cumprindo em tudo a vontade do Pai" (Ibid.). A perfeição é, portanto, fruto do seguimento de Jesus que nos inspira a acolher em tudo a vontade Deus, a dedicar-nos inteiramente "à glória de Deus e ao serviço do próximo" (Ibid.).

O exercício da santidade se dá "segundo os próprios dons e cargos pelo caminho da fé viva", afirma a *Lumen Gentium* (41), e ressalta a importância de se considerar as múltiplas formas de viver o seguimento de Jesus. Aos bispos recomenda que exerçam seu ministério "santa e alegremente, humilde e fortemente" (Ibid.), e que sejam exemplo no caminho de uma santidade maior, isto é, que, através de toda forma de cuidado e serviço episcopal, exerçam o múnus perfeito da caridade pastoral e não temam expor a vida em favor das ovelhas. Aos presbíteros pede que, exercendo o seu ofício, cresçam no amor de Deus e do próximo e que "conservem o vínculo da comunhão sacerdotal, transbordem em todo bem espiritual e ofereçam a todos o testemunho vivo de Deus" (Ibid.), que não

---

3. Sobre a vocação à santidade na perspectiva conciliar, cf. Mariani (2013).

deixem que os cuidados apostólicos, os perigos e as tribulações os impeçam – ao contrário, que os ajudem a subir a uma santidade mais alta. O documento recomenda, ainda, aos sacerdotes diocesanos, a generosa cooperação com os bispos. Aos demais ministros orienta que sejam "assíduos na oração, ferventes no amor, refletindo sobre tudo que é verdadeiro, justo e de boa fama" (Ibid.).

Ao se dirigir aos leigos, a *Lumen Gentium* procura deixar claro que a santidade se vive no envolvimento com o mundo. Cita, em primeiro lugar, os esposos e pais cristãos, afirmando que devem "seguir o próprio caminho, em amor fiel" (Ibid.), impregnar a prole com doutrinas cristãs e virtudes evangélicas. As famílias e também os viúvos e solteiros devem ser testemunhas e cooperadores da fecundidade da Mãe Igreja, "em sinal e participação daquele amor com que Cristo amou sua Esposa e por ela se entregou" (Ibid.). Aos leigos trabalhadores, muitas vezes empenhando trabalhos duros, o documento lembra que a perfeição vem por obras humanas e recomenda que "promovam toda a sociedade e a criação a um estado melhor" (Ibid.); que, em atuante caridade, carreguem os fardos uns dos outros e, imitando a Cristo, subam assim do labor cotidiano às alturas da santidade e da atividade apostólica. Também são citados os pobres, os fracos, os doentes e atribulados, os que sofrem perseguição pela justiça, instando a eles que saibam unir-se a Cristo pela salvação do mundo. A santidade, na perspectiva conciliar, é alcançada nas "condições, ofícios ou circunstâncias" (Ibid.) da vida, na medida em que se acolhe a vontade de Deus e se coopera com ela, "manifestando a todos, no próprio serviço temporal, a caridade com que Deus amou o mundo" (Ibid.). Fundamentalmente, o Concílio Vaticano II vai pensar a santidade em termos de seguimento a Jesus, que caminha para o Pai, cada um em seu próprio estado de vida, discernindo os desafios que o mundo coloca e buscando uma perfeita vivência da caridade.

Na tradição eclesial latino-americana, o seguimento de Jesus como caminho de santidade conforme o Concílio Vaticano II adquire uma conotação política, isto é, um sentido de luta pelo Reino de Deus, pela sua realização, que começa a ter lugar já, na história concreta – história de contradições, de luta de poder –, para se realizar plenamente em Deus. Sistematizando a espiritualidade libertadora latino-americana no eixo *Medellín-Puebla-Santo Domingo*, o Frade Lisaneos Prates (2007) destaca três características desta espiritualidade.

A superação da dicotomia entre palavra e ação, que leva a uma espiritualidade dualista, é, para o autor, a primeira característica. Em *Medellín* encontra-se bem explicitado o apelo ao compromisso de ação inspirado na Palavra, movido pela visão da face escura da Modernidade que se observa na América Latina. Uma espiritualidade que integra palavra e ação corresponde a uma antropologia que contempla o humano em sua integralidade, sua dimensão corpórea e anímica. O nexo entre teologia, cristologia e antropologia estabelecido pela espiritualidade libertadora confere a esta forma de vivência espiritual uma abertura escatológica, uma vez que tem no seu horizonte o mistério da ressurreição antecipado por Jesus no presente da história. Puebla orienta, principalmente no âmbito da formação do laicato cristão, uma espiritualidade que contemple a síntese escatológica em suas dimensões de temporalidade-eternidade. O Documento de Santo Domingo, no tocante a este ponto, reflete sobre a oração e propõe que ela esteja sempre integrada com a missão apostólica da comunidade cristã e no mundo (SD 47).

O segundo ponto destacado por Prates (2007) diz respeito à mediação dos sinais dos tempos e do profetismo, característica que está associada ao vínculo entre palavra e ação:

> Vinculada à mediação dos sinais dos tempos numa perspectiva profética será a fundamentação do seguimento de Jesus Cristo no rumo de uma espiritualidade libertadora. Perceber os sinais dos tempos e adotar uma postura profética é resultante de uma vida de fé sempre ligada ao compromisso evangelizador da Igreja (PRATES, 2007, p. 24).

Medellín orienta que se conduzam os leigos a uma experiência de Deus que lhes possibilite discernir os sinais dos tempos, e *Puebla* vincula a mediação desses sinais ao exercício da profecia referenciada ao pastoreio dos bispos na América Latina. Recomenda que a percepção dos sinais dos tempos leve ao anúncio do evangelho da comunhão-participação e à denúncia das contradições sociais. *Santo Domingo* "vê na diversidade carismática e ministerial, sobretudo dos leigos, um sinal dos tempos para a Igreja e para o mundo" (PRATES, 2007, p. 26).

Como terceiro elemento na composição da sistematização da espiritualidade libertadora que se manifesta na América Latina, Prates (2007) destaca a "promoção humana" como alvo da "nova evangelização" no contexto de novos sinais dos tempos conforme o Documento de Santo Domingo. Fundada numa perspectiva cristocêntrica inspirada na parábola do Bom Samaritano, a espiritualidade libertadora segundo *Santo Domingo* "é a extensão de uma Igreja samaritana capaz de encarnar a caridade de Cristo a partir da eficácia de sua ação promotora da dignidade humana, já que a criatura humana é chamada a reconfigurar-se nele" (PRATES, 2007, p. 27). A partir dessa fundamentação cristológica, o autor relaciona os compromissos que derivam dessa espiritualidade no contexto de novos sinais dos tempos conforme aponta o Documento de Santo Domingo: no campo dos direitos humanos, reafirma a igualdade e dignidade entre os seres humanos; no campo da ecologia, ressalta o compromisso com o cuidado da criação que é obra da palavra do Senhor e da presença do Espírito, sendo a Terra oferecida como dom de Deus criador para a humanidade. Reafirma, ainda, o compromisso com os pobres e a necessidade permanente de solidariedade; orienta a atenção ao trabalho, que deve ser vivido como atividade voltada para a promoção da dignidade humana; chama a atenção para a consciência da condição migrante do humano e sua identificação com o Filho de Deus, que se faz peregrino em direção à confiança no amor de Deus. Por fim, no âmbito da ordem democrático-econômica, propõe a busca de uma economia de comunhão e participação de bens em nível internacional e nacional.

2 A espiritualidade dos leigos e leigas em Santo Domingo

Conforme *Santo Domingo*, somente a participação no Espírito de Jesus Cristo possibilita o autêntico anúncio da Palavra e "somente a santidade de vida alimenta e orienta uma verdadeira promoção humana e cultura cristã" (SD 31). Participantes da Igreja, chamada à santidade, todos os seus membros devem se esforçar no seguimento de Jesus e na obediência ao Espírito para serem homens e mulheres novas, "bem-aventurados porque participam da alegria do Reino dos Céus" e "livres com a liberdade que dá a Verdade e solidários com todos os homens, especialmente com os que mais sofrem" (SD 32). Retomando a *Evangelii Nuntiandi* 22, o documento afirma que a primeira tarefa da Igreja, convocada pela Palavra, é anunciar "com alegria o nome, a doutrina, a vida, as promessas, o Reino e o ministério de Jesus de Nazaré, Filho de Deus" (SD 33), proclamando com força profética o mistério da morte e ressurreição de Jesus, "raiz de toda Evangelização, fundamento de toda promoção humana e princípio de toda autêntica cultura cristã [...]" (SD 33). Anúncio que deve se concretizar no ministério da catequese, da teologia e na liturgia, pois é "especialmente pela liturgia que o Evangelho penetra no coração das culturas" (SD 35). Destaca-se no documento a religiosidade popular, valorizada como expressão privilegiada da inculturação da fé, e a presença de comunidades de vida contemplativa e monástica, sinais da santidade do povo de Deus e chamado ao crescimento na oração (SD 37).

O chamado à santidade pressupõe o enfrentamento de alguns desafios, entre eles a multiplicação de grupos de oração. Movimentos apostólicos, formas novas de vida contemplativa e diversas expressões de religiosidade popular. "Muitos leigos tomam consciência da responsabilidade pastoral" (SD 38). Cresce o interesse pela Bíblia e a consequente exigência de uma pastoral bíblica. O desconhecimento das verdades sobre

Jesus Cristo e daquelas fundamentais da fé faz ver a importância de insistir no primeiro anúncio e na catequese. Falta uma prática da "direção espiritual" necessária à formação dos leigos e falta investimento em uma "sã inculturação da liturgia" (SD 97).

Diante desses desafios, define-se em termos pastorais que, em primeiro lugar, a Nova Evangelização exige uma espiritualidade renovada, e que é preciso acentuar a formação doutrinal e espiritual dos fiéis. Aponta-se a necessidade de uma revalorização do sacramento da penitência, uma vez que o anúncio deve levar ao reconhecimento do pecado e da conversão; do zelo, para que os fiéis assumam a dimensão contemplativa da consagração batismal e, aprendendo a orar como Jesus, integrem oração e missão; de uma orientação moral que contemple as situações concretas das condutas pessoal, familiar e social (SD 45-48). A Nova Evangelização também deve insistir numa catequese querigmática e missionária que contemple o conhecimento da Bíblia, da Tradição e do Magistério da Igreja. Focando a dimensão profética, o documento também chama a atenção para a necessidade de incluir na pregação e na catequese a Doutrina Social da Igreja, que "constitui a base e o estímulo da autêntica opção preferencial pelos pobres" (SD 50). A formação litúrgica em prol de uma vivência litúrgica espiritual consciente e ativa é outro ponto importante segundo o documento. Ressalta-se a necessidade de valorizar a piedade popular (SD 49-53).

No contexto dessa Igreja que quer fomentar um novo impulso evangelizador a partir de uma vivência de comunhão e participação, *Santo Domingo* atenta para a diversidade de ministérios e carismas. Destacamos aqui a visão do documento sobre o laicato e as recomendações acerca da espiritualidade dos leigos e leigas.

Em um esclarecedor ensaio sobre o protagonismo dos fiéis leigos, Fr. Boaventura Kloppenburg (2005) oferece uma interessante discussão sobre o sentido dos termos "leigo" e "protagonismo". Em relação ao primeiro, faz a crítica ao fato de que a palavra é quase sempre compreendida em sentido negativo, isto é, "leigo", na Igreja, é aquele que não é ordenado nem religioso. Retomando a exortação *Christifidelis Laici*, indica que o fiel leigo é definido

> pela novidade cristã comunicada mediante o sacramento do batismo, que o regenera para a nova vida dos filhos adotivos de Deus, com participação na natureza divina; que o une a Jesus (então fica "cristão") e ao seu Corpo que é a Igreja (e então se torna "católico"); e o unge no Espírito Santo, fazendo dele um templo espiritual, isto é, enchendo-o com a santa presença de Deus, graças à união e à configuração com Jesus Cristo (KLOPPENBURG, 2005, p. 262).

Pelo batismo, todo cristão participa do múnus sacerdotal, profético e real de Jesus, sendo ele ordenado, consagrado ou leigo. A dignidade do fiel não é dada por sua função na Igreja, argumenta o autor, mas por sua forma de responder ao chamado à união pessoal com Deus, por seu empenho para uma vida santa. Uma vida santa não é apenas recomendação moral, mas uma exigência do mistério da Igreja, Corpo místico de Cristo, e o critério para ser maior ou menor no Reino de Deus tem a ver com a intensidade de união com Deus no Espírito de

Cristo ressuscitado, e não no tipo de ministérios ou serviços prestados.

Tendo como referência o Concílio Vaticano II, continua o autor, pode-se afirmar que fiéis leigos e leigas têm como missão santificar e evangelizar o ambiente doméstico, atuando principalmente no âmbito da vida matrimonial e familiar. Entretanto, a missão mais própria de cristãos leigos e leigas deve se dar por sua participação na missão real de Cristo e da Igreja, contribuindo para a santificação do mundo. Essa missão supõe, em primeiro lugar, um trabalho espiritual pessoal de luta contra o pecado, esforço de abnegação e santidade, para chegar à liberdade interior e domínio de si. Acrescentada a esse esforço, uma concepção cristã da vida, do homem e do mundo deve possibilitar a leigos e leigas o exercício de seu apostolado mais específico, que é a animação cristã da ordem temporal, o esforço de informar com espírito cristão a mente e os costumes, as leis e as instituições sociais e comunitárias; ordem que inclui, como afirma o documento sobre o apostolado dos leigos *Apostolicam Actuositatem* (7b), "os bens da vida e da família, as instituições políticas, as relações internacionais e outros assuntos desse teor, junto com sua evolução e progresso" (KLOPPENBURG, 2005, p. 269). É principalmente pelo testemunho de leigos e leigas atuando como fermento na massa que se dará a santificação do mundo. Conforme o documento *Ad Gentes*, destaca Kloppenburg, "o Evangelho não pode penetrar profundamente nas consciências, na vida e no trabalho de um povo sem a presença ativa dos leigos" (AG 21a).

Para o exercício desta árdua missão que é a santificação do mundo, *Santo Domingo*, reconhecendo que a presença, na

Igreja, de fiéis leigos comprometidos com as vidas intraeclesial – com ministérios, serviços e funções nas comunidades e nos movimentos – e também extraeclesial – conscientes de sua responsabilidade no mundo e na missão *ad gentes* – é um sinal dos tempos, afirma a necessidade de formação e espiritualidade (SD 95). Uma necessidade de que os cristãos e cristãs na condição laical sejam protagonistas da Nova Evangelização, da Promoção Humana e da Cultura Cristã (SD 97). É em *Santo Domingo* que se assume a expressão "protagonismo dos leigos" para indicar que os fiéis leigos e leigas têm um espaço próprio para empreenderem ações evangelizadoras nos ambientes que lhes são próprios (VALENTINI, 2017).

Com o compromisso de superar a persistência de certa mentalidade clerical, da preferência de muitos fiéis leigos pelas tarefas intraeclesiais e da deficiente formação, assume-se como linha pastoral o compromisso de incrementar a vivência da Igreja-comunhão em prol da corresponsabilidade na ação da Igreja; de promover os conselhos de leigos e fomentar a participação nos Conselhos Pastorais; de evitar que os leigos limitem sua atuação ao âmbito intraeclesial; de incentivar a formação integral por meio de organismos que construam formadores e promovam cursos; de incentivar publicações específicas sobre espiritualidade laical; e de "fomentar a preparação de leigos que se sobressaiam no campo da educação, da política, dos meios de comunicação social, da cultura e do trabalho", procurando estimular "uma pastoral específica para cada um destes campos, de maneira que os que nela estiverem presentes sintam todo o respaldo dos pastores" (SD 99).

Considerações finais

Como pudemos ver, as conclusões da IV Conferência do Episcopado Latino-Americano em Santo Domingo, no que diz respeito à espiritualidade dos cristãos e cristãs leigos, estão em continuidade com a tradição espiritual latino-americana. Têm em vista uma espiritualidade libertadora que atenta à práxis, isto é, que articula Palavra e missão.

Fiel à inspiração que se explicitou em Medellín a partir da recepção do Concílio Vaticano II, *Santo Domingo* orienta e estabelece compromissos pastorais que visam possibilitar a cristãos e cristãs em estado de vida laical um aprofundamento espiritual pessoal e uma formação que lhes deem condições de discernir os sinais dos tempos para atuar com ímpeto profético em prol da santificação do mundo.

Em sintonia com o espírito do pontificado de João Paulo II e considerando os novos desafios do tempo, o documento também convida os cristãos e cristãs leigos a serem protagonistas da Nova Evangelização, da Promoção humana e da cultura cristã; a assumirem responsabilidades *ad intra*, mas a terem principalmente em vista a missão *ad extra*, isto é, que busquem atuar nos vários campos do ambiente secular.

Referências

CONCLUSÕES da IV Conferência do Episcopado Latino--Americano: Santo Domingo: texto oficial. São Paulo: Paulinas, 1992.

CONCÍLIO ECUMÊNICO VATICANO II. Constituição dogmática *Lumen Gentium* sobre a Igreja. Cidade do Vaticano,

1964. Disponível em https://bit.ly/35mNHsU – Acesso em 28/01/2022.

DICIONÁRIO CRÍTICO DE TEOLOGIA. Dir. Jean-Yves Lacoste. São Paulo: Paulinas; Loyola, 2004.

KLOPPENBURG, B. O protagonismo dos fiéis leigos. *Teocomunicação*, Porto Alegre, v. 35, n. 148, p. 261-274, jan./2005.

MARIANI, C.M.C.B. Mística e compromisso cristão na política. In: PINHEIRO, J.E.; ALVES, A.A. (orgs.). *Os cristãos leigos no mundo da política à luz do Concílio Vaticano II*. Petrópolis: Vozes, 2013, p. 173-188.

PRATES, L. Espiritualidade latino-americana: raízes e frutos. *Revista de Cultura Teológica*, São Paulo, v. 15, n. 60, p. 9-41, jul.-set./2007.

VALENTINI, D. Protagonismo dos leigos: evolução da consciência laical na Igreja. *CNBB*, Brasília, 04/12/2017. Disponível em https://bit.ly/3s1BBgz – Acesso em 29/01/2022.

WOJTYLA, K. *Estou nas mãos de Deus – Anotações pessoais: 1962-2003*. São Paulo: Planeta, 2014.

9
La IV Conferencia de Santo Domingo: presencia y liderazgo de las mujeres en la Nueva Evangelización

Olga Consuelo Velez

La IV Conferencia del Episcopado Latinoamericano y Caribeño se inscribe en el caminar eclesial de América Latina, iniciado por las conferencias de Medellín (1968) y Puebla (1979) y continuado, por Santo Domingo (1992) y Aparecida (2007). No ha sido un caminar homogéneo ni secundado por la totalidad de la comunidad eclesial. Pero la fidelidad de una porción de Iglesia a este caminar, sigue hasta el día de hoy y, en el presente, se siente reconocido por el papa Francisco en quien se ve una continuidad con este pensamiento, expresado en la intencionalidad de su pontificado: "quiero una Iglesia pobre para los pobres" (*Evangelli Gaudium* 198).

Sin embargo, Santo Domingo marcó un quiebre en dicho caminar, manifestando claras contradicciones eclesiales entre dos formas de acercarse a la realidad. Esta tensión ya se venía sintiendo desde la conferencia de Puebla y manifestado, explícitamente, en las dos Instrucciones que la Congregación para la Doctrina de la Fe publicó[4] alertando sobre peligros en la Teología de la Liberación. Por esto, en la realización de la Conferencia se pueden señalar tres momentos que dejan ver el ambiente que se vivía.

En un primer momento se notó la dificultad para comenzar las sesiones porque se dejó de lado el Documento de Trabajo[5] y se abandonó el método ver-juzgar-actuar que había acompañado el desarrollo de las otras conferencias. Prácticamente se pidió a los participantes que comenzaran de cero. En un segundo momento se sintió la crisis generada por lo anterior, pero se llegó al acuerdo de dejar que Monseñor Mendes de Almeida, presidente de la comisión de redacción, elaborara un texto nuevo para ser estudiado. Se esperaba que dicho texto reorientara el camino y se continuaran los trabajos. Pero no fue así, ya que el texto presentado estaba más preocupado por la doctrina que por afrontar los problemas actuales. En el tercer momento, ya finalizando la conferencia, se logró elaborar el Documento final que, aunque mostró la orientación que prevaleció (primero doctrina después desafíos actuales), logró proponer líneas de acción pastoral – especialmente en el campo de la inculturación – que, leídas desde hoy, resultan valiosas y pertinentes.

---

4. Instrucción sobre algunos aspectos de la Teología de la Liberación (1984) e Instrucción sobre Libertad cristiana y Liberación (1986).

5. El CELAM trabajó la preparación de Santo Domingo en varias etapas y tuvo momentos muy fecundos. Publicó el texto íntegro de los aportes que recibió de las Conferencias Episcopales del Continente y también el Instrumentum laboris que había sido aprobado en Roma. Pero en el inicio de la Conferencia fue dejado como "documento de consulta" perdiendo toda la riqueza que dicho documento traía, asegurando la continuidad con Vaticano II y las conferencias de Medellín y Puebla (CABESTRERO, 1993).

Cabe señalar, sin embargo, que dicho documento tuvo poca recepción y, pasado un año de su publicación, ya se constaba la insignificante contribución que logró dar al caminar latinoamericano porque como dijo Cabestrero (1993):

> Hubo factores en la creación del DSD, que afectaron al texto. Ahora el texto condiciona su recepción con las huellas de una producción algo desconcertante para las conciencias eclesiales y las costumbres pastorales de bastantes miembros de la IV Conferencia General del Episcopado Latinoamericano [...]. Un año después de SD, la recepción y los servicios a la misma están en su fase inicial. El primer impulso, que procede del entusiasmo, fue bajo; en algunos episcopados e Iglesias, nulo. El DSD no despertó entusiasmos.

Pasados treinta años, nos proponemos acercarnos de nuevo al Documento para actualizar, de alguna manera, lo que se afirmó en ese momento, a pesar de las limitaciones que las circunstancias concretas implicaron. Nuestro interés es hacerlo desde lo que se dijo sobre las mujeres, analizando esos pronunciamientos a la luz de lo dicho por las otras conferencias generales del episcopado y también desde la perspectiva feminista[6], la cual ayuda a recuperar la identidad femenina del marco patriarcal[7] en el que la feminidad se identifica con la

---

6. Entendemos por perspectiva feminista la corriente que cuestiona los roles de género atribuidos a cada sexo como fruto de la cultura patriarcal y reclama la igualdad fundamental de varones y mujeres para que no haya ninguna exclusión en razón del género.

7. El patriarcado es la estructuración social en el que el varón, lo masculino o la figura del padre, estructura la realidad con una supremacía de lo masculino y una subordinación de todo lo demás (personas y cosas) a dicho género.

mujer madre, esposa, hija, dedicada al cuidado de los otros y con una presencia subordinada y al servicio de lo masculino.

En el presente artículo, nos preguntamos algunas cuestiones: ¿Santo Domingo significó un paso adelante en los pronunciamientos sobre la realidad de las mujeres con respecto a las conferencias de Medellín y Puebla? ¿Qué aspectos subrayó esta conferencia? ¿Qué lectura podemos hacer desde este presente a lo expresado en el documento de Santo Domingo? Responder a estas cuestiones será el objetivo del este artículo.

Recuperando el caminar latinoamericano en el tema de las mujeres: Medellín y Puebla[8]

La conferencia de Medellín fue la manera creativa cómo se hizo la recepción de Vaticano II en el Continente. Si ese Concilio buscó responder a los desafíos del tiempo presente, Medellín miró la realidad de América Latina y buscó responder a ella. El Documento se estructuró en diferentes documentos que muestran la manera cómo se leyó la realidad y lo que se intentó iluminar. Dividido en tres grandes bloques, se ofrecieron los siguientes documentos: Primer bloque: Promoción humana: Justicia, Paz, Familia y demografía, Educación y Juventud. Segundo bloque: Evangelización y crecimiento de la fe: Pastoral popular, Pastoral de élites, Catequesis, Liturgia. Tercer bloque: Movimientos de laicos, Sacerdotes, Religiosos, Formación del clero, Pobreza de la Iglesia, Pastoral de conjunto, Medios de comunicación social. Fueron en total 16 documentos en los que muchas de sus afirmaciones siguen vi-

---

8. Para un acercamiento a este tema (VÉLEZ, 2002, p. 540-544).

gentes en el sentido de que las realidades allí tratadas mantienen su vigencia y siguen pidiendo soluciones eficaces.

Por los títulos de los documentos se ve que ninguno de ellos habla de las mujeres explícitamente. De hecho, si se busca la palabra "mujer" se encuentra dos veces y "mujeres" tres veces. La primera vez, no es en el mismo documento sino en el "Mensaje a los pueblos de América Latina" que antecede a las "Conclusiones". Allí se afirma:

> Contamos con elementos y criterios profundamente humanos y esencialmente cristianos: un sentido innato de la dignidad de todos, una inclinación a la fraternidad y a la hospitalidad, un reconocimiento de la mujer en su función irreemplazable en la sociedad, un sabio sentido de la vida y de la muerte, una certeza en un Padre común y en el destino trascendente de todos.

La segunda vez, en el documento "Justicia" (n. 1), dice lo siguiente:

> Quizás no se ha dicho suficientemente que los esfuerzos llevados a cabo no han sido capaces, en general, de asegurar el respeto y la realización de la justicia en todos los sectores de las respectivas comunidades nacionales [...] la mujer, su igualdad de derecho y de hecho con el hombre [...].

Las tres veces que utiliza el término "mujeres" es para referirse a los

> millones de hombres y mujeres latinoamericanos que constituyen el sector campesino y obrero (y para referirse al enorme potencial que representan los numerosos hombres y mujeres que, conservando su condición laical, se han

consagrado en la vida religiosa o los Institutos Seculares (Religiosos 17; 18).

Se puede inferir de estas referencias dos cosas fundamentales. Por una parte, el reconocimiento de la función irremplazable de la mujer en la sociedad, lo que muestra que ya comienza esa conciencia de la exclusión que ella sufre y se da por sentado que no puede darse esa situación y, la segunda afirmación es mucho más relevante porque se reconoce que aún no se ha hecho justicia con las mujeres porque todavía no se vive la igualdad de derecho y de hecho con el varón.

En el Documento de Puebla que continúa la misma línea liberadora de Medellín, la realidad de las mujeres se explícita mucho más. En la Primera parte sobre la "Visión pastoral de la realidad latinoamericana", se refiere a la mujer que con su "abnegación y oración" contribuyó a la obra evangelizadora en el continente (n. 9). Así mismo hablando del deterioro de los valores familiares afirma que ella se "encuentra, en algunos grupos, en inferioridad de condiciones" (n. 57). Se reconoce la mayor participación de la mujer – tanto religiosa como laica en las tareas pastorales "aunque en muchas partes aún se ve con recelo tal participación" (n. 126).

En la segunda parte del documento: "Designio de Dios sobre la realidad de América Latina", es muy interesante la referencia que hace a María, como mujer, pero de ninguna manera pasiva o de religiosidad alienante. Por el contrario, es cooperadora activa, protagonista de la historia (n. 293). Desde esa imagen de María se afirma que en ella

> el evangelio penetró la feminidad, la redimió y la exaltó y esto ayudará a la mujer en esos

tiempos donde "debe ser valorada mucho más y sus tareas sociales se están definiendo más clara y ampliamente [...] María es garantía de la grandeza femenina y muestra la forma específica de ser mujer, con esa vocación de ser alma, entrega que espiritualice la carne y encarne el espíritu (n. 299).

Se profesa la dignidad fundamental de varones y mujeres (n. 317; 334) y se reconoce como problemas actuales "el anhelo de la mujer por su promoción, de acuerdo con su dignidad y peculiaridad en el conjunto de la sociedad" (n. 419) y "el aporte humanista y evangelizador de la Iglesia para la promoción de la mujer, conforme a su propia identidad específica" (n. 443).

En la tercera parte, "La Evangelización en la Iglesia de América Latina", se reconoce como don el surgimiento de carismas y servicios y se pregunta cómo articular los ministerios jerárquicos, las mujeres y los hombres consagrados y todo el pueblo de Dios en la misión evangelizadora (n. 565).

En este apartado se dedican varios números a la realidad de las mujeres (n. 834-849). Parte de describir su situación y a continuación señala la igualdad y dignidad de la mujer y su misión en la Iglesia, concluyendo que "la Iglesia está llamada a contribuir en la promoción humana y cristiana de la mujer ayudándole así a salir de situaciones de marginación en que pueda encontrarse y capacitándola para su misión en la comunidad eclesial y en el mundo".

De la situación de la mujer reconoce su marginación consecuencia de atavismos culturales (prepotencia del varón, salarios desiguales, educación deficiente) que se manifiesta en su ausencia casi total de la vida política, económica y cultural, además, de otras formas de marginación por la sociedad hedonista y consumista transformándola en objeto de consumo. Vive el drama de la prostitución, de las leyes laborales que no les favorecen, de cargar con doble trabajo: las tareas domésticas en el hogar y la labor que realiza fuera de casa para ganar el sustento. También señala la situación lamentable de las empleadas domésticas. Se reconoce que la misma Iglesia a veces no ha dado suficiente valoración a la mujer y se constata su escasa participación a nivel de las iniciativas pastorales. Se valora el ingreso de las mujeres en la construcción de la sociedad y el resurgimiento de las organizaciones femeninas que trabajan por lograr la promoción e incorporación de la mujer en todos los ámbitos. Recuerda la doctrina sobre la mujer: es imagen de Dios igual que el hombre y su papel en la historia de la salvación y en el anuncio del evangelio.

Por todo lo anterior, las mujeres deben contribuir a la misión de la Iglesia "desde sus aptitudes propias", participando en organismos de la planificación y coordinación pastoral, catequesis etc. Se prevé conceder ministerios no ordenados a las mujeres como un nuevo camino de participación eclesial. La promoción humana de la mujer se reconoce como auténtico "signo de los tiempos" y por eso debe estar presente en las realidades temporales desde su ser propio de mujer para participar en la transformación de la sociedad.

Refiriéndose a la liturgia se pide que se fomenten las celebraciones de la Palabra dirigidas por diáconos o laicos (varones o mujeres) (n. 944). En la nota 326 se reconoce entre los pobres a las mujeres quienes son doblemente oprimidas y marginadas por su condición de pobreza y por su ser mujer.

Sobre las mujeres jóvenes se dice que pasan por una crisis de identidad por la confusión fruto de los aspectos negativos de la liberación femenina y por el machismo (n. 1174). Sobre la formación se dice que se adapte el lenguaje a las diferencias sicológicas del varón y la mujer (n. 1198). Se afirma la responsabilidad insustituible de la mujer, cuya colaboración es indispensable para la humanización de los procesos de transformación (n. 1219).

Este recurrido por Medellín y Puebla respecto a sus pronunciamientos sobre la mujer, nos permite ver que hay un avance de esta última conferencia con respecto a la primera, en la identificación de los problemas que agobian a las mujeres y la urgencia de responder a ellos. Sin embargo, como dice María Pilar Aquino (2001, p. 280-281) en estas conferencias se mantiene un lenguaje androcéntrico y sexista[9] porque no aborda las estructuras quiriarcales dominantes – aunque hagan referencia al machismo – y tampoco reconoce la exclusión y la explotación de las mujeres en la Iglesia, ni sus contribuciones a la vida de la Iglesia latinoamericana desde sus comienzos hasta los grandes movimientos socio--eclesiales de los sesenta.

---

9. La visión androcéntrica continúa afirmando que en la categoría hombre las mujeres están incluidas. Este argumento solo refuerza el sexismo eclesial y social y no representa lo que las mujeres dicen de sí mismas.

Las mujeres en el Documento conclusivo de Santo Domingo

Ya señalamos las dificultades que tuvo esta conferencia o las tensiones que se vivieron, especialmente, en el cambio de método que abandonando el tradicional ver-juzgar-actuar, comenzó por el juzgar y, por eso, la primera parte se titula: "Jesucristo, evangelio del Padre". En esta sección, en el primer apartado se reconoce "la dramática situación en que el pecado coloca al hombre", y entre los males que se reconocen, se señala la "instrumentalización de la mujer" (n. 9).

Es interesante señalar que el documento usa muchas veces el lenguaje inclusivo "hombres y mujeres" (22 veces) y en el n. 15, al referirse a María dice que "su figura maternal fue decisiva para que los hombres y mujeres de América Latina se reconocieran en su dignidad de hijos de Dios". Resaltamos esto porque casi siempre a María se le asocia solo con las mujeres.

En la segunda parte, "Jesucristo evangelizador viviente en su Iglesia", al hablar de la nueva evangelización, se reconoce el aporte de la mujer consagrada:

> [...] contribuye a impregnar de evangelio nuestros procesos de promoción humana integral y de dinamismo a la pastoral de la Iglesia. Ella se encuentra frecuentemente en los lugares de misión que ofrecen mayor dificultad y es especialmente sensible al clamor de los pobres. Por esto es necesario responsabilizarla más en la programación de la acción pastoral y caritativa (n. 90).

Al referirse a los fieles laicos, dedica varios numerales a las mujeres (n. 104-110). Comienza señalando su dignidad desde la creación (Gn 1,27; Gál 3, 26-29) y la forma como Jesús acogió a las mujeres, les devolvió su dignidad y les confió, después de la resurrección, la misión de anunciarlo.

Al igual que en Puebla, hace la relación entre María y las mujeres, pero lo interesante es que la figura que presenta de María es liberadora, siguiendo la línea trazada por Puebla. Señala que hay semejanza entre la actividad de María, la madre de Jesús y la que realizan hoy las mujeres latinoamericanas y caribeñas:

> María ha representado un papel muy importante en la evangelización de las mujeres latinoamericanas y ha hecho de ellas evangelizadoras eficaces, como esposas, madres, religiosas, trabajadoras, campesinas, profesionales. Continuamente les inspira fortaleza para dar la vida, inclinarse ante el dolor, resistir y dar esperanza cuando la vida está más amenazada, encontrar alternativas cuando los caminos se cierran, como compañera activa, libre y animadora de la sociedad (n. 104).

Pasa a describir la situación de las mujeres comenzando por el crecimiento de la conciencia de la dignidad de la mujer pero que en la práctica no se reconoce. La nueva evangelización debe ser promotora decidida y activa de la dignificación de la mujer y para esto hay que profundizar en el papel de la mujer en la Iglesia y en la sociedad. Pero la propuesta va en la línea de que hoy se le proponen proposiciones reduccionistas sobre su naturaleza y misión y se le niega la específica dimensión femenina que consiste "en ser madre, defensora de la vida y educadora del hogar". En esa afirmación repite a Puebla (n. 846).

Se reconoce que tanto en la familia como en las comunidades eclesiales son las mujeres las que comunican, sostienen y promueven la vida, la fe y los valores. Sin embargo, a aquella que defiende la vida, se le niega la vida digna. La iglesia está llamada a estar del lado de la vida y defenderla en la mujer (n. 106). Según Aquino (1998, p. 84), para realizar esta defensa, Santo Domingo propone:

• Denunciar valientemente los atropellos a las mujeres latinoamericanas y caribeñas, sobre todo a las campesinas, indígenas, afroamericanas, migrantes y obreras (n. 107).

• Crear espacios para que las mujeres puedan descubrir sus propios valores, apreciarlos y aportarlos abiertamente a la sociedad y a la Iglesia. Se propone el descubrimiento de esa identidad desde los valores del evangelio (n. 107).

• Desarrollar la conciencia de los sacerdotes y dirigentes laicos para que acepten y valoren a las mujeres en la comunidad eclesial y en la sociedad como actoras en su propio derecho, con su propia autoridad para crear proyectos que promuevan su bienestar físico, espiritual y social. Además, se ha de incorporar a las mujeres en el proceso de toma de decisiones responsablemente en todos los ámbitos: en la familia y en la sociedad (n. 108).

• Crear nuevos lenguajes no sexistas y nuevos símbolos que no reduzcan a nadie a la categoría de objeto, sino que rescaten el valor de cada persona y evitar en los programas educativos los contenidos que discriminen a las mujeres, reduciendo su dignidad e identidad (n. 109).

Por lo tanto, la comunidad eclesial no sólo debe ofrecer un espacio de reflexión seria sobre la relación que existe entra la cultura de violencia hacia las mujeres y la tarea evangelizadora de la Iglesia, sino también ha de comprometerse en su transformación.

En este mismo sentido de defender la vida de las mujeres, Santo Domingo invita a denunciar todo aquello que atente contra la vida, afecte la dignidad de la mujer como el aborto, la esterilización y los programas antinatalistas. Violencia en las relaciones sexuales. Mujeres más expuestas: empleadas domésticas, migrantes, campesinas, indígenas, afroamericanas, trabajadoras humildes y explotadas; intensificar y renovar el acompañamiento pastoral a mujeres en situaciones difíciles: separadas, divorciadas, madres solteras, niñas y mujeres prostituidas a causa del hambre, del engaño y el abandono (n. 110).

En la segunda parte del documento sobre "la Promoción humana", se denuncian las violencias contra los derechos de los niños, la mujer y los grupos más pobres de la sociedad: campesinos, indígenas y afroamericanos (n. 167).

Al referirse al empobrecimiento y la solidaridad, entre otros rostros, señala "los rostros sufridos de las mujeres humilladas y postergadas" (n. 178). También se denuncia que "inmensos sectores de mujeres son víctimas de programas de esterilizaciones masivas" (n. 219).

A pesar de todas estas afirmaciones que respaldan una nueva manera de comprender la realidad de las mujeres, Santo Domingo no ofrece mediaciones que puedan llevar a la práctica las propuestas hechas en el documento. Faltó también reconocer la contribución de las mujeres populares vinculadas a la Iglesia (VÉLEZ, 1993, p. 186).

Podemos concluir que esta Conferencia sigue ahondando lo expresado en Puebla y comienza a señalar la urgencia de un liderazgo, protagonismo y liberación de las mujeres. De todas maneras, en aquel momento no se tenía una conciencia más clara sobre las estructuras de dominación patriarcales que hacen que la situación de la mujer no se transforme por acciones de buena voluntad sino por un cambio efectivo de dichas estructuras lo cual implica nuevas percepciones epistemológicas y acciones concretas a nivel social, económico, político y cultural, y también, a nivel religioso.

A treinta años de Santo Domingo ¿qué desafíos están pendientes?

Se esperaría que después de treinta años de la realización de dicha conferencia, la situación de las mujeres hubiera cambiado. Lamentablemente, esto no ha sido así, aunque se pueden señalar elementos positivos y desafíos pendientes.

Como elementos positivos, dar nombre a todas las situaciones que afectan a las mujeres es la única posibilidad de afrontarlas y buscar alternativas de solución. De hecho, en la Conferencia de Aparecida (2007) se continúa profundizando en la realidad de las mujeres (n. 451-458), afirmando una vez más su plena e igual dignidad con el varón y la urgencia de su participación y corresponsabilidad en el presente y el futuro de nuestra sociedad humana. Aparecida señala acciones pastorales para promover un mayor protagonismo de las mujeres; buscando garantizar su efectiva presencia en los ministerios que en la Iglesia son confiados a los laicos, así como también en las instancias de planificación y decisión pastorales. Además, señala la necesidad de acompañar las asociaciones femeninas que luchan por superar la vulnerabilidad y exclusión que sufren las mujeres. También es positivo que, con el alcance que en ese momento se tenía de la situación de las mujeres, Santo Domingo en continuidad con Puebla, tiene un enfoque más liberador, tanto de la mujer, como de María – mujer libre, proactiva, y de la que luego la Conferencia de Aparecida va a decir:

> La figura de María, discípula por excelencia entre discípulos, es fundamental en la recuperación de la identidad de la mujer y de su valor en la Iglesia. El canto del Magnificat muestra a María como mujer capaz de comprometerse con su realidad y de tener una voz profética ante ella (n. 451).

Por supuesto todas las conferencias mantienen también algunas expresiones del estereotipo femenino, reduciendo a las mujeres a "madre, defensora de la vida y educadora del hogar" (SD n. 105; DP n. 846), estereotipo que se acentúa en el pontificado de Juan Pablo II y que no se ha abandonado en el de Francisco, como lo veremos más adelante.

Por todo esto, sin desconocer el aporte positivo de las Conferencias latinoamericanas y, especialmente de la que estamos considerando con más atención, Santo Domingo, siguen válidas las palabras de María Pilar Aquino (1998, p. 84-85), a seis años de haberse realizado dicha Conferencia, sobre los pasos que Santo Domingo dio para denunciar y afrontar las exclusiones que las mujeres sufren a nivel social pero sin lograr entender que esa exclusión también se vive en la Iglesia y esta no puede ser querida por Dios. Las causas que María

Pilar Aquino aduce para que se pueda permanecer con tanta ceguera sobre este aspecto, son las siguientes:

> Esta laguna puede explicarse por el hecho de que quienes elaboran esta enseñanza son en su mayoría hombres, clérigos, blancos occidentales, pero también se debe a las limitaciones inherentes a los métodos de análisis que utilizan. Su selección de instrumentos conceptuales está prejuiciada por su propia condición sexual y por su posición de privilegio eclesiástico. Los mismos instrumentos de análisis que utilizan les prohíbe exponer la raíz de la violencia estructural producida por la combinación patri-kiriárquica de las estructuras patriarcales y las estructuras económicas, políticas, eclesiales y socio-culturales de la realidad actual. La falta de voluntad para enfrentar honestamente la conexión del racismo, el sexismo y la violencia hacia las mujeres en todo abordaje de la identidad de la fe en las culturas constituye una seria dificultad epistemológica. Posponer esta dificultad solo conduce a perpetuar lo que el Documento de Puebla denuncia como "atavismos culturales" (n. 834). [...] aunque el episcopado latinoamericano ha reconocido la fuerza de las mujeres en la construcción de una nueva cultura, todavía sigue manteniendo un discurso antropológico y eclesiológico dualista que impide promover el papel, la dignidad y el respeto pleno de las mujeres en la sociedad y dentro de la Iglesia.

Esta situación sigue vigente hoy con el pontificado de Francisco. Aunque desde el inicio llamó la atención sobre la urgencia de abrir espacios de participación para la mujer, la Iglesia sigue anclada en reconocer en ella aquello que culturalmente se le ha asignado, en razón de su feminidad:

> La Iglesia reconoce el indispensable aporte de la mujer en la sociedad, con una sensibilidad, una intuición y unas capacidades peculiares que suelen ser más propias de las mujeres que de los varones. Por ejemplo, la especial atención femenina hacia los otros, que se expresa de un modo particular, aunque no exclusivo en la maternidad (*Evangelii Gaudium* n. 103).

Esta visión recortada de la feminidad es lo que hace tan difícil una visión sobre las mujeres en condiciones de igualdad con los varones. Por supuesto que esas actitudes son importantes para la sociedad y la Iglesia, pero ni son exclusivas de la mujer, ni más propias. Son las que la cultura les ha asignado pero la realidad demuestra que ni todas las mujeres tienen esa sensibilidad, ni los varones carecen de ella.

Y continúa el papa en la *Evangelli Gaudium*, refiriéndose a las mujeres en estos términos:

> Reconozco con gusto cómo muchas mujeres comparten responsabilidades pastorales junto con los sacerdotes, contribuyen al acompañamiento de personas, de familias o de grupos y brindan nuevos aportes a la reflexión teológica. Pero todavía es necesario ampliar los espacios para una presencia femenina más incisiva en la Iglesia. Porque "el genio femenino es necesario en todas las expresiones de la vida social; por ello, se ha de garantizar la presencia de las mujeres también en el ámbito laboral" y en los diversos lugares donde se toman las decisiones importantes, tanto en la Iglesia como en las estructuras sociales (n. 103).

En primera instancia sus palabras parecen que van a abarcar todo aquello que también es la mujer: capaz de llevar adelante responsabilidades pastorales y de hacer una excelente reflexión teológica, pero al referirse a los espacios que hay que abrir para ella en la sociedad y en la Iglesia, lo circunscribe al "genio femenino". Con este término, reduce de nuevo a las mujeres a los estereotipos culturales asignados para ella, impidiendo que la imaginación y, sobre todo, los hechos, permitan situar a la mujer en los cargos de responsabilidad con toda la capacidad de hecho y de derecho, sin imaginar para ella ningún límite, en razón de su sexo.

En realidad, la expresión "genio femenino o genio de la mujer" propuesta por Juan Pablo II, se erige como "un preciso proyecto de Dios que ha de ser acogido y respetado" (1995, n. 10), contribuyendo de esa manera a estereotipar más el ser de la mujer. De igual manera, Juan Pablo II, refiriéndose a María, la coloca como prototipo de lo que es ese "genio femenino":

> La Iglesia ve en María la máxima expresión del "genio femenino" y encuentra en Ella una fuente de continua inspiración. María se ha autodefinido "esclava del Señor" (Lc 1,38). Por su obediencia a la Palabra de Dios Ella ha acogido su vocación privilegiada, nada fácil, de esposa y de madre en la familia de Nazaret. Poniéndose al servicio de Dios, ha estado también al servicio de los hombres: un servicio de amor. Precisamente este servicio le ha permitido realizar en su vida la experiencia de un misterioso, pero auténtico "reinar". No es por casualidad que se la invoca como "Reina del cielo y de la tierra". Con este título la invoca toda la comunidad de los creyentes, la invocan como "Reina" muchos pueblos y naciones. ¡Su "reinar" es servir! ¡Su servir es "reinar"! (n. 10).

Conclusión

Hemos mostrado cómo Santo Domingo mantiene la continuidad con Medellín y Puebla en lo que respecta a los desafíos de la realidad y, específicamente, en lo que atañe a la mujer, aunque hubiera sido una Conferencia que hizo un quiebre con dicha continuidad, por las tensiones que allí se vivieron y que se expresaron en una metodología distinta al método latinoamericano ver-juzgar-actuar.

Santo Domingo denuncia la situación de marginación, explotación, subordinación de las mujeres en la sociedad. Propone acciones concretas para responder a ellas. A nivel eclesial, es importante que la vincula con la Nueva Evangelización – uno de los temas que enmarcan esta conferencia, junto con la Promoción humana y la Cultura Cristiana –, expresándolo en estos términos: "Urge contar con el liderazgo femenino y promover la presencia de la mujer en la organización y la animación de la Nueva Evangelización de América Latina y el Caribe" (n. 109). Sin embargo, todavía este liderazgo no ha sido posible, aunque esto no significa que no sean las mujeres las que lleven adelante casi toda la pastoral de la Iglesia, pero limitadas a su estereotipo de "reinar es servir", cómo lo expresó Juan Pablo II, refiriéndose a María, es decir, invitándolas a que sigan con su labor callada y entregada, sin pedir que les reconozcan protagonismo y liderazgo.

La propuesta de un Sínodo sobre la Sinodalidad que lanzó Francisco para estos dos próximos años (2021-2023), no debería dejar de lado esta deuda pendiente con las mujeres, porque mientras ellas no puedan compartir los espacios de liderazgo y dirección en la Iglesia, será imposible una Iglesia sinodal que según Francisco (2015) "es el camino que Dios espera de la Iglesia del Tercer milenio".

Referências

AQUINO, M.P. Construyendo la misión evangelizadora de la Iglesia – Inculturación y violencia hacia las mujeres. In: TEPEDINO, A.M.; AQUINO, M.P. *Entre la indignación y la esperanza – Teología feminista latinoamericana*. Bogotá: Indo-American Press, 1998, p. 63-91.

AQUINO, M.P. La visión liberadora de Medellín en la teología feminista. *Theologica Xaveriana*, 138, p. 257-289, 2001.

CABESTRERO, T. *Santo Domingo, un año Después – La recepción del documento*, 1993 [RELaT 12 (servicioskoinonia. org)].

CELAM. *Las cinco Conferencias Generales del Episcopado Latinoamericano*. Bogotá/San Pablo: Celam/Paulinas, 2014.

JUAN PABLO II. *Carta de Juan Pablo II a las mujeres*, 1995 [hf_jp-ii_let_29061995_women.pdf (vatican.va)].

PAPA FRANCISCO. *Exhortación apostólica Evangelii Gaudium*, 2013. Disponível em https://www.vatican.va/content/francesco/es/apost_exhortations/documents/papa-francesco_esortazione-ap_20131124_evangelii-gaudium.html

PAPA FRANCISCO. *Discurso en la Conmemoración del 50 aniversario de la Institución del Sínodo de los Obispos*, 2015. Disponível em https://www.vatican.va/content/frances co/es/speeches/2015/october/documents/papa-francesco_20151017_50-anniversario-sinodo.html

VÉLEZ, N. La conferencia de Santo Domingo – Pinceladas socio-eclesiales. *Theologica Xaveriana*, 106, p. 163-194, 1993.

VÉLEZ, O.C. La mujer y los pronunciamientos eclesiales. *Theologica Xaveriana*, 143, p. 531-546, 2002.

10
Unidade dos cristãos e diálogo inter-religioso no Documento de Santo Domingo

Duas agendas, o mesmo ressentimento a resolver

Marcial Maçaneiro

O *Documento de Santo Domingo* (SD) – resultante da IV Conferência Geral do Episcopado Latino-Americano (1992) – menciona a unidade "de todos os irmãos em Cristo" (SD 132-135) e "o diálogo com as religiões não cristãs" (SD 136-138), com um tópico adicional sobre "as seitas fundamentalistas" (SD 139-146) e outro sobre os "novos movimentos religiosos ou movimentos religiosos livres" (SD 147-152). Apesar de suas significativas diferenças históricas, doutrinais e institucionais, todas essas expressões religiosas encontram-se reunidas no subtema *1.4: Para anunciar o Reino a todos os povos* – no Capítulo I da extensa Parte II do documento.

Observamos que Santo Domingo não aprofunda essas distintas identidades religiosas, embora faça uma descrição do patrimônio teológico-litúrgico das Igrejas Ortodoxas e Orientais (cf. SD 135b), bem como das características das "seitas fundamentalistas" (SD 140). Em termos gerais, a classificação parte das distintas filiações religiosas tomadas de modo abrangente – "os cristãos", os "não cristãos" e os adeptos de "novos movimentos religiosos" (SD 132-135, 136-138, 147-152) – e assinala negativamente o "proselitismo", seja de "grupos cristãos sectários" (n. 133), seja das chamadas "seitas fundamentalistas" (SD 139-140), ambos enfrentados como um "desafio" (SD 133 e 141) e uma "advertência" à "ação evangelizadora" da Igreja Católica (SD 147).

As "religiões afro-americanas e indígenas" solicitam um "discernimento" específico (SD 138f), não só por motivos religiosos, mas culturais e históricos, em consequência da colonização ibérica e da escravização (cf. SD 20 e 245-246). Os nativos e os negros são reiteradamente tratados como "irmãos" (SD 248-249) e busca-se valorizar suas tradições religiosas como expressão das "sementes do Verbo" e da "presença do Deus criador" (SD 245 e 246, respectivamente).

Mais que conclusões e metas pastorais definidas, a palavra de Santo Domingo sobre o cenário religioso latino-americano expressa uma aproximação, um esforço de discernimento, tensionado entre a análise e a perplexidade, entre a intenção de dialogar e o ressentimento amargo advindo do proselitismo de grupos sectários em relação aos católicos. Esta tensão se manifestou antes da IV Conferência Geral, no processo de compilação do *instrumentum laboris* (cf. *Documento de trabalho* n. 294-298), e desponta também no discurso inaugural de João Paulo II, a influenciar os debates, as deliberações e a redação final do *Documento de Santo Domingo*.

1 Antecedentes

A tessitura do *Documento de Santo Domingo* tem dois antecedentes diretamente implicados nas suas Conclusões: as contribuições das Igrejas Locais reunidas e compiladas no *Documento de trabalho*; e o discurso inaugural pronunciado por João Paulo II, abrindo oficialmente a IV Conferência Geral (cf. JOÃO PAULO II, *Discurso de abertura* n. 11-12).

1.1 O Documento de trabalho

O Documento de trabalho, compilado pela secretaria do CELAM (Conselho Episcopal Latino-Americano) e publicado na Páscoa de 1992, trazia o título *Nova evangelização, Promoção humana, Cultura cristã* (CELAM, 1992) – tema escolhido dois anos antes por João Paulo II como o tema central e articulador da IV Conferência Geral a celebrar-se em Santo Domingo em outubro do mesmo ano. Neste documento de trabalho "os grupos religiosos não católicos" são apresentados como "advertência pastoral" aos modos católicos de evangelizar, bem como "desafio cotidiano" aos fiéis e aos pastores da Igreja. Constatou-se o "fanático e crescente proselitismo" de muitos grupos como um "problema preocupante" de "proporções dramáticas" (*Documento de trabalho* n. 294). Em reação, não se projeta algum diálogo, mas sim "diagnosticar as causas" desse fenômeno e "implementar uma ação evangelizadora que repare as carências que deixaram indefeso o povo católico em face de agressões à sua fé" (*Documento de trabalho* n. 295).

Ao nomear esses "grupos religiosos" como "não católicos" – em vez de dizer *não cristãos* – o texto salta as grandes religiões abraâmicas e orientais para apontar diretamente ao proselitismo aguerrido de grupos cristãos. A linguagem evita qualquer aceno a eventuais elementos eclesiológicos desses grupos, ainda que professem a Jesus como Redentor, reúnam-se em comunidades de vida teologal e ministrem o batismo (aliás, validamente quando celebrado pela primeira vez na vida de seus adeptos). Com efeito, o mencionado "proselitismo" e as "agressões" à fé católica frustram as disposições mínimas de uma interlocução confiável, requerida para o diálogo ecumênico.

Por outro lado, o mesmo *Documento de trabalho* valoriza o diálogo ecumênico "no contexto da missão *ad gentes*" com base "nas orientações específicas do Magistério nas últimas décadas" (*Documento de trabalho* n. 298). Pois a missão *ad gentes* se dá no terreno das populações em grande parte não evangelizadas, em meio às quais os cristãos são menos expressivos ou minoria. Este contexto pode favorecer a aproximação e o diálogo das diferentes Confissões cristãs, sem as feridas do proselitismo constatado na América Latina. Mas há limites evidentes no texto quando menciona as "orientações específicas do Magistério" para o diálogo ecumênico (*Documento de trabalho* n. 298): em primeiro lugar, as referidas orientações do Magistério não são exclusivas para as missões *ad gentes*, mas devem subsidiar e promover o diálogo ecumênico também na América Latina, como *Unitatis redintegratio* (UR 1965) e o *Diretório ecumênico* na edição em uso (DE 1970).

Em segundo lugar, há outro limite, objetivamente mais cronológico do que eclesial: o fato de que, após 1992, quando a IV Conferência Geral foi concluída, várias instâncias ecumênicas e pontifícias avançaram na reflexão, discernimento e proposições para a unidade dos cristãos, emitindo uma série de documentos que, publicados posteriormente, ficaram ausentes das discussões e das conclusões do *Documento de Santo Domingo*. É o caso da nova edição do *Diretório ecumênico* da Santa Sé (1993), da encíclica *Ut unum sint* de João Paulo II (1995), das diretrizes pontifícias sobre *A dimensão ecumênica na formação dos que se dedicam ao serviço pastoral* (1995) e do importante relatório sobre *Evangelização, proselitismo e testemunho comum* da Comissão Internacional de Diálogo Católico-Pentecostal (1997). Já o documento *Diálogo e anúncio* do Pontifício Conselho para o Diálogo Inter-Religioso, publicado em 1991, poderia ter sido mais bem aproveitado nas discussões e proposições de Santo Domingo.

Enfim, o *Documento de Santo Domingo* reflete as percepções da Igreja sobre a cultura e a diversidade religiosa na passagem dos anos Oitenta aos Noventa. Quanto à unidade dos cristãos, de um lado, e ao diálogo inter-religioso, de outro, vemos a Igreja latino-americana perplexa e ressentida pela perda de fiéis para outras expressões religiosas. Por conseguinte, o *Documento de trabalho* considera o diálogo ecumênico viável apenas em "alguns casos excepcionais" (*Documento de trabalho* n. 299). Afora esses casos – referidos provavelmente às Igrejas Orientais, Igrejas Ortodoxas, Igreja Anglicana e algumas Comunidades da Reforma como luteranos e metodistas – o texto opina que o diálogo ecumênico na América Latina "está condicionado a circunstâncias que o tornam especialmente difícil e ambíguo, devido à intenção, métodos e às atitudes negativas de certos grupos para com a Igreja Católica" (*Documento de trabalho* n. 299). Esta é a opinião e a disposição que o *instrumentum laboris* levou ao papa e à Comissão Pontifícia para a América Latina: uma Igreja menos propositiva em termos de diálogo ecumênico e inter-religioso, por ser mais reativa "em face dos novos grupos religiosos" (*Documento de trabalho* n. 685 e 687).

1.2 O discurso inaugural de João Paulo II

João Paulo II abre a Conferência de Santo Domingo com a invocação do Espírito Santo, para o testemunho de Jesus Cristo "ontem, hoje e sempre" (Hb 13,8), convocando a Igreja Católica a uma evangelização nova em "ardor, método e expressão" (*Discurso de abertura* n. 1 e 10). Para bem cumprir esta missão, João Paulo II desenha uma Igreja "mais fiel à sua identidade e mais viva em todas as suas manifestações" (*Discurso de abertura* n. 1). Os eixos centrais da "nova evangelização, promoção humana e cultura cristã" expressam um projeto de largo alcance, que garanta à "Igreja que peregrina na América" enfrentar "desafios" internos e externos, como "o secularismo", os "desvios" das "cristologias redutivas", as "ideologias" que "negam a verdade sobre Deus e a verdade sobre o homem", "as seitas e os movimentos pseudoespirituais", a "pobreza e a marginalização", os riscos à integridade da família e as várias manifestações morais e sociais da "anticultura de morte" como: "aborto, eutanásia, guerra, guerrilha, sequestro, terrorismo, exploração" e "tráfico de entorpecentes" (*Discurso de abertura* n. 6-18).

Para que a Igreja Católica possa cumprir esta nova evangelização, aos 500 anos de presença cristã na América Latina

234

(1492-1992), João Paulo II aponta a Jesus Cristo como "plenitude da evangelização" e reafirma "a unidade da fé da Igreja" como condição de eficácia missionária para todos os sujeitos eclesiais: "pastores de almas, teólogos, catequistas e de todos os que estão comprometidos na proclamação e pregação da fé" (*Discurso de abertura* n. 1 e 7). Ao enfatizar a "incorporação ao Corpo [de Cristo], que é a Igreja" (*Discurso de abertura* n. 6), o pontífice valoriza todos os elementos sacramentais, doutrinais e institucionais que possam dar alicerce e coesão à nova evangelização, junto com a centralidade da Palavra de Deus, a participação do laicato, a opção preferencial pelos pobres e a inculturação da Boa-nova (cf. *Discurso de abertura* n. 7-10, 22 e 27).

Em sua perspectiva magisterial, João Paulo II pretende "delinear a fisionomia de uma Igreja viva e dinâmica, que cresce na fé, se santifica, ama, sofre, se compromete e espera em seu Senhor" (*Discurso de abertura* n. 25). Desse modo, a nova evangelização deverá revigorar a identidade católico-romana na América Latina, como ele mesmo diz: "A nova evangelização há de dar uma resposta integral, pronta, ágil, que fortaleça a fé católica nas suas verdades fundamentais, nas suas dimensões individuais, familiares e sociais" (*Discurso de abertura* n. 11). Notemos que o verbo *dialogar* não compõe a fisionomia da Igreja perfilada nessas falas do papa, que – naquele contexto de abertura da IV Conferência Geral – prefere os verbos "enfrentar" e "responder", temperados com "discernir" e "testemunhar" (cf. *Discurso de abertura* n. 1, 11, 20, 21).

Quanto ao diálogo ecumênico e inter-religioso, com seus respectivos princípios teológicos e distintos interlocutores, o

Discurso de abertura de João Paulo II nada fala. Nem mesmo acena ao núcleo teológico das duas interlocuções, que é a unidade da Igreja (para o diálogo ecumênico) e a universalidade do plano salvífico (para o diálogo inter-religioso). Esse silêncio indica um parecer específico do papa: os princípios não são negados, já que a vontade salvífica universal de Deus e a unidade dos cristãos são elementos dogmáticos sólidos, de base bíblica e magisterial (cf. 1Tm 2,4; At 10,35-35; Jo 17,21-23; Ef 4,1-6, com *Unitatis redintegratio* n. 2-4, *Lumen gentium* n. 15-16 e *Nostra aetate* n. 2-4); mas João Paulo II entende que o proselitismo das "seitas" e dos "movimentos pseudoespirituais" contraria as condições mínimas para o diálogo. Ele admite que "há campanhas de proselitismo sectário muito ativas" por parte desses grupos religiosos, "cuja expansão e agressividade urge enfrentar" (*Discurso de abertura* n. 12).

O limite deste parecer é o fato de não valorizar aquelas expressões religiosas, cristãs e de outras tradições, de conduta respeitosa, não proselitista, com as quais a Igreja Católica tem condições de dialogar. Neste sentido, como veremos a seguir, as Conclusões de Santo Domingo são mais ponderadas, embora mantenham o ressentimento para com os grupos sectários e proselitistas.

2 Por uma evangelização que reúna a todos os irmãos em Cristo

A vontade de Jesus para seus discípulos é que vivam em comunhão, como Ele mesmo expressou na oração ao Pai: "que todos sejam um" (Jo 17,21). Esta vontade do Senhor denuncia "o escândalo da divisão dos cristãos" que ainda perdura e "exige que encontremos os caminhos mais eficazes para alcançar a unidade na verdade" (SD 132). Nesta via rumo à unidade, dois fatores causam "confusão" e "dificultam" o caminhar juntos: a "deficiente formação religiosa" por parte dos católicos em geral, e o "fundamentalismo proselitista" por parte "de grupos cristãos sectários" (SD 133). Há que responder adequadamente a esses desafios, cientes de que "o ecumenismo é uma prioridade na pastoral da Igreja do nosso tempo" (SD 135). Assim, a IV Conferência Geral propõe:

• aprofundar as relações de convergência e diálogo com as Igrejas que rezam conosco o Credo niceno-constantinopolitano, partilham dos mesmos sacramentos e da veneração por Santa Maria, a Mãe de Deus, ainda que não reconheçam o primado do Romano Pontífice;

• intensificar o diálogo teológico ecumênico;

• avivar a oração em comum pela unidade dos cristãos e, de modo particular, a semana de oração pela unidade dos que creem;

• promover a formação ecumênica em cursos de formação para agentes de pastoral, principalmente nos seminários;

• estimular o estudo da Bíblia entre os teólogos e estudiosos da Igreja e das denominações cristãs;

• manter e reforçar programas e iniciativas de cooperação conjunta no campo social e na promoção dos valores comuns;

• valorizar a Seção de Ecumenismo do CELAM (SECUM) e colaborar com suas iniciativas (SD 135).

Com exceção da primeira diretriz, endereçada às Igrejas Orientais e Ortodoxas, todas as demais propostas são viáveis em relação às diferentes Confissões cristãs (anglicana, metodista, luterana, presbiteriana, batista e eventualmente pentecostal). O diálogo teológico e o estudo bíblico se aproximam metodologicamente e são tarefa dos "teólogos e estudiosos": uma sugestão estratégica, mas que poderia estender-se aos círculos bíblicos das comunidades em geral, ao modo de Jornadas ou Semanas Bíblicas ecumênicas de ampla participação. A "formação ecumênica" dos agentes de pastoral e dos seminaristas é imprescindível, solicitada já no *Diretório Ecumênico* aprovado por Paulo VI em 1970, depois revisado por João Paulo II em 1993 (cf. DE Parte III). A "oração" e a "cooperação conjunta" no campo da justiça, paz e promoção humana são dois pilares do movimento ecumênico, expressão da fé, esperança e caridade que os cristãos partilham, em testemunho do Evangelho (cf. *Unitatis redintegratio* n. 4). Entretanto, para que não caiam na mera retórica, a formação, a oração e a cooperação ecumênicas demandam pessoas e programação, instâncias e investimento, como assinala o *Diretório Ecumênico* Partes IV e V (bem como as diretrizes do recente *Vademécum Ecumênico* I Parte A, II Parte D, publicado em 2020).

Ainda que promissoras, essas propostas de Santo Domingo têm pouquíssimo eco nos tópicos do mesmo *Documento* que tratam da formação pastoral e da promoção humana na sociedade. Notemos que ao enfatizar o "espírito de unidade e comunhão" (SD 69) na formação pastoral e permanente dos ministros ordenados (SD 67-84) o enfoque é acentuadamente intraeclesial: "colegialidade episcopal, comunhão presbiteral, unidade entre os diáconos" e "unidade com os religiosos que partilham os esforços pastorais em cada diocese" (SD 68).

Nada se diz sobre a dimensão ecumênica que perpassa a formação dos ministros ordenados – embora, mais adiante, o *Documento* oriente à capacitação para o diálogo inter-religioso: que os evangelizadores "conheçam o judaísmo" e "o Islã", bem como as demais "religiões presentes no continente" (SD 138).

A mesma falta acontece ao tratar da formação e atuação do laicato: valoriza-se a sua índole secular pela evangelização do "mundo do trabalho, da política, da economia, da ciência, da arte, da literatura e dos meios de comunicação social" (SD 98). Mas se esquece que, em boa medida, esses espaços de atuação são ecumênicos e inter-religiosos, conforme às diferentes filiações religiosas dos cidadãos e cidadãs, das variadas classes e profissões. Há, contudo, uma menção à cooperação ecumênica quando o *Documento* trata da ecologia e do cuidado ambiental: propõe-se "levar os cristãos a assumir o diálogo com o Norte [países do Hemisfério Norte] através dos canais da Igreja Católica, assim como de outros movimentos ecológicos e ecumênicos" (SD 170b).

A última diretriz – "valorizar a Seção de Ecumenismo do CELAM (SECUM) e colaborar com suas iniciativas" (SD 135) – se reflete na animação e formação ecumênica oferecidas pelo Departamento de Comunhão e Diálogo do CELAM, com a colaboração ativa do *Centro de Estudos Bíblicos, Teológicos e Pastorais* (CEBITEPAL) sediado em Bogotá, Colômbia. Por outro lado, Santo Domingo poderia ter reforçado a responsabilidade ecumênica de cada Diocese, em cuja maioria não existe ainda uma Comissão para a unidade dos cristãos –

239

claramente exigida pelo *Diretório Ecumênico* da Santa Sé (Parte II, n. 42-45).

3 Em diálogo com as outras religiões

Como já acenamos antes, o diálogo inter-religioso tem um núcleo soteriológico e distingue-se, portanto, do diálogo ecumênico que busca realizar a Igreja Una. Daí o cuidado de alguns documentos do Magistério ao esclarecer que se trata do diálogo da Igreja com as "religiões não cristãs" (*Nostra aetate* n. 1). Contudo, os documentos posteriores ao Vaticano II, como *Redemptoris missio* (RMi 1990) e *Diálogo e anúncio* (DA 1991), preferem uma caracterização positiva ao dizer "outras religiões" e "outras tradições religiosas" (RMi n. 55, DA n. 1, 2, 7, 12, 14). No *Documento de Santo Domingo* se diz "religiões não cristãs" e "outras religiões" (SD 138-139), nomeadamente "o judaísmo, o islamismo, as religiões afro-americanas e dos povos indígenas" (SD 139, também SD 248f e 249c). O budismo e o hinduísmo não são mencionados neste tópico, mas aparecem noutros parágrafos para "distinguir aquelas correntes" de inspiração budista ou hinduísta caracterizadas como "novos movimentos religiosos" (SD 147).

Ademais, é curioso notar que a primeira referência às outras religiões esteja no n. 134, que discorre sobre as Igrejas e Comunidades cristãs. Neste número, há uma menção ao judaísmo feita *em adendo* ao diálogo ecumênico: "Em situação similar à dos cristãos separados, podemos situar todo o povo judeu. Também com eles o diálogo é desafio para a nossa Igreja" (SD 134).

3.1 O adendo sobre o povo judeu

Este adendo sobre o povo judeu (SD 134) é digno de revisão, a nosso ver, por três motivos: o reconhecimento do judaísmo como religião revelada, cujas Escrituras constituem uma só Palavra de Deus com o Novo Testamento; a validade da Aliança divina com Israel e a permanência deste povo no plano da salvação até nossos dias; e as raízes judaicas de Jesus e da Igreja. Isto é afirmado em *Nostra aetate* n. 4, com implicações para o ensino da Igreja a respeito dos judeus: "Os judeus e o judaísmo não deveriam ocupar um lugar ocasional e marginal na catequese e na pregação, mas sua presença indispensável deve aí ser integrada de modo orgânico" – dizem as *Notas para uma correta apresentação dos judeus e do judaísmo na pregação e na catequese da Igreja Católica*, documento da Santa Sé de 1985 (*Notas*, Parte I, n. 2).

Então, por que Santo Domingo diz que "o povo judeu" se encontra "em situação similar à dos cristãos separados"? – Ora, porque não se trata aqui da condição histórica ou teológica dos judeus, mas do "diálogo" que a Igreja Católica deveria cultivar com estes; um diálogo admitido como insuficiente, ainda no estágio de "desafio para a nossa Igreja" (SD 134).

Comparado com o que diz o *Documento de Puebla* (DP) sobre os judeus, este adendo é pobre e pouco sugestivo. Afinal, em Puebla os bispos mencionam "a variedade de correntes e tendências do judaísmo" na América Latina (DP 1103), admitem "certa ignorância [dos católicos] acerca dos valores [judaicos]" (DP 1110) e insistem no "mútuo conhecimento e apreço" entre judeus e católicos (DP 1116, citando *Nostra aetate* n. 4).

Para fomentar o conhecimento a respeito do povo judeu, com luz bíblica, histórica e teológica, a Santa Sé publicou em 1985 as *Notas* para a correta apresentação dos judeus e do judaísmo no ensino e na pregação da Igreja: "Nossas tradições [judaica e cristã] são tão próximas que não se podem ignorar. É preciso estimular um conhecimento mútuo em todos os níveis" (*Notas* n. 27). Afinal, o estatuto teológico de Povo da Aliança e o testemunho dos judeus crentes durante a *Shoah* (= Holocausto) distinguem o povo judeu das demais religiões e solicita da Igreja Católica um diálogo apropriado. Sobre isso, o *Documento de Santo Domingo* recomenda aos católicos que busquem um melhor conhecimento do judaísmo, nos parágrafos referentes ao diálogo inter-religioso (cf. SD 138), como segue.

3.2 As proposições para o diálogo com as religiões não cristãs

O diálogo da Igreja Católica com as demais religiões tem estatuto teológico, por ser participação da Igreja naquele *salutis colloquium* (diálogo salvífico) que Deus Trino estabeleceu com a humanidade, ao longo da História da Salvação: "Deus, num diálogo que dura ao longo dos séculos, ofereceu e continua oferecendo a salvação à humanidade. Para ser fiel à iniciativa divina, a Igreja deve entrar no diálogo da salvação com todos" (SD 136, citando *Diálogo e anúncio* n. 38). Este diálogo não substitui o anúncio do Evangelho, mas o realiza em "caráter de testemunho", no "respeito à pessoa humana e à identidade do interlocutor" (SD 136, citando DP 1114).

O desafio pastoral, apontado a seguir, destaca a tradição religiosa dos indígenas e dos afrodescendentes: "A impor-

242

tância de aprofundar um diálogo com as religiões não cristãs presentes em nosso continente, particularmente as indígenas e afro-americanas, durante muito tempo ignoradas ou marginalizadas" (SD 137). Mas reconhece "a existência de preconceitos e incompreensões como obstáculo para o diálogo" (SD 137). Não obstante as dificuldades reconhecidas, os bispos optam por "intensificar o diálogo inter-religioso" mediante seis "linhas pastorais" (SD 138), que podemos classificar em três níveis:

a) Nível dos relacionamentos:

- levar a cabo uma mudança de atitude de nossa parte, deixando para trás preconceitos históricos, para criar um clima de confiança e proximidade;

- promover o diálogo com judeus e muçulmanos, em que pesem as dificuldades que sofre a Igreja nos países onde essas religiões são majoritárias;

b) Nível da formação:

- aprofundar nos agentes de pastoral o conhecimento do judaísmo e do islamismo;

- favorecer nos agentes de pastoral o conhecimento das outras religiões e formas religiosas presentes no continente;

c) Nível das iniciativas:

- promover ações em favor da paz, da promoção e defesa da dignidade humana, bem como a cooperação em defesa da criação e do equilíbrio ecológico, como uma forma de encontro com outras religiões;

• buscar ocasiões de diálogo com as religiões afro-americanas e dos povos indígenas, atentos a descobrir nelas as *sementes do Verbo*, com verdadeiro discernimento cristão, oferecendo-lhes o anúncio integral do Evangelho e evitando qualquer forma de sincretismo religioso (SD 138).

Os três níveis estão entrelaçados e convém executá-los simultaneamente. O nível dos relacionamentos solicita decisão e atitude, para que "os preconceitos" sejam sanados pelo conhecimento mútuo, inclusive de cunho histórico, cultural e teológico, que favoreça a "confiança e proximidade" (SD 138a). Tais decisão e atitude impactam nas instituições religiosas, mas dependem fundamentalmente dos sujeitos, das pessoas envolvidas no diálogo, com sua carga psicológica e emocional. O diálogo inter-religioso pede dos interlocutores uma justa percepção de si mesmos, em termos positivos (disposição, competência, abertura) e negativos (desinformação, preconceitos, resistências), para que as dificuldades sejam superadas e o encontro avance de modo construtivo e respeitoso. Além da boa qualificação em termos de conteúdo, este diálogo pede formação de atitudes, inclusive em sentido teologal para nós cristãos: ouvir o que o outro diz de si e de sua experiência de Deus; também ouvir o que Deus pode dizer-nos pelo outro, com a assistência do Espírito Santo; com a disposição de sermos a presença de Cristo ao outro, cientes de que – além dos aspectos antropológicos e culturais – cultivar este diálogo implica respeito pelo Mistério divino, sob o influxo universal da graça (cf. Mt 2,1-12; Jo 10,10; At 10,44-45; Ef 3,8-11).

O nível da formação histórica, teológica e cultural caminha lado a lado com a formação de atitudes. Sobre as religiões mencionadas – "Judaísmo, islamismo, outras religiões e formas religiosas presentes no continente" (SD 139 c/d) – há muita literatura científica e religiosa disponível já nos anos de recepção da Conferência de Santo Domingo. Além disso, o próprio diálogo se faz escola, aprendizado, qualificação e aprimoramento, aproximando a formação teórica e a habilidade dialógica. Para tanto, é urgente revisar e qualificar os *currículos* de educação teológica, bíblica e catequética dos "agentes de pastoral" em sentido inclusivo, ou seja, também seminaristas, religiosos, diáconos e presbíteros, além de leigos e leigas. Nesse sentido, o *Documento de Santo Domingo* carece articular melhor as exigências do diálogo inter-religioso com as diretrizes para a formação dos evangelizadores (cf. SD 67-103).

A formação de atitudes e a capacitação com práticas de diálogo, vistas acima, certamente favorecem as iniciativas apontadas: promover ações em favor da paz e em defesa da dignidade humana, cooperar pelo bem da criação e do equilíbrio ecológico, como oportunidade de encontro com outras religiões (cf. SD 138e). Essas ações implicam o *envolvimento institucional* da Igreja e das religiões com seus centros de culto, de educação, de comunicação e de promoção humana. Supõe-se o apoio da liderança, com organização de fóruns, colóquios e comissões inter-religiosas. Por outro lado, há que dispor de *pessoas qualificadas* que vinculem essas ações às convicções autênticas de cada credo, em benefício da continuidade e dos resultados das múltiplas iniciativas.

A diretriz final, a respeito do "diálogo com as religiões afro-americanas e dos povos indígenas" (SD 138f) exprime uma carência generalizada na América Latina, em dívida histórica e institucional para com indígenas e negros, pelo desprezo e abusos que sofreram (e sofrem) das políticas e das mentalidades coloniais, ainda vigentes. De fato, "deve-se reconhecer, com toda a verdade, os abusos cometidos devido à falta de amor das pessoas que não souberam ver nos indígenas irmãos e filhos do mesmo Deus Pai" – diz João Paulo II, na sua *Mensagem aos indígenas* (apud SD 20). Além disso, "o desumano tráfico escravista, a falta de respeito à vida, à identidade pessoal e familiar e às etnias são uma ofensa escandalosa para a história humana" (SD 20). A respeito disso, os bispos declaram: "Queremos, com João Paulo II, pedir perdão a Deus por este holocausto desconhecido do qual participaram batizados que não viveram sua fé" (SD 20, citando discursos de João Paulo II no Senegal e na República Dominicana).

3.3 Sobre as "seitas fundamentalistas"

O "crescente proselitismo" de algumas comunidades cristãs levou a IV Conferência a classificá-las como "seitas" (SD 139). Trata-se de uma classificação mais sociológica e comportamental, que teológica e institucional. Afinal, a seita se define pelo sectarismo e não pela confessionalidade: também um grupo católico pode configurar-se como *seita*, se manifestar um comportamento sectário e excludente em relação aos demais fiéis, no seio da própria Igreja Católica.

Contudo, a preocupação da Conferência de Santo Domingo não é a exatidão conceitual ou eclesiológica do problema, mas o enfrentamento do "proselitismo" de grupos cristãos sectários, de notória "agressividade contra a Igreja Católica" (SD 140). Por isso o Documento procura descrevê-los com elementos variados, a começar daqueles doutrinais:

> As seitas fundamentalistas são grupos religiosos que insistem que somente a fé em Jesus Cristo salva e que a única base da fé é a Sagrada Escritura, interpretada de modo pessoal e fundamentalista, com exclusão da Igreja, portanto, e insistência na iminência do fim do mundo e juízo próximo (SD 140).

Notemos que, à exceção do adjetivo "fundamentalista", essa descrição se aproxima de algumas Confissões reformadas, batistas e adventistas: fé cristocêntrica, autoridade das Escrituras, eclesiologia congregacional, leitura pessoal da Bíblia e esperança escatológica, muitas vezes milenarista. Então, para ser mais exato, o *Documento* acrescenta outras características comportamentais e missionárias dessas "seitas": o afã proselitista em relação aos católicos, a difusão de Bíblias e literatura de propaganda, a presença oportunista nos momentos críticos da vida das famílias, a agilidade no uso dos meios de comunicação social, a ajuda financeira proveniente do estrangeiro, o dízimo mensal obrigatório para seus adeptos, o moralismo rigoroso, o culto participativo e emotivo; e, por remate, a participação política com projeto de poder (cf. SD 140). Desse modo, o endereço mais evidente das "seitas fundamentalistas" é o pentecostalismo clássico e o neopentecostalíssimo midiático dos anos de 1990, ambos proselitistas não só em relação aos católicos, mas também em relação aos protestantes.

247

Tal comportamento agressivo e proselitista colocou os bispos em alerta, longe de qualquer possibilidade de diálogo ecumênico. Daí a caracterização desses grupos, não como comunidades eclesiais, mas "seitas". Foi uma escolha de motivação clara:

> Dar uma resposta pastoral eficaz ante o avanço das seitas, tornando mais presente a ação evangelizadora da Igreja nos setores mais vulneráveis, como migrantes, populações sem atenção sacerdotal e com grande ignorância religiosa, pessoas simples ou com problemas materiais e familiares (SD 141).

Fica evidente o ressentimento dos bispos contra "o avanço das seitas", às quais a IV Conferência Geral propõe uma firme reação, não ao modo de um proselitismo católico, mas ao modo de estratégia pastoral:

• que a Igreja seja cada vez mais comunitária e participativa, e com comunidades eclesiais, grupos de famílias, círculos bíblicos, movimentos e associações eclesiais, fazendo da paróquia uma comunidade de comunidades;

• estimular nos católicos a adesão pessoal a Cristo e à Igreja pelo anúncio do Senhor ressuscitado;

• desenvolver uma catequese que instrua devidamente o povo, explicando o mistério da Igreja, sacramento de salvação e comunhão, a mediação da Virgem Maria e dos santos e a missão da hierarquia;

• promover uma Igreja ministerial com o aumento de ministros ordenados e a promoção de ministros leigos, devidamente formados, para impulsionar o serviço evangelizador em todos os setores do Povo de Deus (SD 142).

Essas estratégias destacam a formação bíblica, catequética e sacramental, a valorização dos pequenos grupos, a configuração da paróquia como "uma comunidade de comunidades", a pregação querigmática, os ministérios (inclusive não ordenados) com sólida formação, a serviço de "todos os setores do Povo de Deus" (SD 142). Notemos que a reação ao proselitismo exógeno acontece como fortalecimento da identidade e dos vínculos endógenos. Praticamente todas essas sugestões perduraram até à Conferência de Aparecida em 2007, que as acolhe e as desenvolve com uma ênfase mais missionária (cf. DAp n. 99, 170, 279, 307-309).

No *Documento de Santo Domingo* há também um conjunto de sugestões devocionais e hierárquicas: "a devoção ao Mistério da Eucaristia, sacrifício e banquete pascal; a devoção à Santíssima Virgem, Mãe de Cristo e Mãe da Igreja; a comunhão e a obediência ao Romano Pontífice e ao próprio bispo; a devoção à Palavra de Deus lida na Igreja" (SD 143). Essas sugestões parecem um *anexo* àquelas anteriores, motivadas talvez pelo caráter transcendente e espiritual da busca religiosa do povo católico, sensível ao testemunho crente e muitas vezes atraído pelos traços carismáticos e escatológicos do culto pentecostal. Há também a busca de garantias institucionais de comunhão, com os Bispos locais e o Bispo de Roma.

Por outro lado, a "devoção" pede catequese e formação bíblica, assim como a "obediência" à hierarquia pede a oblação dos Pastores pelo rebanho. O *Documento* aponta a esta direção, com essas propostas:

• procurar que em todos os Planos de Pastoral a dimensão contemplativa e a santidade sejam prioridade, a fim de que a Igreja possa fazer-se presença de Deus para o homem contemporâneo que tem tanta sede dele;

• criar condições para que todos os ministros do Povo de Deus deem testemunho de vida e caridade, espírito de serviço, capacidade de acolhida, sobretudo em momentos de dor e de crise;

• promover uma liturgia viva, participativa e com repercussão na vida;

• instruir o povo amplamente, com serenidade e objetividade, sobre as características e diferenças das diversas seitas e sobre as respostas às injustas acusações contra a Igreja;

• promover visitas familiares com leigos preparados e organizar a pastoral do retorno para acolher os católicos que regressam à Igreja (SD 144-146).

Despontam aqui uma reação missionária e outra, apologética: aprimorar os Planos de Pastoral, estender a presença da Igreja em meio ao povo, melhorar a acolhida e a assistência pastoral, promover a participação litúrgica e as visitas familiares e, por fim, instruir o povo a respeito das "seitas" em defesa da Igreja Católica. Considerando, porém, os traços carismáticos da pregação pentecostal, faltou dar ênfase à experiência do Espírito Santo entre os católicos, em conexão com a Palavra de Deus e os Sacramentos, especialmente a Crisma. Neste sentido, opinamos que o *Documento* poderia retomar o que diz *Lumen gentium* sobre a vitalidade carismática da Igreja: valorizar os dons carismáticos, acolhidos com ação de graças, exercidos para o bem comum, com disposição de serviço e comunhão, sob a supervisão dos pastores (cf. *Lumen gentium* n. 12).

3.4 Novos movimentos religiosos ou movimentos religiosos livres

Sobre os "novos movimentos religiosos", o *Documento de Santo Domingo* os interpreta como "fatos socioculturais protagonizados por setores marginalizados e também camadas médias e abastadas na América Latina, que através de formas religiosas geralmente sincréticas conseguem expressar sua identidade e aspirações humanas" (SD n. 147). Em seguida, ensaia uma leitura teológico-pastoral "do ponto de vista da fé católica" e observa: "esses fenômenos podem ser considerados como sinais dos tempos, e também como advertência de que existem ambientes humanos dos quais a Igreja está ausente e onde deve rearticular sua ação evangelizadora" (SD 147). Mas, a quais movimentos religiosos o *Documento* se refere? – A resposta segue com uma tentativa de caracterização:

• formas paracristãs ou semicristãs, como Testemunhas de Jeová e Mórmons: cada um destes movimentos tem suas características, mas em comum manifestam um proselitismo, um milenarismo e traços organizativos empresariais;

• formas esotéricas que buscam uma iluminação especial e compartilham conhecimentos secretos e um ocultismo religioso: tal é o caso de correntes espíritas, Rosa-Cruzes, gnósticos, teósofos etc.;

• filosofias e cultos com facetas orientais, mas que rapidamente estão adequando-se ao nosso Continente, tais como Hare Krishna, a Luz Divina, Ananda Marga e outros, que trazem um misticismo e uma experiência de comunhão;

- grupos derivados das grandes religiões asiáticas, quer seja do budismo (Seicho-no-iê etc.), do hinduísmo (Yoga etc.) ou do Islã (Baha'i) que não só atingem migrantes da Ásia, mas também plantam raízes em setores de nossa sociedade;

- empresas sociorreligiosas, como a seita [do reverendo] Moon ou a Nova Acrópoles, que têm objetivos ideológicos e políticos bem precisos, junto com suas expressões religiosas, levadas a cabo mediante meios de comunicação e campanhas proselitistas, que contam com apoio ou inspiração do Primeiro Mundo, e que religiosamente insistem na conversão imediata e na cura; é onde estão as chamadas "igrejas eletrônicas";

- uma multidão de centros de "cura divina" ou atendimento aos mal-estares espirituais e físicos de gente com problemas e de pobres: esses cultos terapêuticos atendem individualmente a seus clientes (SD 147 a-f).

Diante da "multiplicidade de novos movimentos religiosos, com expressões muito diversas entre si" (SD 148), a caracterização mescla os critérios de origem, doutrina e comportamento, com alguns aspectos inexatos: dificilmente se pode incluir "as correntes espíritas" no "ocultismo religioso", ainda mais se for o kardecismo com sua propaganda e acesso intencionalmente abertos; Hare Krishna e Ananda Marga são expressões do hinduísmo, inseridas na variedade de escolas espirituais desta religião, em si mesma pluriforme; o Yoga tem origens hinduístas, mas pode expressar-se como terapia, sem necessário compromisso religioso do praticante; a Fé Baha'i deriva do Islã, mas tem consistência de um monoteísmo universalista e constitui uma religião de fato; as chamadas "igrejas eletrônicas" pregam conversão e cura, mas doutrinalmente não coabitam com os seguidores do Reverendo Moon e da Nova Acrópoles; a oferta de "cura divina" pode advir de uma variedade de cultos, desde espíritas a pentecostais, solicitando melhor discernimento dessas expressões, já que alguns grupos cristãos – ainda que proselitistas – invocam um *carisma* de base bíblica (cf. Mt 10,1-8; Lc 10,1-12; 1Cor 12,9.28.30). Afinal, a cura não poderia ser uma experiência de salvação pela fé no Messias Jesus?

Nota-se claramente que a IV Conferência Geral não foi, afinal, um simpósio de sociologia da religião, mas um exercício de análise pastoral, sob muitas pressões, como o proselitismo efetivo de outros grupos e movimentos religiosos. Os Bispos se debruçaram especialmente "sobre as causas de crescimento" desses grupos e os "desafios pastorais que suscitam" (SD 148). Dessas causas, assinalam:

• a permanente e progressiva crise social que suscita certa angústia coletiva, a perda de identidade e o desenraizamento das pessoas;

• a capacidade destes movimentos para adaptar-se às circunstâncias sociais e para satisfazer, momentaneamente, algumas necessidades da população. Em tudo isso não deixa de ter certa presença a curiosidade pelo inédito;

• o distanciamento da Igreja de setores – populares ou abastados – que buscam novos canais de expressão religiosa, nos quais não se deve descartar uma evasão dos compromissos da fé. Sua habilidade para oferecer aparente solução aos desejos de "cura" por parte dos atribulados (SD 149).

A partir daí, são definidos os seguintes desafios pastorais:

• avaliar a ação evangelizadora da Igreja e determinar, desse modo, a quais ambientes humanos chega ou não essa ação;

• dar uma resposta adequada às perguntas que as pessoas se fazem sobre o sentido de sua vida, sobre o sentido da relação com Deus, em meio à permanente e progressiva crise social;

• adquirir um maior conhecimento das identidades e culturas dos nossos povos (SD 150).

E para responder aos desafios são indicadas sete linhas de ação:

• ajudar no discernimento dos problemas da vida à luz da fé; nesse sentido, é preciso revalorizar o sacramento da penitência e a orientação espiritual;

• procurar adaptar nossa evangelização e celebrações de fé às culturas e necessidades subjetivas dos fiéis, sem falsear o Evangelho;

• fazer uma revisão profunda de nosso trabalho pastoral, a fim de melhorar a qualidade de nossos meios e de nosso testemunho;

• dar um tratamento diferenciado aos movimentos religiosos, segundo sua índole e suas atitudes para com a Igreja;

• promover uma liturgia viva, na qual os fiéis se introduzam no mistério;

• apresentar uma antropologia cristã que dê o sentido da potencialidade humana, o sentido da ressurreição e o sentido das relações com o universo (horóscopos);

• não esquecer que o indiferentismo deve ser combatido através de uma apresentação adequada do sentido último do homem, ao que muito ajudará a apresentação dos Novíssimos (SD 151-152).

Mais uma vez, as propostas desenham uma reação ao avanço dos novos movimentos religiosos nos meios católicos, à semelhança da atitude tomada em relação às chamadas "seitas" e grupos cristãos proselitistas. Uma parte desta reação tem uma orientação pastoral *ad intra*: valorizar a experiência sacramental e a orientação espiritual; promover uma liturgia inculturada, participativa e vivencial. Outra parte tem orientação *ad extra*: qualificar o testemunho e os meios de evangelização; tratar com cada movimento religioso, segundo suas identidades e suas atitudes para com a Igreja Católica – sem mencionar explicitamente a disposição católica para o diálogo. As respostas pastorais da antropologia cristã para a busca de sentido, a relação do ser humano com o cosmos e a escatologia se orientam *ad intra* ou *ad extra*, a depender dos lugares de discurso e dos interlocutores. A nosso ver, faltou uma indicação sobre a *cura* como experiência de salvação, seja no quadro das subjetividades, seja no quadro das relações do ser humano com a Natureza – que é um dos lugares da revelação e ação salvífica de Deus (cf. Sl 8; Sl 19; Mt 2,1-2; Rm 1,19-20). Afinal, mais do que a pertença institucional e a doutrina, o que atrai muitas pessoas aos novos movimentos religiosos é a oferta de vínculos afetivos, a valorização subjetiva das buscas espirituais, as orações de cura, a inclusão do desejo e das emoções na relação com o Divino e a busca de sentido para o tempo e o espaço do *presente* (com menos expectativa em relação aos Novíssimos, que permanecem, porém, um tema de catequese em SD 152).

Considerações finais

Muitas considerações já foram tecidas acima no correr dos tópicos tratados. Ao concluir essas páginas fazemos três observações. Em primeiro lugar, notamos a tensão entre os *princípios* e as *prática*s do diálogo ecumênico, bem como do diálogo inter-religioso. Do ponto de vista dos *princípios*, a Conferência de Santo Domingo afirma a unidade dos cristãos como imperativo evangélico (cf. SD 132); e procura discernir nas expressões religiosas não cristãs as "sementes do Verbo" (SD 138), que suscitam na humanidade a busca "de comunhão" com o Divino (SD 147). Mas do ponto de vista das *práticas*, a atitude reativa suplanta a atitude proativa que o diálogo requer, diminuindo as chances de aproximação e do encontro com o *outro* em termos sociorreligiosos.

Isto nos envia à segunda observação: no que tange à diversidade religiosa, entre grupos cristãos e não cristãos, o *Documento* transpira um forte ressentimento pelo proselitismo e fundamentalismo de certas expressões religiosas (cf. SD 140 e 147). O comportamento sectário, neste caso, coloca à sombra as características doutrinais que distinguem cristãos e não cristãos: no *Documento*, uns e outros são objeto de enfrentamento e reação, nos casos em que são considerados sectários e agressivos em relação à Igreja Católica. Em consequência,

256

a *análise teológica* das identidades religiosas e a *recepção de valores convergentes* que permitiriam o diálogo ecumênico e inter-religioso são suplantadas pelo ressentimento. Isso fragiliza as atitudes e as disposições que o diálogo solicita, ainda que o *Documento* valorize a formação teológico-pastoral em vista da unidade dos cristãos e da relação dos católicos com as outras religiões. Aliás, não nos parece proveitoso bloquear todas as vias de diálogo inter-religioso com a única barreira do proselitismo. Pois o Hinduísmo, o Budismo, o Judaísmo e o Islã, bem como as tradições indígenas e afro-americanas, trazem consigo valores humanos, culturais, artísticos e sociais que, sendo reconhecidos, favorecem o encontro, a convergência e a cooperação pelo bem comum. Neste sentido, o *Documento* é pouco propositivo.

Por fim, nossa terceira observação: a classificação de "seitas" e de "novos movimentos religiosos" em Santo Domingo espelha uma nomenclatura usada pelo *Diretório ecumênico* da Santa Sé, edição de 1970. Mas, como adverte o Cardeal Walter Kasper – presidente do Pontifício Conselho para a Unidade dos Cristãos de 2001 a 2010 –, "é necessário usar a palavra *seita* de modo responsável" (KASPER, 2014, p. 207). Pois "esta palavra tem conotação negativa e difamatória", sendo "oportuno – em relação aos grupos cristãos – saber claramente a diferença entre *Comunidade eclesial* [não católica] e *seita*" (KASPER, 2014, p. 207). Ou seja, muitas denominações evangélicas e pentecostais clássicas são teologicamente "Comunidades eclesiais" com elementos eclesiológicos significativos, com quem nós católicos partilhamos a "confissão de Jesus Cristo como Deus e Senhor", a "invocação do Espírito Santo" e a "afirmação da autoridade divina das Sagradas Escrituras", sem esquecer o "batismo, vínculo sacramental de unidade que liga todos os que foram regenerados por este Sacramento" (*Ut unum sint* n. 66). Há que insistir em superar o ressentimento através de uma firme disposição teológica e teologal, em verdade e caridade, atentos a toda oportunidade de encontro. Os anos que se passaram desde 1992 mostram que o ressentimento cria mais ressentimento, minando as disposições psicológicas, teológicas e espirituais que a unidade dos cristãos solicita, revelando-se insuficiente e improdutivo. Ou acaso ignoramos que também nós, católicos, causamos ressentimento aos irmãos protestantes e pentecostais?

Para sanar as feridas do ressentimento – tão nefastas quanto o sectarismo que o provoca – é preciso uma corajosa abertura ao outro, ambientada numa abertura fundamental ao Espírito Santo, tantas vezes evocado no *Documento de Santo Domingo*, mas totalmente silenciado no que toca ao diálogo ecumênico. É mirando ao "novo Pentecostes" (*Discurso de abertura* n. 30), em "contínuo processo de conversão, na força do Espírito Santo" (SD 23), que católicos e pentecostais têm se encontrado, orado e dialogado desde 1972, no sugestivo percurso da Comissão Internacional de Diálogo Católico-Pentecostal. Vai longe a hora de a Igreja da América Latina valorizar este diálogo e promover a recepção local dos seus Relatórios temáticos, para sanar o ressentimento com a estima, aproveitando as oportunidades de encontro e diálogo que têm se consolidado nos últimos anos, como o CRECES (*Comunión Renovada de Evangélicos y Católicos en el Espíritu Santo*), o ENCRISTUS (*Encontro de Cristãos em Busca de Unidade e*

Santidade), a *Fraternidad Pentecostés*, a *Missão Somos Um* e o recente *Grupo de Trabalho Católico-Pentecostal* do Brasil, inaugurado em 2021 (cf. MAÇANEIRO, 2020, p. 371).

Referências

COMISSÃO PARA AS RELAÇÕES RELIGIOSAS COM O JUDAÍSMO [1985]. Notas para uma correta apresentação dos judeus e do judaísmo na pregação e na catequese da Igreja Católica. In: BIZON, J.; DARIVA, N.; DRUBI, R. (orgs.). *Diálogo inter-religioso*. São Paulo: Paulinas, 2005, p. 330-344 [Indicado abreviadamente como *Notas*].

CONCÍLIO VATICANO II. Constituição dogmática *Lumen Gentium* [1964]. In: CONCÍLIO VATICANO II. *Compêndio do Vaticano II*. 22. ed. Petrópolis: Vozes, 1991, p. 37-117 [Indicada como LG].

CONCÍLIO VATICANO II. Declaração *Nostra Aetate* [1965]. In: CONCÍLIO VATICANO II. *Compêndio do Vaticano II*. 22. ed. Petrópolis: Vozes, 1991, p. 617-625 [Indicada como NA].

III CONFERÊNCIA GERAL DO EPISCOPADO LATINO--AMERICANO. *Conclusões da Conferência de Puebla*. 7. ed. São Paulo: Paulinas, 1986 [Indicadas como DP].

IV CONFERÊNCIA GERAL DO EPISCOPADO LATINO--AMERICANO. *Santo Domingo: nova evangelização, promoção humana, cultura cristã*. 2. ed. Petrópolis: Vozes, 1993 [Indicado como DSD].

V CONFERÊNCIA GERAL DO EPISCOPADO LATINO--AMERICANO E DO CARIBE. *Documento de Aparecida*. 2.

ed. Brasília/São Paulo: CNBB/Paulus/Paulinas, 2007 [Indicado como DAp].

CONSELHO EPISCOPAL LATINO-AMERICANO [CELAM]. *Nova evangelização, promoção humana, cultura cristã – Documento de trabalho.* São Paulo: Loyola/CELAM, 1992.

JOÃO PAULO II. *Encíclica Redemptoris Missio.* São Paulo: Paulinas, 1990 [Indicada como RMi].

JOÃO PAULO II. Discurso de abertura. In: IV CONFERÊNCIA GERAL DO EPISCOPADO LATINO-AMERICANO. *Santo Domingo: nova evangelização, promoção humana, cultura cristã.* 2. ed. Petrópolis: Vozes, 1993, p. 7-30.

KASPER, W. Unidade dos cristãos e pentecostalismo. In: MAÇANEIRO, M. *Teologia em questões.* Aparecida: Santuário, 2014, p. 191-218.

MAÇANEIRO, M. "No extingáis el Espíritu" (1Tes 5,19): la Iglesia, los carismas y el primado de la caridad a partir del Documento VI del Diálogo Católico-Pentecostal. *Revista Perspectiva Teológica*, Belo Horizonte, vol. 52, n. 2, p. 353-374, 2020.

PONTIFÍCIO CONSELHO PARA A UNIDADE DOS CRISTÃOS. *Diretório para a aplicação dos princípios e normas sobre o Ecumenismo.* São Paulo: Paulinas, 2018 [Indicado como DE (Diretório Ecumênico)].

PONTIFÍCIO CONSELHO PARA O DIÁLOGO INTER-RELIGIOSO. *Diálogo e anúncio* [1991]. 3. ed. São Paulo: Paulinas, 1999 [Indicado como DA].

11
Promoção humana em Santo Domingo

Francisco de Aquino Júnior

A Conferência de Santo Domingo (1992) só pode ser adequadamente analisada e compreendida no contexto mais amplo do processo de renovação da Igreja latino-americana, desencadeado pela Conferência de Medellín (1968) e prosseguido com a Conferência de Puebla (1979). Ela tem uma característica muito peculiar nesse contexto: ao mesmo tempo em que se afirma em *continuidade* com Medellín e Puebla, produz deslocamentos teológico-pastorais tão significativos que se pode mesmo falar em *descontinuidade* ou, em todo caso, mudança de rumo pastoral na Igreja da América Latina. Esse "ao mesmo tempo" de continuidade e descontinuidade de Santo Domingo em relação a Medellín e Puebla torna sua análise muito complexa e difícil.

E a temática "promoção humana" talvez seja a expressão mais emblemática dessa tensão continuidade-descontinuidade que caracteriza Santo Domingo: Por um lado, ela retoma e reafirma o compromisso com os pobres, formulado em termos de "opção preferencial pelos pobres" nas conferências anteriores. Por outro lado, reformula essa perspectiva e essa opção em termos de "promoção humana" e reorienta seu dinamismo em termos mais ético-culturais em torno de valores e princípios mais abstratos sem levar muito a sério a problemática de suas mediações históricas. Mas, precisamente por ser expressão emblemática de Santo Domingo, tem que ser tomada no contexto mais amplo dessa conferência e dos deslocamentos que ela produz ou representa.

Por essa razão, começaremos nosso estudo com algumas considerações sobre o que Clodovis Boff chamou de "ajuste pastoral" na Igreja latino-americana, realizado por esta conferência. Em seguida, trataremos da temática "promoção humana" na conferência e no seu Documento Final. E concluiremos destacando a importância, os limites e as perspectivas da relação entre "evangelização e promoção humana" em Santo Domingo. Vamos tratar, portanto, de um tema específico (promoção humana), mas constitutivo da missão da Igreja (evangelização e promoção humana).

Santo Domingo: Um "ajuste pastoral" na Igreja latino-americana

As conferências de Medellín e Puebla tiveram um papel decisivo no processo de recepção do Concílio Vaticano II na América Latina, inaugurando uma nova etapa na vida de nossa Igreja. Com elas nasce uma Igreja autenticamente latino-americana: inserida em nossa realidade, identificada com os nossos povos, envolvida com suas dores, suas esperanças e suas lutas até o martírio... A recepção conciliar se dá, aqui, a partir da intuição fundamental de João XXIII de abertura da Igreja ao mundo e discernimento dos "sinais dos tempos", cuja expressão maior no Concílio foi a Constituição Pastoral *Gaudium et Spes* sobre a Igreja no mundo de hoje. O cardeal Gabriel-Marie Garrone, relator final do texto, ao apresentá-lo para aprovação da assembleia conciliar, chega a afirmar que esse foi o "único esquema querido formalmente por João XXIII" (PALÁCIO, 1995, p. 333). E essa é a intuição que vai orientar a recepção do Concílio na América Latina e dinamizar o processo de renovação de nossa Igreja. A referência fundamental nesse processo é sem dúvida nenhuma a Conferência de Medellín – o grande Pentecostes da Igreja latino-americana (GODOY; AQUINO JÚNIOR, 2017; SOUZA; SBARDELOTTI, 2018; AQUINO JÚNIOR, 2019, p. 81-92). Puebla, não obstante as resistências, as tensões e os recuos, retoma, confirma e prossegue, em suas linhas fundamentais, o processo de renovação eclesial em curso na América Latina (TURSI; FRENCKEN, 2008, p. 79s.; SOUZA; SBARDE-LOTTI, 2019).

A grande ruptura se dá mesmo com Santo Domingo. Não se trata de uma ruptura formal nem radical. Aliás, o Documento Final (CELAM, 1992)[10], em sintonia com o Discurso Inaugural de João Paulo II (CELAM, 1992, p. 7-42), afirma expressamente sua continuidade com Medellín e Puebla. E faz isso emblematicamente no primeiro e nos dois últimos números do documento (1, 302, 303) e ao se referir à opção preferencial pelos pobres (178, 296). A ruptura é muito mais

---

10. A partir de agora, os números entre parêntesis, sem outra indicação, remetem a esse documento.

sutil e complexa do que parece, pois consiste numa retomada e mudança/reorientação dos rumos da Igreja latino-americana: Ao mesmo tempo em que se afirma em continuidade com Medellín e Puebla, esboça e indica uma perspectiva eclesial--evangelizadora bem diferente. Isso já se mostra/materializa na própria dinâmica da assembleia, como bem expressam as crônicas de alguns bispos e teólogos que acompanharam o evento (CODINA, 1993a, p. 79-92; VALENTIN, 1993, p. 365-389; UCHÔA, 1993, p. 145-159). E foi destacado por vários teólogos na análise da Conferência e do Documento Final (PINHEIRO, 1993; VV.AA., 1993; CATÃO, 1993; MURAD, 1993, p. 11-29; ANTONIAZZI, 1993a, p. 90-102; BOFF, 1993).

Em sua análise sobre a significação e os silêncios dessa conferência, Francisco Catão insiste que, "embora se afirme oficialmente o contrário, é patente que Santo Domingo rompe com o movimento de renovação da Igreja latino-americana [...], imprimindo, com a autoridade da Santa Sé, uma nova direção pastoral" (CATÃO, 1993, p. 7). Essa ruptura/mudança se dá, antes de tudo, na própria institucionalidade da assembleia ou no que Enrique Dussel chamou a "questão institucional" de Santo Domingo (DUSSEL, 1993, p. 111-121). Trata-se de uma questão decisiva porque "estruturou o clima geral" e foi o "enquadramento 'institucional' das relações que aí se estabeleceram" (DUSSEL, 1993, p. 113): "Parecia como se tudo tendesse a minimizar a participação, a autoridade, a autonomia, a colegialidade do episcopado latino-americano" (DUSSEL, 1993, p. 120). Isso foi tão impactante e desconcertante que gerou em muitos bispos a sensação de estarem numa "assembleia para bispos" e não propriamente numa "assem-

264

bleia de bispos" (VALENTINI, 1993, p. 379; ANTONIAZZI, 1993a, p. 91). E é claro que essa mudança na institucionalidade da assembleia repercutiu decisivamente no Documento Final, sob o qual, em geral, a assembleia teve um poder de influência muito limitado. O descontentamento com o texto era tamanho que, na plenária que antecedeu sua votação/aprovação, "diversos oradores expressaram a opinião de que seria melhor rejeitar o texto do documento e ficar só com as linhas pastorais" (VALENTINI, 1993, p. 381), a parte mais discutida do texto e que mais e melhor expressava a pensamento da assembleia. Fato é que o Documento Final, por mais que afirme explicitamente estar em continuidade com Medellín e Puebla, realiza/indica uma mudança profunda de direção pastoral na Igreja latino-americana.

Clodovis Boff formulou essa ruptura/mudança em termos de "ajuste pastoral" nos rumos da Igreja latino-americana ou "redirecionamento geral" de sua pastoral. Com a expressão "ajuste pastoral", ele indica uma "retomada do caminho já tradicional da Igreja latino-americana, mas dando-lhe uma outra direção, uma direção não contrária, mas *diferente* da estabelecida". Trata-se de um "redirecionamento global", pelo qual "os bispos assumem a caminhada que vem de Medellín, mas num outro contexto e por isso com outra sensibilidade, numa *outra ótica*". E isso se dá num duplo sentido: Do ponto de vista *ad intra*, "reforça a Igreja-hierarquia, enfraquecendo a Igreja-Povo de Deus"; do ponto de vista *ad extra*, "privilegia a dimensão propriamente evangelizadora da Igreja, enfatiza sua função especificamente religiosa, mas não de modo a radicalizar a missão social da Igreja, mas antes a relativizá-la" – "a reorientação para o religioso parece se fazer aqui às custas do social". Isso leva Clodovis Boff a falar de Santo Domingo como "música latino-americana, tocada com guitarra romana" (BOFF, 1993, p. 26s.). Seu estudo prossegue apresentando "sinais inequívocos da alteração na missão *ad extra*": mudança de linguagem (BOFF, 1993, p. 27-29) e mudança de método (BOFF, 1993, p. 29-31) e indicando e analisando o que considera as "linhas de força" do Documento: "maior alinhamento com o poder central e sua atual política de restauração" (BOFF, 1993, p. 32-37), "preocupação pela dimensão especificamente religiosa e missionária da Igreja, com enfraquecimento do compromisso social" (BOFF, 1993, p. 38-46), "uma Igreja da doutrina e da ação imediata" (BOFF, 1993, p. 46-50), "elevada autoestima institucional: certo triunfalismo eclesial" (BOFF, 1993, p. 50-55), "uma Igreja hierárquica, segura de sua autoridade" (BOFF, 1993, p. 56-61). E conclui, oferecendo "algumas indicações para a 'receptio' do DSD" (BOFF, 1993, p. 61-69).

Tudo isso explica as críticas, as reticências, o pouco entusiasmo e os silêncios que pairam sobre Santo Domingo. Certamente, houve muito esforço em destacar sua continuidade com o processo de renovação eclesial em curso e integrar aspectos ou elementos novos que enriquecem e ampliam esse processo (MURAD, 1993, p. 11-29; BOFF, 1993, p. 7-23; OLIVEIRA, 1993, p. 39-51; SUESS, 1993, p. 53-71; VALLE, 1993, p. 127-143; GUTIÉRREZ, 1993, p. 55-68; LIBÂNIO, 1993, p. 122-144; CODINA, 1993b, p. 280-300). A conclusão do comentário de Gutiérrez ao Documento Final é muito emblemática nesse sentido: "No contexto doutrinal e pastoral de Medellín e Puebla, sem o voo profético da primeira nem a densidade teológica da segunda, Santo Domingo recolhe vários pontos da agenda que os cristãos da América Latina tinham começado a estabelecer nos últimos anos" (GUTIÉRREZ, 1993, p. 66s.). Mas não há como negar que Santo Domingo marca ou representa uma ruptura/mudança na caminhada da Igreja da América Latina. E isso explica, em grande medida, as tensões que marcaram a conferência e as resistências em seu processo de recepção. O próprio CELAM, na síntese das contribuições recebidas para a Conferência de Aparecida, reconhece que "a recepção [de Santo Domingo] foi menos intensa que a conseguida depois da Conferência de Puebla" (CELAM, 2007, p. 20). E o Papa Francisco foi ainda mais longe na referência que fez a Santo Domingo em seu discurso aos participantes do Congresso Internacional em Roma, por ocasião dos 40 anos da Conferência de Puebla:

> Pode-se dizer que Puebla lançou as bases e abriu o caminho para Aparecida. É curioso que de Puebla se passe para Aparecida. No entanto, Santo Domingo, que tem os seus méritos, permaneceu lá. Porque Santo Domingo estava muito condicionado devido aos comprometimentos. E o santo Bispo de Mariana [Dom Luciano Mendes de Almeida], que ali era o redator, teve que negociar com todos a fim de que saísse de lá. É de certa forma útil porque é bom, mas não tem a atração nem de Puebla nem de Aparecida. Certamente, são os altos e baixos da história; sem diminuir a qualidade de Santo Domingo, Puebla foi um pilar e dali passou-se para Aparecida (FRANCISCO, 2019).

Mas não nos iludamos. Se Santo Domingo não causou tanto entusiasmo nem teve tanta repercussão pastoral imediata como Medellín e Puebla, é, sem dúvida, expressão emblemática de uma perspectiva eclesial, bem distinta do Concílio e sua recepção em Medellín e Puebla, que, sobretudo com João Paulo II, aos poucos vinha se impondo na América Latina. Noutras palavras: Se não se pode atribuir propriamente a Santo Domingo uma nova perspectiva e um novo dinamismo eclesiais (produzir/desencadear), pode-se, certamente, tomá-la como expressão do projeto de restauração eclesial de João Paulo II, formulado em termos de "nova evangelização", que marcará de modo decisivo a vida de nossa Igreja no final/ início de milênio (símbolo/indicativo). Basta analisar a caminhada da Igreja latino-americana nas últimas décadas para verificar como ela está muito mais para Santo Domingo que para Medellín e Puebla, para além das referências explícitas que se façam a uma ou outra conferência. É mais um aspecto do caráter paradoxal dessa conferência: Se o impacto pastoral imediato pode levar a conferir menor importância a Santo Domingo, a análise da caminhada eclesial nas últimas décadas leva a tomá-la como expressão embrionária de um novo projeto eclesial. Ela marca uma "nova" etapa na vida de nossa Igreja e isso lhe confere uma importância muito grande.

O tema "promoção humana" em Santo Domingo

A temática "promoção humana" em Santo Domingo só pode ser adequadamente compreendida no contexto mais amplo da conferência e dos deslocamentos teológico-pastorais que ela realizou/indicou e que esboçamos no item anterior. Ao mesmo tempo, ela pode ser tomada paradoxalmente como expressão emblemática da tensão continuidade-descontinuidade que caracteriza Santo Domingo: Por um lado, retoma e reafirma o aspecto mais fundamental da caminhada eclesial latino-americana, desencadeada por Medellín e prosseguida por Puebla, formulado em termos "opção preferencial pelos pobres" (continuidade). Por outro lado, entende e formula esse aspecto em termos de "promoção humana" e não mais em termos de "libertação" e o insere no projeto de "nova evangelização" de João Paulo II que lhe confere um lugar e um dinamismo muito distintos de Medellín e Puebla (descontinuidade). Isso exige uma análise atenta e acurada dessa problemática no contexto mais amplo da conferência, particularmente no Discurso Inaugural do Papa João Paulo II e no Documento Final. Só assim poderemos compreender a importância, o lugar e o sentido da "promoção humana" em Santo Domingo.

Conferência

Sem dúvida nenhuma, a temática "promoção humana" tem uma importância fundamental na Conferência de Santo Domingo. E não poderia ser diferente: seja por se tratar de um aspecto fundamental da doutrina social da Igreja, bastante consolidado nas encíclicas sociais; seja por sua importância e centralidade no processo de renovação conciliar, particularmente em sua recepção em Medellín e Puebla; seja pela sensibilidade de João Paulo II com as questões sociais e por seu interesse com a doutrina social da Igreja. Estamos diante de um aspecto fundamental da missão evangelizadora da Igreja, explicitado e desenvolvido ao longo ao século XX e tomado como eixo central da recepção conciliar na América Latina (AQUINO JÚNIOR, 2018, p. 291-302).

A importância fundamental da temática "promoção humana" em Santo Domingo aparece já no tema geral da conferência, definido pelo Papa João Paulo II e comunicado às conferências episcopais no dia 12 de outubro de 1990: "Nova evangelização, promoção humana, cultura cristã" (PINHEIRO, 1993a, p. 21). Como destaca José Sayer em sua análise do Discurso Inaugural do papa, já "pela simples fixação do tema [...], João Paulo II influenciou de antemão e profundamente a conferência" (SAYER, 1993, p. 91).

Desde a XIX Assembleia Geral do CELAM em Porto Príncipe – Haiti, 1983, João Paulo II vinha falando da necessidade e urgência de uma "nova evangelização" (PINHEIRO, 1993a, p. 17s.; LORSCHEIDER, 1993, p. 332-336). Isso foi ganhando força na novena de anos em preparação à celebração do quinto centenário de colonização/evangelização da América Latina, e se tornou o "elemento englobante" ou a "ideia central" da Conferência de Santo Domingo, como afirmam explicitamente o Documento Final (22) e a Mensagem aos Povos da América Latina e do Caribe (CELAM, 1992, p. 47). E, ao vincular a "nova evangelização" à "promoção humana" e à "cultura cristã" ou "inculturação do evangelho", o papa confere a essas problemáticas particular importância e relevância na ação evangelizadora da Igreja.

Isso explica em boa medida a importância e o lugar da temática "promoção humana" em Santo Domingo. O mero fato de constar no tema geral da conferência conferiu importância e visibilidade a essa problemática, repercutiu nas reflexões da assembleia, no conteúdo e na própria estrutura do Documento Final. E acabou funcionando como elemento vinculante ou expressão de continuidade dessa assembleia com as assembleias anteriores: A vinculação entre "evangelização e promoção humana" (Santo Domingo) retomava/atualizava, ainda que em outros termos e em outra perspectiva, a vinculação entre evangelização e libertação (Medellín) e/ou "opção preferencial pelos pobres" (Puebla). De uma forma ou de outra, conferiu importância, visibilidade e centralidade à "promoção humana" na tarefa evangelizadora da Igreja.

Discurso inaugural

Se pela mera definição do tema, João Paulo II já havia exercido grande influência sob Santo Domingo, seu Discurso Inaugural (CELAM, 1992, p. 7-42; SAYER, 1993, p. 80-107) teve caráter/valor programático, influenciando decisivamente os debates, os rumos e o Documento Final da assembleia. É verdade que Medellín e Puebla também foram muito marcadas pelos papas de então e que os discursos inaugurais tiveram grande importância e repercussão nessas conferências. Mas no caso de Santo Domingo, como destaca Dom Demétrio Valentini, há uma "exagerada dependência formal das palavras do papa [que] chega a ser doentia", chegando ao "quase ridículo" de citar um discurso do papa no projeto de mensagem aos irmãos separados para dizer que "Jesus Cristo é o Salvador" (VALENTINI, 1993, p. 387).

Fato é que o Discurso Inaugural do papa teve um papel e um peso decisivos na assembleia, determinando não apenas os temas/conteúdos principais a serem debatidos e a própria estrutura do Documento Final, mas, também e mais radicalmente, o enfoque ou a perspectiva de tratamento desses temas e seu enquadramento (lugar, importância, sentido) num projeto global de evangelização. Isso que vale para o tema da assembleia em seu todo, vale também para a temática específica da "promoção humana": seja no que diz respeito ao seu sentido, seu alcance e seu dinamismo; seja no que diz respeito à sua importância e ao seu lugar no projeto mais amplo da "nova evangelização".

João Paulo II afirma que o tema geral da assembleia "engloba as grandes questões que, de aqui para o futuro, deve enfrentar a Igreja diante das novas situações que emergem na América Latina e no mundo" (CELAM, 1992, p. 9), deixando bem claro, porém, que "a nova evangelização é a ideia central de toda a temática desta assembleia" (CELAM, 1992, p. 15). Noutras palavras, se "nova evangelização, promoção humana, cultura cristã" são as "grandes questões" com as quais a Igreja deve se enfrentar, isso deve se dar no contexto e em função da chamada "nova evangelização" que "há de dar uma resposta integral, pronta, ágil, que fortaleça a fé católica, nas suas verdades fundamentais, nas suas dimensões individuais, familiares e sociais" (CELAM, 1992, p. 20).

Tratando da "promoção humana", a) afirma que ela "há de ser consequência lógica da evangelização, para a qual tende a libertação integral da pessoa" e que "a preocupação pelo social 'faz parte da missão evangelizadora da Igreja'" (CELAM, 1992, p. 22); b) recorda com o Concílio que "o problema da promoção humana não pode ser posto à margem da relação do homem com Deus" e que "contrapor a promoção autenticamente humana e o projeto de Deus sobre a humanidade é grave distorção" (CELAM, 1992, p. 23); c) reconhece que "apesar do progresso registrado em alguns campos, persiste e inclusive cresce o fenômeno da pobreza" e reafirma seus "insistentes apelos a favor de uma ativa, justa e urgente solidariedade internacional" como "dever de justiça" e "exigência do bem comum universal" (CELAM, 1992, p. 23); d) insiste que "o mundo não pode ficar tranquilo e satisfeito diante da situação caótica e desconcertante que se apresenta diante de nossos olhos" – "testemunho eloquente de uma desordem real e de uma injustiça institucionalizada", diante das quais "impõe-se uma mudança de mentalidade, de comportamentos e estruturas" capaz de "fazer valer o novo ideal de solidariedade diante da falaz vontade de dominar" (CELAM, 1992, p. 24); e) denuncia como "desumana e falaz a solução que propõe a redução do crescimento demográfico, sem se importar com a moralidade dos meios para o conseguir" e advoga "soluções a nível mundial, instaurando uma verdadeira economia de comunhão e participação de bens", destacando a importância da "integração latino-americana" (CELAM, 1992, p. 24s.); f) em "continuidade" com Medellín e Puebla", reafirma a "opção preferencial pelos pobres": "opção não exclusiva nem excludente" e "baseada essencialmente na Palavra de Deus", "mas firme e irrevogável", recordando que "o serviço dos pobres é medida privilegiada, embora não exclusiva, de nosso seguimento de Cristo" (CELAM, 1992, p. 25); g) adverte que "a genuína libertação há de estar sempre inspirada pela doutrina da Igreja", ao mesmo tempo em que insiste que "a Igreja não pode de maneira nenhuma deixar que lhe seja arrebatada [...] a bandeira da justiça, que é uma das primeira exigências do Evangelho e, ao mesmo tempo, fruto da chegada do Reino de Deus" (CELAM, 1992, p. 25s.); h) chama atenção para a existência de "grupos humanos particularmente submergidos na pobreza" como os "índios" e os "afro-americanos" (CELAM, 1992, p. 26), para o cuidado da "família" e da "vida" (CELAM, 1992, p. 27) e das "crianças que vivem permanentemente nas ruas das grandes cidades" (CELAM, 1992, p. 28); i) afirma que "a vida, desde sua concepção no seio materno até a sua natural conclusão, deve ser defendida com decisão e valentia" e que "é necessário criar uma cultura da vida que freie a anticultura da morte" (CELAM, 1992, p. 28); j) conclui insistindo que "a dolorosa situação de tantas irmãs e irmãos latino-americanos não nos leva ao desespero", mas, pelo contrário, "torna mais urgente a tarefa que a Igreja tem diante de si: reavivar no coração de cada batizado a graça recebida" (CELAM, 1992, p. 28s.) e advertindo que "o progresso de um povo não deriva primariamente do dinheiro, nem dos auxílios materiais, nem das estruturas técnicas, mas sobretudo da formação das consciências, do amadurecimento das mentalidades e dos costumes" (CELAM, 1992, p. 29).

Documento Final

O que foi dito nos itens anteriores sobre o tema e os debates da conferência e sobre o Discurso Inaugural de João Paulo II ajuda compreender melhor o Documento Final de Santo Domingo: seja em sua estrutura, seja em seu conteúdo. E isso que vale para o conjunto do documento, vale concretamente para o tema "promoção humana".

O Documento Final está dividido em três partes: "Jesus Cristo, Evangelho do Pai" (I parte); "Jesus Cristo, evangelizador vivo em sua Igreja" (II parte); "Jesus Cristo, vida e esperança da América Latina e do Caribe" (III parte). E a segunda parte do documento está dividida em três capítulos: "Nova Evangelização" (cap. 1); "Promoção Humana" (cap. 2); "Cultura Cristã" (cap. 3). Se a "promoção humana", enquanto parte do tema geral da conferência, aparece, ainda que de passagem, ao longo do documento, é no capítulo 2 da segunda parte que ela é propriamente desenvolvida.

Vários autores qualificaram este capítulo como uma das melhores partes do Documento Final. Se prescindimos da terceira parte do documento que indica as "linhas pastorais prioritárias", a parte mais discutida do texto e a que melhor expressa o pensamento da assembleia (VALLE, 1993, p. 127-143; VALENTINI, 1993, p. 376, 381, 384), o capítulo sobre a "promoção humana" é o que mais se sintoniza com a caminhada teológico-pastoral da Igreja latino-americana (TABORDA, 1993, p. 112; RIBEIRO, 1993, p. 176; VALENTINI, 1993, p. 377, 382). Isso se deve, de modo particular, ao fato de a comissão de redação final do capítulo, constituída por Dom Luciano Mendes (Brasil), Dom Clóvis Frainer (Brasil) e Dom Ovídio Pérez (Venezuela), acolher, muito mais que outras comissões, as sugestões de mudança no texto, apresentadas pela assembleia, em sintonia com o trabalho da comissão temática (VALENTINO, 1993, p. 377).

A estrutura do capítulo é bem simples: depois de uma breve introdução ao tema (157-158), aborda a promoção humana como dimensão privilegiada da nova evangelização (159-163), apresenta novos sinais dos tempos no campo da promoção humana (164-209) e conclui falando da família e da vida como desafios de especial urgência no campo da promoção humana (210-227).

O texto começa recordando com Paulo VI que "entre evangelização e promoção humana – desenvolvimento, libertação – existem, de fato, laços profundos" e insistindo com João Paulo II que, "com a mensagem evangélica, a Igreja oferece uma força libertadora e criadora do desenvolvimento" (157). Esclarece que "a doutrina social da Igreja é o ensinamento do Magistério em matéria social e contém princípios, critérios e orientações para atuação do crente na tarefa de transformar o mundo segundo o projeto de Deus" e afirma que seu ensino "faz parte da missão evangelizadora" e tem "valor de instrumento de evangelização" (158).

O primeiro tópico fala da promoção humana como "dimensão constitutiva da nova evangelização": recordando a prática de Jesus, o "bom samaritano" que "passou fazendo o bem" e que "nos julgará no amor", afirma que "a solidariedade cristã é certamente serviço aos necessitados, mas é, sobretudo, fidelidade de Deus" e que "isto fundamenta a relação entre evangelização e promoção humana" (159); insiste que "nossa fé no Deus de Jesus Cristo e o amor aos irmãos têm de traduzir-se em obras concretas" e que "esta preocupação de coerência entre fé e vida sempre esteve presente nas comunidades cristãs" (160); reconhece que "a falta de coerência entre a fé que se professa e a vida cotidiana é uma das várias causas que geram pobreza em nossos países" (161); afirma com Paulo VI que a promoção humana "deve levar o homem e a mulher a passar de condições menos humanas para condições cada vez mais humanas, até chegar ao pleno conhecimento de

Jesus Cristo" (162); e conclui apresentando Maria como "modelo e figura da Igreja ante toda forma de necessidade humana" (163).

O segundo tópico apresenta "novos sinais dos tempos no campo da promoção humana": "direitos humanos" (164-168); "ecologia" (169-170); "terra, dom de Deus" (171-177); "empobrecimento e solidariedade" (178-181); "trabalho" (182-185); "mobilidade humana" (186-188); "ordem democrática" (190-193); "nova ordem econômica" (194-203); "integração latino-americana" (204-209). É a parte mais longa do texto. E é também a parte mais criativa e que mais se sintoniza com a caminhada teológico-pastoral da Igreja latino-americana, na medida em que trata dos "novos sinais dos tempos": seja no que têm de "novos" (situações, processos, problemas, desafios atuais), seja no que têm de "sinais dos tempos" no duplo sentido que esta expressão tem no Concílio Vaticano II (atualidade e presença/desígnios de Deus). A abordagem dos "sinais dos tempos" segue sempre a mesma estrutura: começa com uma breve *fundamentação doutrinal*, apresenta alguns *desafios pastorais* ligados à realidade e conclui indicando algumas *linhas pastorais*. Vai do doutrinal para o pastoral.

O terceiro e último tópico trata da família e da vida como "desafios de especial urgência na promoção humana". Começa falando da família como "santuário da vida": destaca sua "origem divina" (211) e seu chamado a viver o "mistério da comunhão e relação trinitária" (212); indica sua missão de "cuidar, revelar e comunicar o amor e a vida", enquanto "comunidade de pessoas", "santuário da vida", "célula primeira e vital da sociedade" e "Igreja doméstica" (214). Fala da relação estreita entre "anticoncepção e aborto" e contra a separação entre o "significado unitivo e procriativo do ato conjugal" (215). Prossegue destacando alguns "desafios à família e à vida hoje": impacto da "mudança histórico-cultural" na "imagem tradicional da família" (216); desconhecimento do matrimônio e da família como "projeto de Deus" (217); "situação de miséria e fome" (218); "cultura de morte" (219); "contradições e falta de coerência dos agentes de pastoral, quando não seguem o Magistério" (220); "meninos de rua" (221). E conclui indicando algumas linhas pastorais para o cuidado da família e da vida (222-227).

A modo de conclusão: "Evangelização e promoção humana"

Falamos de Santo Domingo como "ajuste pastoral" na Igreja latino-americana. Destacamos a importância da temática "promoção humana" no conjunto da conferência: Tema, Discurso Inaugural, debates, Documento Final. Resta explicitar/precisar o lugar e o sentido da "promoção humana" no projeto da "nova evangelização" do Papa João Paulo II "assumido" pela Conferência de Santo Domingo.

Sem entrar aqui no debate mais complexo e controvertido da chamada "nova evangelização" (CATÃO, 1993, p. 15-33; ANTONIAZZI, 1993, p. 91-102; TABORDA, 1993, p. 103-110; COMBLIN, 1993, p. 206-224; LORSCHEIDER, p. 331-364; BRIGHENTI, 2013, p. 83-106), não há dúvida de que essa foi a questão central de Santo Domingo. Isso é afirmado de modo muito claro e explícito no Discurso Inaugural de João Paulo II (CELAM, 1992, p. 15), na Mensagem aos

Povos da América Latina e do Caribe (CELAM, 1992, p. 47) e no Documento Final da conferência (22). A "nova evangelização" constitui efetivamente o "elemento englobante" ou a "ideia central" de Santo Domingo e, enquanto tal, determina em boa medida o lugar e o sentido que a "promoção humana" tem nessa conferência (22).

Dizemos em "boa medida" porque a conferência em geral e o capítulo "promoção humana" em particular rompem/alargam em muitos aspectos a concepção hegemônica de "nova evangelização" que se impôs em Santo Domingo em detrimento da perspectiva evangelizadora de Medellín e Puebla. Trata-se de um projeto evangelizador centrado no anúncio explícito de Jesus Cristo, nas verdades doutrinais da fé e nos aspectos identitários/institucionais da Igreja. Ele foi indicado e esboçado por João Paulo II em seu discurso inaugural: "fazer com que a verdade sobre Cristo e a verdade sobre o homem penetrem ainda mais profundamente em todos os segmentos da sociedade e a transformem" (CELAM, 1992, p. 14); "dar uma resposta integral, pronta, ágil, que fortaleza a fé católica nas suas verdades fundamentais, nas suas dimensões individuais, familiares e sociais" (CELAM, 1992, p. 20). E deu o tom do Documento Final, ainda que esta perspectiva evangelizadora apareça em tensão e interação com a perspectiva evangelizadora de Medellín e Puebla e, em boa medida, tenha sido recebida, interpretada e dinamizada, na tradição eclesial que vinha de Medellín.

Importa, aqui, em todo caso, destacar o *lugar* que a "promoção humana" ocupa no projeto da chamada "nova evangelização" ou a relação entre evangelização e promoção humana. E importa também explicitar a *compreensão* de promoção humana que aparece e/ou se impôs na conferência e no Documento Final.

Antes de tudo, é preciso reconhecer e destacar que a "promoção humana" tem uma importância central e fundamental no projeto de "nova evangelização" de Santo Domingo. Embora não apareça mais como o elemento/aspecto/eixo articulador da ação evangelizadora da Igreja, como em Medellín e mesmo em Puebla, constitui, sem dúvida, um aspecto fundamental e irrenunciável da evangelização. É verdade que a formulação do nexo entre promoção humana e evangelização é ambígua. No Discurso Inaugural, João Paulo II afirma que "a promoção humana é *consequência lógica* da evangelização", que "a preocupação pelo social '*faz parte* da missão evangelizadora da Igreja'", que "o problema da promoção humana *não pode ser posto à margem* da relação do homem com Deus" (CELAM, 1992, p. 22s.). O Documento Final se refere à promoção humana como "*resposta* à 'delicada e difícil situação em que se encontram os países latino-americanos'" (22), afirma com Paulo VI que "entre evangelização e promoção humana [...] existem *laços profundos* [de ordem antropológica, teológica e evangélica]" (157), fala da promoção humana como "*dimensão privilegiada* da nova evangelização" (título do primeiro tópico do capítulo). Compreender o vínculo entre promoção humana e evangelização em termos de "consequência" e/ou "resposta" (algo consecutivo) é muito diferente de compreendê-lo em termos de "parte", "dimensão" e/ou "medida" (algo constitutivo). Em todo caso, não se pode negar a importância fundamental da "promoção humana" no projeto da "nova evangelização" de Santo Domingo.

Mas isso não é tudo. Não basta afirmar a importância da promoção humana na ação evangelizadora da Igreja. É preciso explicitar a compreensão que se tem de promoção humana. A expressão não é nova no magistério social da Igreja nem, concretamente, nas conferências do CELAM (AQUINO JÚNIOR, 2018, p. 291-302). Mas seu sentido e seu alcance variam bastante. Se em Medellín e Puebla a "promoção humana" é compreendida em termos de *libertação* e abordada numa perspectiva mais *sociopolítica*; em Santo Domingo ela é compreendida em termos de *promoção* e abordada fundamentalmente numa perspectiva *ético-cultural*. Indícios claros dessa mudança de perspectiva são a escassez de expressões como "libertação/libertador" e "opressão/oprimido", a diluição da análise da realidade com a mudança de método, a quase identificação de promoção humana com doutrina social da Igreja e a ênfase excessiva na questão dos valores, dos critérios, da consciência, da mentalidade em detrimento das questões mais estruturais. E isso tem muitas implicações pastorais, pois enquanto uma abordagem de cunho mais *sociopolítico* é muito sensível e atenta à problemática das *mediações históricas*, uma abordagem de cunho mais *ético-cultural* tende a centrar-se mais em *valores e princípios* sem levar muito a sério a problemática das mediações históricas. A primeira tem um *caráter mais prático* e gera um dinamismo pastoral de inserção da Igreja nos processos sociais. A segunda tem um *caráter mais teórico* e gera um dinamismo pastoral mais doutrinal, principialista e abstrato.

Essa mudança de enfoque/sentido na compreensão e no dinamismo da promoção humana em Santo Domingo não é algo casual nem inocente. Faz parte do projeto da "nova evangelização" de João Paulo II. O enfoque essencialmente religioso-doutrinal-institucional da evangelização leva a um enfoque e a uma compreensão mais doutrinal e ético-cultural da promoção humana. Como bem indica Francisco Catão, "a escolha da expressão promoção humana [já] manifesta a preocupação de não envolver a Igreja, como tal, nos processos históricos de transformação social, econômica e política" (CATÃO, 1993, p. 35), indicando a "prevalência do enfoque ético" na ação da Igreja: unidade, mentalidade, princípios, cultura de solidariedade etc. (CATÃO, 1993, p. 39-45).

E é nesse sentido que falávamos da "promoção humana" com expressão emblemática da tensão continuidade-descontinuidade que caracteriza Santo Domingo em relação a Medellín e Puebla: Ao mesmo tempo em que retoma e reafirma aspectos essenciais do processo de recepção conciliar em Medellín e Puebla, como a leitura dos "sinais dos tempos" (164-209), a "opção preferencial pelos pobres" e o desafio de "descobrir nos rostos sofredores dos pobres o rosto do Senhor" (178); formula isso em termos de "promoção humana" com um enfoque mais doutrinal do que práxico e uma perspectiva pastoral mais ético-cultural do que sociopolítica. Essa tensão marcou o ambiente, as relações e os debates na conferência. É muito visível no Documento Final e em seu processo de recepção nos vários países. E continua presente nas análises e referências que se fazem a Santo Domingo. E não poderia ser diferente, uma vez que não se pode separar Santo Domingo da caminhada eclesial latino-americana (continuidade) nem se pode negar a novidade/ruptura na ação evangelizadora da Igreja latino-americana que ela produz ou da qual ela é expressão embrionária (descontinuidade).

Referências

ANTONIAZZI, A. Interrogações em forma de respostas – Observações sobre a Conferência e as Conclusões de Santo Domingo. *Perspectiva Teológica*, 65, p. 93-102, 1993a.

ANTONIAZZI, A. A missão da Igreja na perspectiva de Santo Domingo. In: PINHEIRO, E. (coord.). *Santo Domingo: uma leitura pastoral*. São Paulo: Paulinas, 1993b, p. 91-102.

AQUINO JÚNIOR, F. Evangelização e promoção humana. In: BRIGHENTI, A.; PASSOS, J.D. (orgs.). *Compêndio das Conferências dos Bispos da América Latina e Caribe*. São Paulo: Paulinas/Paulus, 2018, p. 291-302.

AQUINO JÚNIOR, F. *Renovar toda a Igreja no Evangelho: desafios e perspectivas para a conversão pastoral da Igreja*. Aparecida: Santuário, 2019.

BOFF, C. *O "Evangelho" de Santo Domingo: os dez temas--eixo do Documento da IV CELAM*. Petrópolis: Vozes, 1993.

BRIGHENTI, A. Por uma evangelização realmente nova. *Perspectiva Teológica*, 125, p. 83-106, 2013.

CATÃO, F. *Santo Domingo: significação e silêncios*. São Paulo: Paulinas, 1993.

CELAM. *Santo Domingo: Texto Oficial – Conclusões da IV Conferência do Episcopado Latino-americano*. São Paulo: Paulinas, 1992.

CELAM. *Síntese das contribuições recebidas para a V Conferência Geral*. São Paulo: Paulinas/Paulus, 2007.

CODINA, V. Crônica de Santo Domingo. *Perspectiva Teológica*, 25, 79-92, 1993a.

CODINA, V. Novos rostos em Santo Domingo. In: VV.AA. *Santo Domingo: ensaios teológico-pastorais*. Petrópolis: Vozes, 1993b, p. 280-300.

COMBLIN, J. A Nova Evangelização. In: VV.AA. *Santo Domingo: ensaios teológico-pastorais*. Petrópolis: Vozes, 1993, p. 206-224.

FRANCISCO. *Discurso aos participantes no Congresso Internacional por ocasião do 40º aniversário da Conferência Geral do Episcopado Latino-americano em Puebla*, 03/10/2019. Disponível em https://www.vatican.va/content/ francesco/pt/speeches/2019/october/documents/papa-frances co_20191003_celam.html

GODOY, M.; AQUINO JÚNIOR, F. (orgs.). *50 anos de Medellín – Revisitando os textos, retomando o caminho*. São Paulo: Paulinas, 2017.

GUTIÉRREZ, G. Documento: Um corte transversal. In: VV.AA. *Santo Domingo: ensaios teológico-pastorais*. Petrópolis: Vozes, 1993, p. 55-68.

LIBÂNIO, J.B. Os sinais dos tempos em Santo Domingo. In: VV.AA. *Santo Domingo: ensaios teológico-pastorais*. Petrópolis: Vozes, 1993, p. 122-144.

LORSCHEIDER, A. Cristologia, eclesiologia e antropologia da Nova Evangelização. In: VV.AA. *Santo Domingo: ensaios teológico-pastorais*. Petrópolis: Vozes, 1993, p. 331-364.

MURAD, A. Documento de Santo Domingo: Princípios hermenêuticos de leitura. *Perspectiva Teológica*, 25, p. 11-29, 1993.

OLIVEIRA, M.A. Santo Domingo e a realidade dramática da América Latina. In: PINHEIRO, E. (coord.). *Santo Domingo: uma leitura pastoral*. São Paulo: Paulinas, 1993, p. 39-51.

PALÁCIO, C. O legado da *Gaudium et Spes* – Riscos e exigências de uma nova condição cristã. *Perspectiva Teológica*, 27, p. 333-353, 1995.

PINHEIRO, J.E. Tentativa de uma visão global da IV Conferência episcopal latino-americana. In: PINHEIRO, E. (coord.). *Santo Domingo: uma leitura pastoral*. São Paulo: Paulinas, 1993a, p. 13-38.

PINHEIRO, E. (coord.). *Santo Domingo: uma leitura pastoral*. São Paulo: Paulinas, 1993b.

RIBEIRO, E. Depoimento. In: PINHEIRO, E. (coord.). *Santo Domingo: uma leitura pastoral*. São Paulo: Paulinas, 1993, p. 169-183.

SAYER, J. Discurso inaugural programático de João Paulo II e sua importância para Santo Domingo. In: VV.AA. *Santo Domingo: ensaios teológico-pastorais*. Petrópolis: Vozes, 1993, p. 80-107.

SOUZA, N.; SBARDELOTTI, E. (orgs.). *Medellín: memória, profetismo e esperança na América Latina*. Petrópolis: Vozes, 2018.

SOUZA, N.; SBARDELOTTI, E. (orgs.). *Puebla – Igreja na América Latina e no Caribe: opção pelos pobres, libertação e resistência*. Petrópolis: Vozes, 2019.

SUESS, P. O processo da inculturação. In: PINHEIRO, E. (coord.). *Santo Domingo: uma leitura pastoral*. São Paulo: Paulinas, 1993, p. 53-71.

TABORDA, F. Nova Evangelização – Promoção Humana – Cultura Cristã: leitura crítica dos três conceitos e sua articulação no Documento de Santo Domingo. In: PINHEIRO, E. (coord.). *Santo Domingo: uma leitura pastoral*. São Paulo: Paulinas, 1993, p. 103-125.

UCHÔA, V.L. Crônica de Santo Domingo a partir da imprensa. In: PINHEIRO, E. (coord.). *Santo Domingo: uma leitura pastoral*. São Paulo: Paulinas, 1993, p. 145-159.

VALENTINI, D. Um depoimento pessoal. In: VV.AA. *Santo Domingo: ensaios teológico-pastorais*. Petrópolis: Vozes, 1993, p. 365-389.

VALLE, E. A pastoral no Documento de Santo Domingo. In: PINHEIRO, E. (coord.). *Santo Domingo: uma leitura pastoral*. São Paulo: Paulinas, 1993, 127-143.

VV.AA. *Santo Domingo: ensaios teológico-pastorais*. Petrópolis: Vozes, 1993.

12
A causa indígena em Santo Domingo: evento, conclusões, horizontes

Paulo Suess

Passaram-se 30 anos desde a Conferência de Santo Domingo. No decorrer desse tempo, em vários textos abordei esse evento (SUESS, 1993a, 1993b, 2015, 2018). Pelos acertos e desacertos, Santo Domingo permitiu aprofundar algumas das reflexões pastorais que, no Conselho Indigenista Missionário (CIMI), já desde 1972 foram desenvolvidas e mais tarde, no seu Plano Pastoral, operacionalizadas (CONSELHO INDIGENISTA MISSIONÁRIO, 2015). O registro comemorativo de Santo Domingo é a tentativa de fazer a memória de 30 anos, da memória de 500 anos, de uma história contada pelos vencedores. A recuperação da memória traumática silenciada, é um trabalho de luto e reparo que pode gerar uma "memória perigosa" como núcleo de resistência contra as tentativas sistêmicas de esquecimento e legitimação de hoje.

Na Conferência de Santo Domingo, a causa indígena, com seus referenciais básicos, foi abordada na Comissão 26:

"Unidade e pluralidade de culturas: culturas indígenas, afro--americanas e mestiças". Algumas das contribuições essenciais dessa Comissão se encontram no Capítulo III ("Cultura Cristã") da Segunda Parte das Conclusões de Santo Domingo (SD 243-251) ou em outras partes do texto (cf. SD 13). Para Santo Domingo, a causa indígena e a inculturação foram assuntos transversais. Por conseguinte, a causa indígena está também nos itens que tratam dos "500 anos da Primeira Evangelização" (SD 16-21), da "Missão *ad gentes*" (SD 125-128), do "Diálogo com as religiões não cristãs" (SD 136-138), dos "Direitos humanos" (SD 164-168), da "Ecologia" (SD 169s.), da "Terra: dom de Deus" (SD 171-177) e da "Nova ordem econômica" (SD 194-203).

A "memória", na tradição judaico-cristã, é uma questão da "verdade". Os escravos que Moisés liberta do Egito não passam pelo rio do esquecimento, pelo Rio Lete, pelo qual na mitologia grega os mortos deveriam passar, mas pelo Mar Vermelho, que se torna memória de libertação, água do não esquecimento, memória "inesquecível" de um caminhar libertador. Se *Lete* significa esquecimento, *a-lete* aponta positivamente para a memória. Na língua de Sócrates e do Novo Testamento, *a-lete*, *aletheia* (αληθεια) significa "verdade" (cf. WEINRICH, 2001, p. 20s.).

A memória como verdade acompanha a caminhada histórica real, como tarefa de interpretação, a partir das vítimas. Faz mais de 80 anos que Walter Benjamin, em suas teses "Sobre o conceito de história" nos lembrou que, "em cada época é preciso tentar arrancar a transmissão da tradição ao conformismo, que está na iminência de subjugá-la" (BENJAMIN,

2005, p. 65, Tese VI). O conformismo de hoje é o coveiro do passado. Pela ressurreição, os cristãos receberam o dom de "atear ao passado a centelha da esperança" (ibid.), como algo verdadeiramente inesquecível. Bento XVI bem lembrou que, sem essa esperança, não haveria a possibilidade de pensar justiça para as vítimas (cf. *Spé salvi*, n. 42).

Santo Domingo era e é uma advertência e uma oportunidade, uma advertência para admitir e para não repetir a violência e os erros do passado, e uma oportunidade para restabelecer a verdade e gerar justiça para com as vítimas. E essa violência na evangelização latino-americana não era uma invenção do século XVI, mas uma herança desde o reconhecimento do cristianismo como religião oficial pelos imperadores Constantino e Teodósio. O dominicano Yves Congar mostrou que, na história da Igreja, o texto da vocação de Jeremias (1,10: "Eu te constituo, neste dia, sobre as nações e sobre os reinos, para arrancar e para destruir, para exterminar e para demolir, para construir e para plantar") legitimou até há pouco tempo amnésia e práticas coercitivas contra o outro (cf. CONGAR, 1957).

Lembretes históricos

Nas anotações de seu diário, de 11 de outubro de 1492, Cristóvão Colombo descreve o cenário e os primeiros habitantes que encontrou na terra nova: "Eram pessoas que melhor se entregariam e converteriam à nossa fé pelo amor e não pela força" e que "devem ser bons serviçais e habilidosos, pois noto que repetem logo o que a gente diz e creio que depressa se fariam cristãos; me pareceu que não tinham nenhuma religião" (COLOMBO, 1984, p. 44s.).

Passaram-se muitos séculos de presença eclesial junto aos povos indígenas. Essa presença, como mostrou Santo Domingo, é até hoje uma presença heterogênea em sua avaliação histórica e realidade contemporânea. A conquista como empresa militar foi combatida e, ao mesmo tempo, defendida por leigos, teólogos, missionários e religiosos, às vezes da mesma congregação, como mostra a disputa entre os dominicanos Bartolomé de Las Casas (1484-1566) e Juan Ginés de Sepúlveda (1489-1573), na controvérsia de Valladolid (1550/1551), sobre a "guerra justa" e os rumos da evangelização na conquista (cf. JIMENEZ FERNANDEZ, 1962, p. LVII-LXXII, 1-260).

Com faro fino de historiador dialético, Walter Benjamin afirma: "Em nome do catolicismo um sacerdote se contrapõe aos horrores cometidos em nome do catolicismo; foi assim que um sacerdote chamado Sahagún, por meio de sua obra *Historia general de las cosas de Nueva España*, resgatou a tradição do que foi entregue à destruição sob o protetorado do catolicismo" (BENJAMIN, 2013, p. 172). Em todo caso, a afirmação generalizada, de que a Igreja "sempre esteve ao lado dos indígenas" (SD 20), não é sustentável.

Em 1549, quando Francisco Xavier chega totalmente desarmado ao Japão, Manoel da Nóbrega aporta, na armada do primeiro Governador Geral do Brasil, Tomé de Sousa (1549-1554), na Bahia. Em contextos diferentes, com ou sem armas, os missionários se lançaram à conquista espiritual e anunciaram o Evangelho como notícia indispensável para a redenção da humanidade. Para o Brasil, Nóbrega e Anchieta representam arquétipos desta "conquista". Anchieta participou dela com o conhecimento da cultura tupi, sobretudo da língua; Nóbrega

290

contribuiu com sua capacidade organizacional e seu conhecimento jurídico.

José de Acosta, provincial da Companhia de Jesus no mundo andino (1576-1581) e redator do catecismo do III Concílio provincial de Lima (1583), rejeitava, explicitamente, a "via apostólica" como método evangelizador. Opinou que não se pode "observar exatamente entre os bárbaros a maneira antiga e apostólica de pregar o Evangelho [...] sem nenhum aparato militar" (ACOSTA, 1954, p. 442). A "via apostólica" exigiria a liberdade dos destinatários, e a pobreza dos agentes de evangelização, que em sua radicalidade dos tempos apostólicos seriam um obstáculo para a evangelização em tempos de conquista.

Manuel da Nóbrega, primeiro provincial dos jesuítas no Brasil, queixava-se em carta ao superior-geral, Diego Laynes, da ingenuidade do seu colega Luís de Grã (1523-1609), que questionou a posse de escravos e queria a conversão dos índios "por via de pobreza, e converter esta gente da mesma maneira que S. Pedro e os Apóstolos fizeram, e como S. Francisco ganhou muitos pela penitência e o exemplo de pobreza" (NÓBREGA, 1561, p. 364). Nóbrega justificou a posse de escravos para a manutenção dos Colégios e, ao mesmo tempo, considerou a pobreza dos missionários pouco significativa: "Estamos em terra tão pobre e miserável que nada se ganha com a pobreza, porque o povo é tão pobre que, por mais pobres que sejamos, somos mais ricos que eles" (ibid., p. 365s.). A disputa entre os dois projetos, o evangélico e o institucional, atravessou os cinco séculos posteriores (cf. SUESS, 1988, p. 21-44, aqui 36ss.).

A partir da segunda metade do século XX, muitas tentativas de uma revisão honesta dessa história foram iniciadas.

Três Conferências Episcopais Latino-americanas precederam Santo Domingo: as conferências de Rio de Janeiro (1955), Medellín (1968) e Puebla (1979). Entre Rio de Janeiro e Medellín realizou-se o Vaticano II (1962-1965) que direta e indiretamente deu e continua dando impulsos importantes à pastoral indígena. Entre Medellín e Puebla, em 1974, realizou-se em Roma a Terceira Assembleia Geral do Sínodo dos Bispos, dedicado à evangelização. Um ano mais tarde, no décimo aniversário de encerramento do Vaticano II, no dia 8 de dezembro de 1975, Paulo VI promulgou a Exortação Apostólica sobre a Evangelização no Mundo Contemporâneo, a *Evangelii Nuntiandi*, que permanece um vade-mécum inspirador para a evangelização. Entre Puebla e Santo Domingo aconteceram muitos encontros, consultas e articulações da Pastoral Indígena (cf. SUESS, 1989, p. 43s.; CNBB/CIMI, 1986; CELAM, 1989). O próprio CELAM organizou vários encontros de bispos e assessores, cujos documentos mostram que os diretamente envolvidos na Pastoral Indígena tinham, em sua maioria, uma consciência lúcida para a futura caminhada da Igreja ao lado dos povos indígenas.

A abordagem histórica das Conclusões de Santo Domingo, oficialmente, foi elaborada na Comissão 2. De fato, foi preparado a longo prazo e em uma perspectiva apologética, pela COMISSÃO PONTIFÍCIA PARA AMÉRICA LATINA (CAL), cujo vice-presidente, Cipriano Calderón Polo, de origem espanhola, integrou a Comissão 1, inicialmente pensada como uma espécie de "Comissão de Doutrina". De

11 a 14 de maio 1992, a CAL tinha organizado um Simpósio Internacional no Vaticano, propondo uma chave de leitura apologética e institucional para a "História da evangelização da América". A sutil maneira de atribuir as sombras da evangelização a "batizados que não viveram sua fé" (SD 20, cf. 246) e as luzes ao conjunto da Igreja, provém do antigo modelo que considerou a Igreja uma "sociedade perfeita". Os integrantes da Comissão 2, em sua maioria, tinham participado daquele Simpósio.

Hoje, como já na Conferência de Santo Domingo, os diferentes setores que se debruçam sobre a evangelização na América Latina estão articulados em dois projetos: um visando a "integração", defendendo um enfoque apologético da história dos 500 anos e invocando o "espírito da época" como licença para uma "absolvição geral", e sem pedir perdão, e o outro, defendendo a "inculturação" e cobrando sinais de arrependimento e penitência; "integração" na grande pátria, no Estado nacional, na civilização moderna, na Igreja universal, ou "inculturação" através da busca de caminhos culturais específicos no interior do grande projeto da sobrevivência da humanidade em dignidade e convivência fraterna de grandes diversidades. No caso dos povos indígenas, a "integração" significa seu desaparecimento como povos com sua especificidade cultural e territorial. Já a "inculturação" significa continuidade histórica e convivência na realidade pluricultural e multiétnica em distintos países. O lugar e a permanência dos povos indígenas fora do cristianismo e o valor salvífico de suas religiões não foram explicitamente discutidos em Santo Domingo.

Deslocamento da realidade

Nas discussões em Santo Domingo, o lugar e a análise da realidade foram pontos particularmente nevrálgicos. No "Documento de Trabalho" (CELAM, 1992) que preparou o evento de Santo Domingo, seus autores partiram de uma visão pastoral da realidade, substancialmente sustentada pelas contribuições das diferentes Conferências Episcopais e da metodologia do "ver-julgar-agir". Como aconteceu o deslocamento da realidade nas Conclusões de Santo Domingo?

Logo no início da Conferência foram constituídas 30 Comissões para trabalhar temas específicos em preparação de um documento final. A maioria das comissões, constituídas por livre-escolha dos participantes, elaborou seu texto sob o tradicional esquema "ver-julgar-agir". Acontece, que a "Comissão de Redação", legitimada por um questionário, antes de os trabalhos serem submetidos à votação, fez preceder cada parte do documento por uma visão cristológica: "Jesus Cristo, Evangelho do Pai" (I.), "Jesus Cristo Evangelizador vivo em sua Igreja" (II.), "Jesus Cristo, vida e esperança da América Latina e do Caribe" (III.).

Quem procura a visão da realidade latino-americana e caribenha nas Conclusões de Santo Domingo deve iniciar sua leitura pela Segunda Parte, Capítulos II e III sobre a "Promoção Humana" e a "Cultura Cristã", e depois procurar em cada tema nos "Desafios pastorais" os estilhaços de realidade que ainda ficaram do trabalho das 30 comissões. Através de uma leitura estrutural das Conclusões, pode-se dizer que a realidade, que foi banida do início do texto, reaparece em seu centro, no Capítulo II, na Segunda Parte, no item 2.2.5., que trata da questão

294

do trabalho: "Uma das realidades que mais nos preocupa em nossa ação pastoral é o mundo do trabalho, por sua significação humanizadora e salvífica, que tem origem na vocação cocriadora do homem como 'imagem de Deus' [Gn 1,26]" (SD 182). O magistério da Igreja definiu o trabalho como "chave da questão social" (ibid.).

O procedimento prático para chegar à estrutura do SD em sua configuração final foi o seguinte: Na manhã do dia 16 de outubro, D. Luciano Mendes de Almeida, o moderador da Comissão de Redação, fez uma consulta à Assembleia em forma de um questionário sobre estilo, extensão e critérios gerais de um documento final. As perguntas tiveram que ser logo respondidas, sem discussão em grupos. Entre as oito perguntas, três foram particularmente indicativas para o deslocamento da análise da realidade. Segundo as respostas dos votantes, o texto final deveria ser significativamente mais breve que o documento de Puebla e ser estruturado a partir da profissão de fé em Jesus Cristo. Também a realidade latino-americana deve ser considerada a partir de Jesus Cristo, já que o lema "Jesus Cristo ontem, hoje e sempre" (Hb 13,8), sugeriu este enfoque. O lema da Conferência de Santo Domingo foi escolhido, segundo a carta do Cardeal Gantin, por ser "acima de tudo uma citação bíblica deveras apropriada para enfrentar o grave fenômeno das seitas", além de conduzir a Igreja do "ontem" destes 500 anos ao "sempre" do "terceiro milênio" (GANTIN, 1992, p. 13s.).

Essa consulta da Assembleia assegurou, por um lado, que haveria um Documento Final da IV Conferência do Episcopado Latino-Americano, porque alguns setores não queriam um documento conclusivo. A delegação argentina, por exemplo, achou que o texto final deveria ser muito curto, em torno de seis páginas. Outros achavam que se deveria – como está acontecendo nos Sínodos Romanos – entregar os trabalhos das comissões ao papa para a elaboração de uma Exortação Apostólica. Por outro lado, a consulta abriu margem para cortes arbitrários, por parte dos redatores finais.

Na tarde do mesmo dia 16, D. Luciano apresentou à Assembleia o resultado da consulta, que era a favor de um Documento Final, e baseando-se nessa consulta já mandou distribuir um "Projeto de esquema para o Documento Final". Depois de poucos minutos de cochicho, os delegados podiam se pronunciar sobre o esquema que a maioria achou satisfatório. Portanto, desde o dia 16 de outubro estava claro que o Documento Final de Santo Domingo não seria precedido por uma "Visão pastoral da realidade latino-americana", como ocorreu nas Conclusões de Puebla e no próprio Documento de Trabalho para Santo Domingo.

A visão histórica da realidade, por causa da memória e da avaliação dos 500 anos de evangelização, dividiu delegados e, às vezes, países inteiros representados por eles. A "profissão de fé", se precede a visão da realidade, não falsificaria essa realidade? A realidade social e histórica, se precede a opção da fé, não significa uma coerção da fé como opção fundamental da vida dos fiéis?

No Brasil, a 30ª Assembleia Geral da CONFERÊNCIA NACIONAL DOS BISPOS DO BRASIL (CNBB, 1992) tinha preparado "Subsídios para Santo Domingo", que não foram votados nem publicados. Em agosto do mesmo ano,

296

o Conselho Permanente reuniu-se com os delegados e demais participantes previstos para Santo Domingo. À luz do Instrumento de Trabalho da IV Conferência, os dez temas escolhidos pela 30ª Assembleia foram reestudados, votados e publicados com o título "Das Diretrizes a Santo Domingo" (CNBB, 1992). A causa indígena constava do Tema III: "Povos indígenas e afro-americanos: evangelização a partir de sua história e culturas". Já nas discussões no Brasil, alguns delegados perguntaram: "Como se pode evangelizar a partir da história e de culturas?" Não seria mais correto "evangelizar a partir da revelação e da fé herdada?" Ou, como mais tarde as Conclusões de Santo Domingo proporiam: "Evangelizar a partir de uma profunda experiência de Deus"? (SD 91). A maioria votou, corretamente, para a primeira formulação: evangelizar a partir do chão concreto da história e da cultura. Mas a questão voltou em Santo Domingo, onde a análise da realidade foi subordinada a uma visão cristológica e profissão da fé.

No debate e nas votações de Santo Domingo cruzaram-se difusamente interesses pastorais e políticos, causas latino-americanas e questões curiais, cada um dos setores decidindo seu voto segundo sua experiência pastoral e o lugar de onde foi enviado. Assim divergiram universalistas da "cultura cristã" e realistas da "inculturação". "Vitórias" e "derrotas" nas votações foram também determinadas pela indefinição das respectivas competências cabíveis à Comissão de Redação e à Comissão de Coordenação, pela pressa dos últimos dias da Conferência e pela "relação de força" entre os 307 participantes com direito a voto, dos quais só 161 foram delegados eleitos pelas respectivas conferências episcopais e outros 146 nomeados pela Cúria Romana.

Pedido de perdão

No dia 17 de outubro, sábado à tarde, D. Benedito Ulhoa propôs à Assembleia, em nome de 33 bispos, uma celebração penitencial na Catedral de Santo Domingo. A IV Conferência deve pedir perdão pelos abusos praticados contra os indígenas e os afro-americanos durante estes 500 anos de evangelização. Nicolás de Jesús López, cardeal arcebispo de Santo Domingo, primaz da América, presidente do CELAM e da IV Conferência, respondeu espontaneamente: "Em minha catedral, não!" A moção foi acolhida por D. Serafim Fernandes de Araújo, presidente em exercício, que prometeu oportunamente uma resposta da presidência à Assembleia.

Dia 19, segunda-feira, na primeira sessão plenária, presidida por Nicolás de Jesús López, Ítalo Severino Di Stéfano, arcebispo de San Juan de Cuyo, Argentina, pronunciou-se contra a moção do pedido de perdão. Di Stéfano falou de três grandes mitos relacionados ao passado indígena:

• o mito do genocídio; os números apresentados sobre os massacres são exagerados porque na realidade os índios morreram por causa das condições de trabalho;

• o mito sobre o mundo indígena como um paraíso de inocência; havia massivas imolações humanas aos seus deuses e grandes civilizações escravistas;

• o mito dos 500 anos de resistência indígena contra a evangelização; com a queda do domínio espanhol, os índios não voltaram às suas crenças antigas, mas afirmaram formas próprias do cristianismo onde se sentiram melhor amparados.

Além disso, segundo Di Stéfano, é preciso levar em conta a "lenda negra" e olhar para a América do Norte, onde os índios foram quase exterminados. A América tem sido "classicamente terra de violência", antes, durante e depois da conquista. Por que, finalmente, não pedir perdão pelas novas violências: pelos abortos, armamentismo, erosão ecológica, tráfico de crianças, drogas, pela expulsão dos jesuítas e a destruição das Missões?

Um pedido de perdão, sempre segundo Di Stéfano, é inoportuno,

- porque poderia ser explorado por setores ideológicos que agitam esta bandeira; eles mesmos, porém, não se destacaram pelo respeito aos direitos humanos;
- porque reflete um complexo de culpa que diminui o ardor da nova evangelização;
- porque a Igreja, que por suas obras, proféticas pregações e mártires, foi a que mais fez pelos pobres e pelos indígenas, não pode justamente agora presumir de ter pecado (*Boletín de Prensa*, 16, anexo: 20/10/1992).

Nicolás de Jesús López, como presidente da sessão, prosseguiu o tema assinalando que o papa já teria respondido a esta questão, tanto na África como na América. O pedido de perdão se prestaria a manipulações por parte de falsos grupos indigenistas e seitas. A Igreja sempre pediu perdão como denunciou sempre os abusos. Além disso, lembrou Ms.

Nicolás, já estaria prevista uma Eucaristia penitencial para sexta-feira, dia 23.

No mesmo dia 19, à tarde, pronunciaram-se ainda outros delegados sobre o pedido de perdão. Msgr. José Antonio Dammert Bellido, membro da Comissão 26, bispo de Cajamarca e presidente da Conferência Episcopal Peruana, solicitou que se peça perdão aos indígenas e afro-americanos nos termos como o papa o tem feito.

A presidência da IV Conferência mandou também distribuir "cartas recebidas" sobre o pedido de perdão. Numa destas cartas, Msgr. Jorge Urosa, da Comissão 1, considerou a proposta do pedido de perdão "injusta e inconveniente". Injusta, porque ignora o condicionamento histórico e o heroico trabalho da Igreja em defesa dos índios e negros. Inconveniente, porque esta autoincriminação dos antecessores seria usada contra a Igreja (*Boletín de Prensa*, 14, anexo: 19/10/1992).

No dia 21, durante a Audiência Geral, em Roma, o papa pronunciou-se em sua curta homilia sobre o perdão, segundo Mt 6,12: "A oração do Redentor se dirige ao Pai e ao mesmo tempo aos homens, aos quais se há feito muitas injustiças. [...] Esta petição de perdão se dirige sobretudo aos primeiros habitantes da nova terra, aos índios, e também àqueles que como escravos foram deportados de África para trabalhos pesados. 'Perdoai-nos as nossas ofensas': também essa oração faz parte da evangelização" (*Boletin de Prensa*, 22, anexo: 23/10/1992).

Como previsto, no dia 23 realizou-se a "Celebração Eucarística com rito penitencial". Nessa celebração, presidida pelo Cardeal Angel Suquía, arcebispo de Madri, o pedido de perdão se reduziu a "uma súplica de perdão a Deus por diversos pecados, pessoais e comunitários, históricos e conjunturais" (*Boletín de Prensa*, 21, anexo: 23/10/1992).

Para o dia 27, grupos de base, insatisfeitos com a encenação do pedido de perdão oficial, organizaram uma celebração de penitência e perdão, a céu aberto, na Praça Bartolomé de Las Casas, aos pés do monumento de Antônio Montesinos, cujo sermão profético foi lido no início do evento (cf. MONTESINOS, 2002, p. 200s.). Las Casas e Montesinos – dois nomes que lembram as crueldades genocidas da conquista (cf. LAS CASAS, 1984). Suas lutas foram solitárias, como a presença dos dois bispos brasileiros, D. Erwin Kräutler, pelos povos indígenas, e D. José Maria Pires, pelos afrodescendentes. Por baixo dos radares de Nicolás de Jesús, romperam o bloqueio da catedral onde essa celebração de penitência foi declarada "inoportuna".

Santo Domingo não deveria ter pedido perdão somente pela violência presenciada pela Igreja durante os 500 anos, mas também pelas oportunidades perdidas de alguns sinais proféticos:

• O Vaticano II, cujo trigésimo aniversário de abertura (11/10/1962) caiu ao início do evento, encontrou umas oito menções honrosas, nada mais.

• A proposta de enviar, em nome da Assembleia, uma mensagem a Rigoberta Menchú, felicitando a indígena da Guatemala por ter ganhado o Prêmio Nobel da Paz, não encontrou a maioria necessária.

• Na recepção dos indígenas pelo Papa João Paulo II, o discurso que o líder tinha preparado para saudar o papa, foi recolhido por um funcionário da Nunciatura e substituído por um texto preparado no âmbito da cúria.

• Os delegados de Santo Domingo foram hospedados em hotéis de cinco estrelas. Sem ter sucesso, um grupo de bispos protestou, porque essas hospedagens privilegiadas dificultaram as reuniões de articulação fora da Assembleia e eram um péssimo exemplo para o povo pobre de Santo Domingo.

Os bispos brasileiros tinham proposto em seu já mencionado documento "Das Diretrizes a Santo Domingo", no TEMA III, dedicado aos povos indígenas e afro-americanos, um pedido de perdão contundente:

"Em atitude penitencial como pastores:

• pedimos perdão aos povos indígenas e aos negros americanos pelas vezes que não soubemos reconhecer a presença de Deus em suas culturas;

• pedimos perdão pelas vezes que confundimos evangelização com imposição da cultura ocidental;

• pedimos perdão pela tolerância ou participação na destruição das culturas indígenas e africanas;

• pedimos perdão aos negros americanos pelas vezes que nos servimos do Evangelho para justificar sua escravidão;

• pedimos perdão pelas vezes que nos beneficiamos desta escravidão nos conventos, paróquias ou cúrias.

Ao pedir perdão aos povos indígenas e aos negros pela omissão e cumplicidade aberta ou velada com seus conquistadores e opressores, confessamos que os erros do passado persistem em muitas circunstâncias até os dias de hoje" (CNBB, 1992, p. 18).

Sente-se nessas Diretrizes ainda o sopro de Puebla (1979), que 13 anos antes, logo no início de seu trabalho, fez um pedido de perdão e uma promessa de conversão: "Por todas as nossas faltas e limitações pedimos perdão, também nós pastores, a Deus e a nossos irmãos de fé e de humanidade. Queremos não só ajudar os outros a se converterem, mas também converter-nos, nós próprios [...]" (PUEBLA, n. 2). Nas Conclusões de Santo Domingo, a conversão foi muitas vezes mencionada, porém em seu significado, espiritualizada ou reduzida a uma "conversão pastoral da Igreja" (CSD 30), sem propostas concretas. Na realidade coletiva das votações da Assembleia, e em face às vítimas desses 500 anos, a conversão pública e coletiva não aconteceu.

Da cultura cristã à inculturação

Graças à presença atenta de delegados, redatores e relatores finais nas respectivas Comissões – me refiro e limito, segundo meu tema, à causa indígena –, as Conclusões conseguiram amenizar textos apologéticos, salvar tópicos já consagrados pela teologia latino-americana e apontar para novos desafios da presença eclesial na América Latina e no Caribe. Nesse contexto, quero apenas mencionar a presença experiente de D. Luciano Mendes de Almeida como moderador da Comissão de Redação e a redação lúcida de D. Erwin Kräutler, como redator final daquela parte da Comissão 26, que tratava da questão indígena (cf. KRÄUTLER, 1993). Orgulho-me de ter sido seu assessor teológico externo e ter colaborado na produção de textos que não perderam sua validade. Apesar da vigilância e do fechamento hermético imposto aos titulares dessa IV Conferência, como se fossem eleitores de um Conclave, conseguimos trocar mensagens, ainda sem as facilidades de Messenger ou WhatsApp.

Devemos atribuir a D. Luciano a transformação da terceira parte do tema da Conferência de Santo Domingo, que era "cultura cristã", em "evangelização inculturada", como linha pastoral prioritária (cf. SD 292, 298, 302), e a D. Erwin a afirmação da normatividade da inculturação: "A inculturação do Evangelho é um imperativo do seguimento de Jesus e é necessária para restaurar o rosto desfigurado do mundo (cf. LG 8). Trabalho que se realiza no projeto de cada povo, fortalecendo sua identidade e libertando-o dos poderes da morte" (SD 13).

Um dos fundamentos essenciais da teologia da inculturação pode ser compreendido a partir da "analogia entre a encarnação e a presença cristã no contexto sociocultural e histórico dos povos" (SD 243). Qual é a importância de assumir a "nova evangelização" como "evangelização inculturada normativa"?

A "cultura cristã" é o objetivo da "evangelização da cultura" (cf. SD 229). Ela contrasta com a "ética civil ou cidadã, na base de um consenso mínimo de todos com a cultura reinante, sem necessidade de respeitar a moral natural e as normas cristãs" (SD 236). Na proposta de evangelizar as culturas, trata-se de uma linguagem ambígua, porque evangelizar significa "anunciar uma boa notícia". A cultura é um sistema. Uma notícia se anuncia a pessoas e não a sistemas. Pode-se falar em evangelizar o cidadão, mas não o Estado, o capitalista, mas não o capitalismo, o operário, mas não a fábrica. Além disso, o conceito "cultura cristã" aponta para uma macrocultura homogênea, a inculturação assume a diversidade concreta das culturas locais.

A proposta da evangelização das culturas é uma proposta remanescente da Cristandade que pretendeu a construção de um mundo monocultural cristão. Nesse mundo, tudo pode ser adjetivado "cristão": "moral cristã" (SD 231), "ética cristã" (SD 242), "valores evangélicos" (SD 230), "normas cristãs" (SD 236), "conduta cristã" (SD 239), "educação cristã" (SD 264), "antropologia cristã" (SD 264), "preocupação cristã" (SD 219). O modelo dessa "Cristandade moral" seria o próprio Cristo: "Caminhar em direção a Ele é a moral cristã" (SD 231). Essa moral "só se entende dentro da Igreja" (ibid.). Mas também a Igreja e o Evangelho, normas e valores são cultural e historicamente situados. Não existe uma "cultura pura" para a evangelização. "Não existe uma cultura referencial para evangelizar outras culturas. A tentativa de impor signos (símbolos, ritos, línguas, costumes) universais da "cultura cristã" para obter significados universais, favorece sincretismos. Pressões universalizantes em face a uma determinada cultura levam à clandestinidade de práticas particulares.

Pelas suas próprias exigências, o conceito "cultura cristã" é uma ficção anistórica, como o conceito "sociedade perfeita". Nunca existiu uma cultura cristã normativa concretamente vivida. Ao lado dessa proposta hermética, aprisionada e sem "legítima autonomia" (GS 56), com suas raízes na Cristandade, surgiu em Santo Domingo também a proposta de evangelizar a partir das culturas, porque é impossível evangelizar sem referências culturais. Já as Conclusões de Puebla afirmavam que

305

"a fé transmitida pela Igreja é vivida a partir de uma cultura pressuposta" (DP 400). Jesus encarnado no meio de seu povo anunciou a Boa-Nova do Reino de Deus a partir e através de parábolas e expressões de sua cultura.

Culturas são sistemas montados na carroça da história, sujeitas a evoluções e aperfeiçoamentos. Em todas as culturas, valores cristãos podem ser vividos, porque culturas são sistemas e projetos históricos de vida. Na defesa da vida está a proximidade entre culturas e Evangelho, mas nas culturas permanecem polaridades e contrastes entre movimentos de agressão e pacificação. A justiça da ressurreição é escatológica e será, historicamente, sempre precedida pela injustiça da crucificação. Quando a relação de forças políticas permitiu impor uma "cultura cristã", essa se tornou antievangélica pelas palavras e pelos instrumentos que tem utilizado: "penetrou" a cultura do outro e "invadiu" seu território: "Assim, podemos falar de uma cultura cristã quando o sentir comum da vida de um povo tiver sido *penetrado* interiormente [...]. Esta evangelização da cultura, que a *invade* até seu núcleo dinâmico, manifesta-se no processo de inculturação" (SD 229). É difícil arrancar do nosso linguajar e da nossa prática pastoral a herança colonial da violência. A "santidade" que pode ser possível para um indivíduo, para o coletivo de uma cultura é impossível. A Igreja, povo de Deus, permanece povo santo e pecador.

Como não existe "cultura cristã" nem "sociedade perfeita", tampouco existe uma "cultura da morte" (SD 9, 26, 219, 235), conceito empregado no SD analogicamente. A rigor, uma cultura da morte seria uma cultura que cultiva a própria morte, portanto, uma cultura autodestrutiva. O leitor do Documento pode substituir "cultura da morte" por "poderes da morte" (SD 243) e "estruturas de pecado" (ibid.), que de fato atravessam as culturas, mas não as transformam em "culturas da morte".

Admitir uma "cultura de vida" ao lado de uma "cultura de morte" significaria insistir em um dualismo existencial e teológico, incompatível com a nossa fé em Jesus Cristo, crucificado e ressuscitado. A partir do Credo cristão, acreditamos que a última palavra do universo é "vida", e não "morte".

Depois desses prolegômenos sobre uma suposta "cultura cristã", a "evangelização das culturas" e a "cultura da morte", podemo-nos dedicar à "inculturação", que ganhou um destaque transversal nas Conclusões de Santo Domingo. A "inculturação" não é uma "invenção" de Santo Domingo, mas representa a consagração do "processo de inculturação" (SD 39, 102, 229, 230, 256) "à luz dos três grandes mistérios da salvação: a Natividade, que mostra o caminho da Encarnação [...]; a Páscoa, que conduz através do sofrimento à purificação dos pecados, para que sejam redimidos; e Pentecostes, que pela força do Espírito possibilita a todos entender, na sua própria língua, as maravilhas de Deus" (SD 230).

Na inculturação se entrelaçam a meta e o método, o universal da salvação e o particular da presença. A meta da inculturação é a libertação, e o caminho da libertação é a inculturação (SUESS, 2018, p. 361). "Uma meta da Evangelização inculturada será sempre a salvação e a libertação integral de determinado povo ou grupo humano" (SD 243). Essa libertação "é necessária para restaurar o rosto desfigurado do mundo" (SD 13) e para gerar relações sociais simétricas que permitam um diálogo fraterno. Como restaurar esse "rosto desfigurado"? Pela presença encarnada, que é capaz de se tornar boa notícia para cada povo, porque fortalece a identidade, acompanha as lutas anticoloniais, revigora os anseios por autodeterminação, território e reconhecimento de alteridade.

Santo Domingo fala da necessidade e urgência de avançar com o processo de inculturação. Em vários lugares enfoca a Igreja local como o laboratório da inculturação: "A Igreja particular [...] conhece de perto a vida, cultura, os problemas de seus integrantes e é chamada a gerar ali, com todas as suas forças [...] a inculturação da fé" (SD 55). Também na redação final da questão da inculturação se percebe a presença dos dois setores antagônicos, por exemplo, quando as CSD afirmam: "A tarefa da inculturação da fé é própria das Igrejas particulares sob a direção dos seus pastores, com a participação de todo o povo de Deus" (SD 230). O outro setor escreveria: "Os protagonistas da inculturação são os próprios povos indígenas com a participação da Igreja local e seus pastores". Catequistas e agentes pastorais indígenas "serão instrumentos especialmente eficazes da inculturação do Evangelho" (SD 49). A própria inculturação já é uma primeira catequese vivencial sobre o mistério da encarnação. Portanto, é necessária "uma presença efetiva dos agentes de pastoral nas comunidades" (SD 177).

As Conclusões de Santo Domingo enfatizam também a questão da inculturação na formação sacerdotal. Deve-se ter um cuidado muito especial "pela formação sacerdotal dos candidatos provenientes de culturas indígenas e afro-americanas" (SD 84). Cursos específicos de missiologia devem instruir "os candidatos ao sacerdócio sobre a importância da inculturação do Evangelho" (SD 128). Entretanto, deve-se considerar que a inculturação não é apenas uma matéria no currículo. Trata-se de um novo estilo de vida. Por isso, deve-se "rever a orientação da formação oferecida em cada um dos nossos seminários" (SD 84).

Também os teólogos, conforme seu campo específico, podem "contribuir para a inculturação da fé" (SD 33) e devem, ao fundamentar a nova evangelização, "inculturar-se mais no modo de ser e de viver de nossas culturas, levando em conta as suas diversas particularidades, especialmente as indígenas e afro-americanas" (SD 30). A proposta de "inculturar-se no modo de ser e de viver de nossas culturas" já abre as portas para o reconhecimento de teologias indígenas em analogia com a solicitação de uma teologia da terra: "Favorecer uma reflexão teológica em torno da problemática da terra, dando ênfase à inculturação e a uma presença efetiva dos agentes de pastoral nas comunidades de camponeses" (SD 177). Estes vivem e convivem com a terra e "através dela se sentem em comunhão com seus antepassados e em harmonia com Deus; por isso mesmo, a terra, sua terra, forma parte substancial de sua experiência religiosa e de seu próprio projeto histórico" (SD 172). Nas Conclusões, os delegados se comprometem a "acompanhar sua reflexão teológica, respeitando suas formulações culturais, que os auxiliem a dar a razão de sua fé e de sua esperança "(SD 248).

A encarnação, segundo a *Gaudium et spes* (n. 32), é um ato de solidariedade, não de interferência. Por isso, damos "apoio solidário às organizações de camponeses e indígenas que lutam, por meios justos e legítimos, para conservar ou readquirir suas terras" (SD 177; cf. tb. 176). Com Santo Domingo, reconhecemos e defendemos o "direito à terra, às suas próprias organizações e vivências culturais, a fim de garantir o direito que têm de viver segundo sua identidade, sua própria língua e seus costumes ancestrais, e de se relacionar em plena igualdade com todos os povos da terra" (SD 251).

A inculturação corresponde ao *aggiornamento* de João XXIII. A evangelização inculturada representa a constante busca da contemporaneidade e contextualidade do Evangelho; significa "inculturar o Evangelho na situação atual das culturas de nosso continente" (SD 24) e trabalhar com o culturalmente disponível. A nova proximidade eclesial entre povos e grupos sociais coloca o dedo em um ponto nevrálgico dessa presença, que são as estruturas centralizadas dos ministérios, sacramentos e administrações. Pela escassez de vocações reconhecidas pela Igreja, as distâncias geográficas e culturais produziram também grandes distâncias pastorais, que têm sido um obstáculo para os processos de inculturação. O mistério da encarnação e a prática pastoral da inculturação devem guiar a superação real dessas distâncias.

Em Santo Domingo, percebemos que a inculturação é um processo de longa duração. No Sínodo para a Amazônia (2019), sentimos, que esse processo não parou. O "Documento Final" do Sínodo e a Exortação Apostólica *Querida Amazônia*, do Papa Francisco, nos animaram nessa caminhada quando propuseram uma Igreja com rosto amazônico e preparar "caminhos mais amplos e ousados de inculturação" (QA 105).

Perspectivas e horizontes

Ao debruçar-me hoje, com a ajuda do depoimento de participantes internos do evento (cf. VALENTINI, 1993), sobre as Conclusões da IV Conferência do Episcopado Latino--Americano, sobre os trinta anos do tempo pós-Santo Domingo e o "Sínodo para a Amazônia", pergunto: "Aprendemos algo? Avançamos, como Igreja? Estreitou-se o laço entre o povo dos batizados, suas comunidades leigas e a hierarquia eclesial? Procuro responder a essas perguntas com algumas perspectivas que possam iluminar a vida eclesial desde então. O magistério do Papa Francisco contribuiu muito para responder essas perguntas positivamente. Mas a Igreja continua, como conjunto e em seus membros, santa e pecadora, vivendo das promessas, do perdão, da misericórdia e da graça de Deus, que anuncia. Alguns eixos podem ajudar a estruturar a colheita e as perspectivas de Santo Domingo.

Os setores

É difícil falar *da* Igreja como se fosse um conjunto de unanimidade política e doutrinal. Parece mais realista falar de "setores" na Igreja que, em nome do Evangelho e, por vezes, de outros interesses, lutam pela hegemonia, seja em Conclaves, Concílios, Sínodos ou Assembleias. Quando os delegados com direito a voto ou outros grupos de influência eclesiástica se reúnem para preparar um evento, começam a negociar maiorias com argumentos e propostas de projetos. Quem tem o poder decisivo sobre a nomeação dos votantes? Quem definiu os estatutos que deveriam resolver essa questão? No fim dessas negociações prévias se constituem dois ou mais setores. A unanimidade é rara e suspeita. Assim foi em Santo Domingo. Assim será também em futuras Assembleias. A presença e a invocação do Espírito Santo não legitimam a vitória do grupo hegemônico.

A memória

Em sua Encíclica *Fratelli tutti* (FT), o Papa Francisco nos adverte contra a tentação de fechar o passado, virar a página e confundir o perdão com o esquecimento (cf. FT 249-254). "É fácil cair na tentação de virar a página, dizendo que já se passou muito tempo e é preciso olhar adiante. [...] Sem memória nunca se avança, não se evolui sem uma memória íntegra e luminosa" (FT 249). A "memória luminosa" nos inspira não só a recordar os horrores do passado, mas a lembrarmos também "daqueles que, no meio de um contexto envenenado e corrupto, foram capazes de recuperar a dignidade" (FT 249) e optaram pela solidariedade e defesa da justiça. Devemos a nossa memória às vítimas como interrupção do esquecimento. Mas a nossa memória inclui os indignos e os indignados, os adaptados e os profetas, os traidores e os mártires, que não representam *a* Igreja de sua época, mas um setor dela.

A responsabilidade

A Igreja tem "responsabilidade em relação aos modelos de desenvolvimento que provocaram os atuais desastres ambientais e sociais" e deve "aprender dos pobres a viver com sobriedade e a partilhar e valorizar a sabedoria dos povos indígenas no tocante à preservação da natureza como ambiente de vida para todos" (CSD 169). Uma série de Campanhas da

Fraternidade nos mostrou essa responsabilidade socioecológica, mas na prática não avançamos muito. O Papa Francisco ampliou essa consciência de responsabilidade coletiva da Igreja também para "inflamações silenciosas" e sombras de sua presença em todos os continentes, apontando para casos de pedofilia e tolerância de atos de violência. E esses atos não foram apenas excessos individuais de batizados, mas também de estruturas eclesiásticas que permitiram e envolveram essa violência em panos quentes de silêncio: "Todos temos uma responsabilidade pelo ferido [...]" (FT 79).

A escuta

Por que Santo Domingo não escutou as vítimas como as escutamos na preparação do "Sínodo para a Amazônia"? Em sua Encíclica *Fratelli tutti*, o Papa Francisco aponta para a verdade das vítimas: "Consideremos a verdade destas vítimas da violência, olhemos a realidade com os seus olhos e escutemos as suas histórias com o coração aberto" (FT 261). Na vida das vítimas está embutido o essencial da consciência histórica. "Uma maneira eficaz de dissolver a consciência histórica, o pensamento crítico, o empenho pela justiça e os percursos de integração é esvaziar de sentido ou manipular as "grandes" palavras [...] como democracia, liberdade, justiça, unidade" (FT 14). Na escuta das vítimas avançamos bastante desde Santo Domingo. A escuta dos povos indígenas não é a escuta de uma causa privilegiada. O Reino de Deus desconhece privilégios. A opção pelos outros, os pobres e as vítimas históricas e contemporâneas não é privilégio, mas preâmbulo da nossa fé. Não existe sofrimento neste mundo que nos permita fechar os ouvidos, tapar os olhos e passar ao largo dos que caíram nas mãos de ladrões. Talvez não seja suficiente o que Adorno nos recomenda: "A necessidade de dar voz ao sofrimento é condição de toda verdade" (ADORNO, 2009, p. 24). O "dar voz" conota ainda o paternalismo do "ser voz dos sem voz". É necessário estabelecer a seguinte sequência: escutar as vozes dos que sofrem, ampliar e fazer ecoar essas vozes e agir na desconstrução das causas desse sofrimento. O lugar da Igreja é nesses canteiros de desconstrução e nos fóruns que defendem não só a causa indígena, mas todas as causas do Reino, inclusive a causa da criação, que pertence a todos, a causa dos menores e migrantes, das vítimas de guerras civis e de novas formas de colonização cultural, de gênero, racismo e homofobia. No mar da violência não existem ilhas de paz. A nossa dívida é para com todas as vítimas da humanidade.

A dívida

Também a natureza, que é uma aliada fiel aos pobres, por se encontrar "entre os pobres mais abandonados e maltratados", como o Papa Francisco nos advertiu em sua Encíclica *Laudato Si'* (LS 2), é uma vítima da humanidade. A dívida para com "a natureza, a justiça para com os pobres, o empenho na sociedade e a paz interior" (LS 10) são inseparáveis. Não há duas crises, "uma ambiental e outra social; mas uma única e complexa crise socioambiental" (LS 139). A nossa dívida com a humanidade é socioambiental e nos obriga a interromper o esquecimento, denunciar o conformismo e pedir perdão.

Só a nossa conversão permanente é capaz de sustentar a esperança na possibilidade do bem-viver de todos. "O mundo existe para todos, porque todos nós, seres humanos, nascemos nesta terra com a mesma dignidade. As diferenças de cor, religião, capacidade, local de nascimento, lugar de residência e muitas outras não podem antepor-se nem ser usadas para justificar privilégios de alguns em detrimento dos direitos de todos" (FT 118).

Para que as escutas das vítimas não sejam apenas ritos formais, mas para que possam ser atendidas e romper com algumas tradições que estorvam o bem-viver de todos, elas exigem ajustes em nosso estilo de vida, "um crescimento na sobriedade" que produza "um regresso à simplicidade" (LS 222). Nesse particular somos todos devedores. Outros 500 anos nos quais o encontro substitua a conquista exigem que lutemos por novas relações de produção e outros padrões de consumo. Cada transformação de relações de competição em relações de reciprocidade e gratuidade diminui a nossa dívida e pode ser a raiz de uma nova pessoa, a semente de uma outra sociedade e a tentativa de uma Igreja mais próxima aos nossos sonhos.

Na proximidade aos pobres e outros, esta Igreja entenderá que a alternativa à exclusão sociocultural e política não é a integração aos macrossistemas, mas a participação na construção de um outro mundo no plural. O futuro dos famintos não é a barriga cheia, mas a partilha dos bens e um lugar à mesa. O sonho dos silenciados não é tomar posse do mundo novo "no grito", mas uma vida em que a voz fraca do mais necessitado seja a primeira a ser ouvida.

Epílogo

As discussões de Santo Domingo foram marcadas por duas preocupações, uma histórica, com o passado, e outra contemporânea: "Como justificar a nossa presença e conivência missionária ao lado da conquista e colonização?" "Como hoje configurar a missionariedade através de uma nova evangelização?" A primeira pergunta se discutiu de forma controversa e a voz dos dois setores da Conferência está presente nas Conclusões. Na segunda pergunta se conseguiu um certo consenso em torno da "evangelização inculturada". Uma terceira pergunta, que ficou, quiçá, como tarefa para Assembleias e Conferências posteriores, ainda não veio à tona, embora o Vaticano II e o subcapítulo das Conclusões de Santo Domingo "Diálogo com as religiões não cristãs" (cf. SD 136-138) já tenham oferecido uma oportunidade para responder tal pergunta: Como está a relação entre a "evangelização inculturada" e o "diálogo macroecumênico"?, ou com outras palavras: "Qual é o valor salvífico das outras religiões"? Da resposta a essa pergunta dependerá a paz no mundo.

Referências

ACOSTA, J. *De procuranda indorum salute*. In: *Obras del padre José de Acosta*. Madri: Atlas, 1954.

ADORNO, T.W. *Dialética negativa*. Rio de Janeiro: Zahar, 2009.

BENJAMIN, W. Sobre o conceito da história. In: LÖWY, M. *Walter Benjamin: aviso de incêndio*. São Paulo: Boitempo, 2005.

BENJAMIN, W. Brion, Bartolomé de Las Casas. In: LÖWY, M. (org.). *O capitalismo como religião*. São Paulo: Boitempo, 2013, p. 171-172.

COLOMBO, C. *Diários da descoberta da América – As quatro viagens e o testamento*. 2. ed. Porto Alegre: L&PM, 1984.

CONFERÊNCIA NACIONAL DOS BISPOS DO BRASIL/CONSELHO INDIGENISTA MISSIONÁRIO (CNBB/ CIMI). *Para uma evangelização a partir dos povos indígenas –* Documento de Bogotá. Brasília, 1986.

CNBB. *Das Diretrizes a Santo Domingo*. São Paulo: Paulinas, 1992 [Documentos da CNBB, 48].

CONGAR, Y. Ecce constitui te super gentes et regna (Jér. 1.10) in Geschichte und Gegenwart. In: AUER, J.; VOLK, H. (eds.). *Theologie in Geschichte und Gegenwart – Festschrift für M. Schmaus*. Münster, 1957, p. 671-696.

CONSELHO EPISCOPAL LATINO-AMERICANO (CELAM). *Documentos de pastoral indígena: 1968-1985*. Bogotá, 1989 [Departamento de Missiones].

CELAM. *Documento de Trabalho: Nova evangelização, promoção humana e cultura cristã*. São Paulo: Loyola, 1992.

CONSELHO INDIGENISTA MISSIONÁRIO. *Plano Pastoral*. 4. ed. Brasília, 2015.

GANTIN, B. Carta. In: CELAM. *Nova evangelização, promoção humana e cultura cristã: Documento de trabalho*. São Paulo: Loyola, 1992.

JIMENEZ FERNANDEZ, M. *Fr. Bartolomé de las Casas: Tratado de Indias y el Doctor Sepúlveda – Estudio preliminar y transcripción del códice original.* Caracas: Biblioteca de la Academia Nacional de la Historia, n. 56, 1962.

KRÄUTLER, E. Texto final da Comissão 26 e Comentário: Evangelizar as culturas? – Evangelizar a partir das culturas? *Revista Eclesiástica Brasileira*, Petrópolis, fasc. 211, p. 667-675, set./1993.

LAS CASAS, B. *O paraíso destruído – Brevíssima relação da destruição das Índias.* Porto Alegre: L&PM, 1984.

MONTESINOS, A. Sermón profético del domínico A. Montesinos en defensa de los índios. Documento 57. In: SUESS, P. (org.). *La conquista espiritual de la América Española – Doscientos documentos del siglo XVI.* Quito: Abya Yala, 2002, p. 200-202.

NÓBREGA, M. da. Carta a Diego Laynes. In: LEITE, S. (org.). *Cartas dos primeiros jesuítas do Brasil.* Vol. III. São Paulo: Comissão do IV Centenário da Cidade de São Paulo, 1954, p. 354-366.

SUESS, P. Liberdade e servidão – Missionários, juristas e teólogos espanhóis do século XVI frente à causa indígena. In: SUESS, P. (org.). *Queimada e semeadura – Da conquista espiritual ao descobrimento de uma nova evangelização.* Petrópolis: Vozes, 1988.

SUESS, P. *A causa indígena na caminhada e a proposta do Cimi: 1972-1989.* Petrópolis: Vozes, 1989.

SUESS, P. O processo da inculturação. In: PINHEIRO, E. (coord.). *Santo Domingo: uma leitura pastoral.* São Paulo: Paulinas, 1993a, p. 53-71.

SUESS, P. O esplendor de Deus em vasos de barro: cultura cristã e inculturação. In: BOFF, C. et al. *Santo Domingo: ensaios teológico-pastorais.* Petrópolis: Vozes, 1993b, p. 166-190.

SUESS, P. Santo Domingo: inculturação. *Introdução à Teologia da Missão: convocar e enviar – Servos e testemunhas do Reino.* 4. ed. rev. e ampl. Petrópolis: Vozes, 2015, p. 160-166.

SUESS, P. Evangelização e inculturação. In: BRIGHENTI, A.; PASSOS J.D. (orgs.). *Compêndio das conferências dos bispos da América Latina e Caribe.* São Paulo: Paulinas/Paulus, 2018, p. 355-365.

SUESS, P. (org.). *Em defesa dos povos indígenas* – Documentos e legislação. São Paulo: Loyola, 1980.

VALENTINI, L.D. A Conferência de Santo Domingo – Depoimento pessoal. *Revista Eclesiástica Brasileira,* Petrópolis, fasc. 209, p. 5-18, mar./1993.

WEINRICH, H. *Lete – Arte e crítica do esquecimento.* Rio de Janeiro: Civilização Brasileira, 2001.

13
A educação e a Conferência de Santo Domingo

Maria Aparecida Corrêa Custódio

A celebração dos trinta anos da IV Conferência Geral do Episcopado Latino-americano, realizada em Santo Domingo (República Dominicana), em 1992, brinda-nos a ocasião de reflexão sobre a educação que nela se propõe. Na verdade, o documento *Santo Domingo*[11], gerado nessa conferência, deixa claro que se ocupa da educação cristã, embora mencione que reafirma o que foi dito nas conferências episcopais de Medellín (1968) e Puebla (1979) a respeito da educação.

A temática está apresentada em apenas um tópico: *A ação educativa da Igreja*, que pertence ao capítulo 3 – A cultura cristã – que, por sua vez, compõe a segunda parte intitulada Jesus Cristo Evangelizador vivo em sua Igreja, que é o conteúdo mais longo e denso de todo o documento.

---

11. Citaremos os pontos do documento da seguinte forma: indicando o número pelo sinal # de cardinalidade. Assim: # 263 é o ponto 263 de SD. As citações seguem a 5ª edição brasileira.

Quadro 1 A ação educativa da Igreja – SD

Seção	Ponto
Iluminação teológica	§ 263 a § 266
Desafios pastorais	§ 267 a § 270
Linhas pastorais	§ 271 a § 278

Fonte: Elaboração da autora com base em CELAM, 1993, p. 128-132.

A ação educativa proposta por *Santo Domingo* reflete parte do discurso do Papa João Paulo II proferido na abertura da conferência. Em sua mensagem, o pontífice apontou a figura de Jesus Cristo como espinha dorsal para o ser e agir da Igreja na sua tarefa de evangelizar, promover a pessoa humana e disseminar a cultura cristã na sociedade. Nessa perspectiva, a ação educativa é uma importante ferramenta para promover a inculturação do Evangelho.

Vale comentar o conceito de inculturação do Evangelho conforme o discurso inaugural de João Paulo II. Podemos partir da expressão nova evangelização, que foi indicada por ele como ideia central para a conferência dos bispos reunidos em Santo Domingo e seus convidados (padres, religiosas, leigas e outros agentes).

Expressão popularizada por João Paulo e muito utilizada pela Igreja contemporânea, nova evangelização consiste basicamente em evangelizar com novo ardor e novos métodos para enfrentar novos desafios, anunciando Jesus Cristo como medida de todas as culturas e de todas as obras humanas. Nas palavras do papa,

Anunciar Jesus Cristo a todas as culturas é a preocupação central da Igreja e objeto da sua missão. Nos nossos dias, isto exige, em primeiro lugar, o discernimento das culturas como realidade humana a evangelizar e, consequentemente, a urgência de um novo tipo e alto nível de colaboração entre todos os responsáveis pela obra evangelizadora (CELAM, 1993, p. 22).

Nessa concepção, o Evangelho deve inspirar as culturas para que elas se enriqueçam com os valores cristãos e sejam transformadas a partir de dentro de si mesmas.

Na verdade, a evangelização das culturas representa a forma mais profunda e global de evangelizar uma sociedade, porque, através dela, a mensagem de Cristo penetra nas consciências das pessoas e se projeta no "ethos" de um povo, nas suas atitudes vitais, nas suas instituições e em todas as estruturas (Ibid., p. 21-22).

Curiosamente, o discurso pontifício exorta os bispos e seus convidados a prestarem atenção aos ensinamentos das culturas indígenas e afro-americanas. Aqui a ideia parece ser de apropriação em um dos sentidos que é dado pelo pensador francês Michel de Certeau: "tornar-se semelhante àquilo que se absorve" (CERTEAU, 2009, p. 238).

Particular atenção haveis de prestar às *culturas indígenas e afro-americanas,* assimilando e pondo em relevo tudo o que nelas há de profundamente humano e humanizador. A sua visão da vida, que reconhece a sacralidade do ser humano e do mundo, o seu respeito profundo pela natureza, a humildade, a simplicidade, a solidariedade são valores que hão de estimular o esforço, por levar a cabo uma autêntica evangelização inculturada, que seja também promotora de progresso e conduza sempre à adoração de Deus "em espírito e verdade" (CELAM, 1993, p. 23-24, grifos no original).

João Paulo II também afirma que os valores das culturas indígenas e afro-americanas não devem eximir os cristãos de "proclamar em todo o momento que 'Cristo é o único salvador de todos, o único capaz de revelar e de conduzir a Deus'" (Ibid., p. 24). Inverte-se aqui a perspectiva de apropriação certeausiana: deve-se tornar as culturas nativas semelhantes ao que se é, fazê-las próprias, apropriar-se delas.

Desse jeito, prevalece o que o sociólogo francês Jacques Lagroye (2006) chama de "regime de verdade da Igreja": a instituição vê-se como portadora de uma moral universal e detentora da verdade, a única capaz de preservar e salvar as culturas de si mesmas. Para isso, a Igreja faz uma racionalização "entendida como tentativa para estabelecer uma relação estreita entre as práticas e os comportamentos, de um lado, e a forma da verdade que o pertencimento ao grupo permite alcançar, de outro lado". Esse tipo de racionalização "desenha na instituição religiosa sistemas de atitudes diferentes, até antagônicos" (LAGROYE, 2006, p. 21).

De fato, a Igreja é uma instituição plural, atravessada por atitudes diferentes, antagonismos e contradições que volta e meia escapam, a exemplo do vestígio deixado no discurso do papa que parece valorizar inicialmente as trocas culturais entre indígenas, afro-americanos e cristãos, mas, em seguida, sugere a proclamação da verdade cristã. Seja como for, é notável o sentido positivo da cosmovisão nativa e afrodescendente citada por João Paulo II.

Contudo, a orientação dada pelo "Centro" – o Vaticano, com o papa e a Cúria romana – à Conferência de Santo Domingo e ao seu produto, o SD, é passível de crítica:

> [...] ressalvando os novos problemas que apontou (inculturação, evangelização da massa dos "afastados"), marcou uma descontinuidade com respeito a Medellín e Puebla, e um claro alinhamento da Igreja do continente ao projeto restaurador do Centro. Como se disse, foi um "sínodo romano na AL" [América Latina] (BOFF, C., 1996, p. 138-139).
>
> Santo Domingo é música latino-americana, tocada com guitarra romana (BOFF, C., 1993, p. 11).
>
> O documento de Santo Domingo parece marcar uma reorientação nos rumos da Igreja latino-americana, uma reorientação onde se privilegia a dimensão evangelizadora da Igreja, enfatizando sua função religiosa e missionária. Em suma, o documento de Santo Domingo não pretende, em suas análises, partir da realidade, mas faz uma clara opção em partir da doutrina da fé; revela uma preocupação pela dimensão especificamente religiosa e missionária da Igreja, com enfraquecimento do compromisso social. O documento de Santo Domingo liga, apesar de tudo, o religioso ao social; contudo, o faz de modo fraco e pouco orgânico (LEMOS, 2001, p. 53 e 54).

Portanto, não é de se estranhar que o documento de SD priorize a reflexão sobre a educação cristã, no âmbito interno, abordando temas relacionados à cultura cristã, formação cristã, escolas e universidades católicas, congregações e ordens docentes, educadores cristãos, família católica. No âmbito externo, o texto de SD demonstra preocupação com a relação Igreja/Educação-Estado e menciona o quadro de exclusão educacional, analfabetismo, educação inadequa para povos indígenas e afro-americanos e necessidade de democratizar a educação na América Latina.

Vejamos essas questões com mais vagar nos próximos tópicos. Nestes, trataremos SD como uma fonte documental relevante para analisar alguns aspectos do que foi vislumbrado para a educação latino-americana, alguns aspectos do que ficou ofuscado e alguns aspectos que permanecem como utopia.

Currículo oculto de SD

O primeiro ponto do tópico *A ação educativa da Igreja* parece mais uma justificativa para aquilo que SD não quis recusar nem atualizar.

> § 263. Reafirmamos o que dissemos em Medellín e Puebla (cf. Documento de educação, Medellín, Puebla) e a partir dali assinalamos alguns aspectos importantes para a educação católica nos nossos dias.

Na esteira dos documentos de Medellín (CELAM, 1987) e Puebla (CELAM, 1979), discutiremos as linhas gerais das proposições da Igreja para a educação na América Latina. Não analisaremos as prováveis lacunas ou fragilidades desses documentos nem sua recepção pela Igreja e demais instituições religiosas. Mas resgataremos suas premissas básicas reafirmadas sumariamente pelo texto de SD.

Para começar, retornamos ao Concílio Vaticano II (1962-1965) e situamos esse significativo evento que foi bem recepcionado e reinventado pelas conferências episcopais latino-americanas.

O Concílio Vaticano II representou um momento forte de reflexão e atualização da Igreja diante do mundo moderno, no contexto da grande reviravolta político-cultural ocorrida após a II Guerra Mundial, que exigia do catolicismo maior diálogo com a sociedade e com as diversas religiões cristãs e não cristãs. Nesse contexto, o Concílio representou um momento de abertura da Igreja às questões sociais, entre as quais, a educação.

Segundo José Carlos Galvão Lemos (2001, p. 22), que produziu uma dissertação sobre *A Igreja Católica e a educação*, "Podemos identificar nos documentos e no ambiente da Igreja do Vaticano II quatro grandes linhas orientadoras da educação após o Concílio: educação e escola, educação e participação, educação e técnica e, por fim, educação e liberdade".

Entre os princípios conciliares sistematizados por Lemos (Ibid., p. 23-25), chamam a atenção: a ampliação do conceito de educação, pois se reconhece que a educação escolar é apenas uma das possibilidades de formação humana e não a única; a compreensão da função social da educação, reconhecida como uma forma de levar à solidariedade e à participação ativa na vida social, econômica e política; a observação de que deve haver integração entre humanismo e cristianismo; a ideia de uma educação para a liberdade, que implica tanto na formação de um sujeito autônomo e responsável como no reconhecimento da autonomia da cultura e da ciência.

O Vaticano II representou também uma possibilidade de se sancionar práticas de reorganização institucional que vinham sendo realizadas em toda a Igreja no contexto da renovação interna desencadeada a partir de 1950. Desse modo, foram sancionados organismos como a Conferência Nacional dos Bispos do Brasil (CNBB), criada em 1952; o Conselho Episcopal Latino-Americano (CELAM), criado em 1955; e a Conferência Latino-Americana de Religiosos (CLAR), criada em 1959.

Todos esses organismos foram muito importantes para a apropriação das diretrizes conciliares pela Igreja latino-americana, com destaque para a discussão de questões regionais que não puderam ser tratadas no Vaticano II. Como afirma o padre-historiador J.O. Beozzo (1998, p. 825), "temas fundamentais para o continente não conseguiram entrar na pauta conciliar determinada, em grande parte, pelos episcopados centro-europeus".

Dessa forma, a II Conferência Geral do Episcopado Latino-americano, realizada em Medellín (Colômbia), de 24 de agosto a 6 de setembro de 1968, leu as diretrizes do Concílio à luz da realidade latino-americana, chamando a atenção sobre a maioria esmagadora de pobres que habitava o continente e estava à margem dos direitos humanos e sociais, no contexto dos repressivos regimes militares e de um sistema capitalista altamente excludente e desigual.

Nasceu em Medellín[12] a opção preferencial pelos pobres, que se tornou o fio condutor da missão da Igreja na América

---

12. Para nos referirmos às *Conclusões de Medellín* (1987) utilizaremos o termo Medellín com significado de documento.

Latina. Ratificou-se aí a teologia da libertação (TdL) que estava em gestação e doravante passou a ser divulgada em todo o território latino-americano. A TdL serviu de fundamento para católicos militantes qualificarem sua atuação sociopolítica, seja por meio das Comunidades Eclesiais de Base, seja por meio das organizações estudantis. A propósito, L. Boff, um dos teólogos do núcleo fundante da TdL, afirma que o surgimento das Comunidades Eclesiais de Base é o fato mais importante da eclesiologia dos últimos séculos. "Um dos mais palpáveis fenômenos do Espírito nos últimos anos por todo o continente", quando pobres e oprimidos "puderam viver sua fé comunitária e tentar os passos de uma libertação que nasce e se alimenta da fé" (BOFF, L., 1988, p. 89). Por sua vez, Wellington T. da Silva e Paulo A. Baptista (2020, p. 21) atualizam a reflexão sobre a TdL e afirmam que essa teologia "teve na Juventude Universitária Católica – JUC um espaço importante para a sua germinação".

Na verdade, Medellín fortaleceu parte das proposições da TdL ao declarar a relevância da libertação integral de toda forma de opressão a partir de uma transformação social com participação ativa dos pobres, os quais passaram a ser considerados pela Igreja como sujeitos de sua própria história. Mas, para se chegar a isso, a educação seria uma peça fundamental.

> A educação é efetivamente o meio-chave para libertar os povos de toda servidão e para fazê-los ascender "de condições de vida menos humanas para condições mais humanas" (PP) [refere-se à encíclica *Populorum Progressio*, do Papa Paulo VI, publicada em 1967] tendo-se

em conta que o homem é o responsável e "o artífice principal de seu êxito e de seu fracasso" (PP 15) (CELAM, 1987, p. 50).

Medellín examinou o panorama da educação na América Latina, ou da falta de educação como relê Beozzo (1998, p. 836), e propôs uma educação libertadora.

> Nossa reflexão sobre este panorama conduz-nos a propor uma visão da educação mais conforme com o desenvolvimento integral que propugnamos para nosso continente; chamá-la-íamos de "educação libertadora", isto é, que transforma o educando em sujeito de seu próprio desenvolvimento (CELAM, 1987, p. 50).

Como afirma Lemos (2001, p. 113), certamente a Igreja apreendeu essa concepção de educação da "experiência e vivência populares, tendo como sujeito as classes populares e como preocupação a democratização das relações sociais". Esse aprendizado da Igreja junto às classes populares levou Medellín a propor uma educação que capacitasse as novas gerações para se apropriarem do sentido da dignidade humana, da vida comunitária e da vida social para enfrentarem criticamente as mudanças que assolavam o mundo moderno e excludente. Nessa ótica, seria necessário rever currículos, métodos e filosofias de ensino para se construir uma educação bem diferente daquela que fora diagnosticada.

> Sem esquecer as diferenças que existem relativamente aos sistemas educativos nos diversos países do continente, parece-nos que o seu *conteúdo programático* é em geral demasiado *abstrato e formalista*. Os *métodos didáticos* estão mais *preocupados com a transmissão*

> *dos conhecimentos do que com a criação de um espírito crítico.* Do ponto de vista social, *os sistemas educativos estão orientados para a manutenção das estruturas sociais e econômicas imperantes, mais do que para sua transformação.* É uma *educação uniforme,* em um momento em que a comunidade latino-americana despertou para a riqueza de seu pluralismo humano; é passiva, quando já soou a hora para nossos povos de descobrirem seu próprio ser, pleno de originalidade; está orientada no sentido de sustentar uma economia baseada na ânsia de "ter mais", quando a juventude latino-americana exige "ser mais", na posse de sua autorrealização pelo serviço e no amor (CELAM, 1987, p. 48-49, grifos nossos).

A educação preconizada por Medellín, intencionalmente ou não, parece alinhada com algumas teorias de educação engendradas no período. Quando Medellín faz a crítica aos sistemas educativos que estariam orientados para a manutenção das estruturas sociais e econômicas mais do que para sua transformação, podemos pensar na teoria da reprodução social de P. Bourdieu e Jean-Claude Passeron. Esses autores criticaram os sistemas escolares enquanto instâncias de promoção social que atuavam na reprodução da ordem social vigente, tendo como posto de observação a realidade educacional da França.

> Todo *sistema de ensino institucionalizado* (SE) deve as características específicas de sua estrutura e de seu funcionamento ao fato de que lhe é preciso produzir e reproduzir, pelos meios próprios da instituição, as condições institucionais cuja existência e persistência (autorreprodução da instituição) são necessários tanto ao exercício de sua função própria de inculcação quanto

à realização de sua função de reprodução de um arbitrário cultural do qual ele não é o produtor (reprodução cultural) e cuja reprodução contribui à reprodução das relações entre os grupos ou as classes (reprodução social) (BOURDIEU; PASSERON, 1992, p. 64).

Mas, sem dúvida, foram as ideias de Paulo Freire as mais identificadas pelos estudiosos, até porque Medellín recomendou a educação libertadora como práxis educativa para toda a Igreja latino-americana e assumiu um compromisso com a "educação de base".

> A Igreja toma consciência da suma importância da educação de base. Em atenção ao grande número de analfabetos e marginalizados na América Latina, a Igreja, sem poupar sacrifício algum, se comprometerá a promover a educação de base, que não visa somente a alfabetizar mas também capacitar o homem para convertê-lo em agente consciente de seu desenvolvimento integral (CELAM, 1987, p. 54).

Uma boa síntese dos processos que contribuíram para que Medellín aderisse ao conceito de educação libertadora é feita por José Oscar Beozzo.

> O documento de Medellín acolhe assim as grandes linhas de uma educação libertadora, nascida das experiências de educação popular desenvolvidas nas campanhas de educação de base, a partir dos métodos inovadores da pedagogia do oprimido do educador brasileiro Paulo Freire, ao mesmo tempo em que a fundamenta teologicamente no mistério pascal do Cristo (BEOZZO, 1998, p. 837).

Como afirma J.B. Libânio (1997, p. 17), a Igreja passou a lutar "nas fronteiras da educação conscientizadora e libertadora para o campo político, na herança de Paulo Freire e Medellín". Não cabe aqui aprofundar a relação da educação libertadora defendida por Medellín com a educação popular de Paulo Freire, mas concordamos com a compilação de José Carlos G. Lemos.

> [...] muitos autores, entre eles Jorge (1981) [...] acreditam que a Igreja brasileira foi uma das grandes responsáveis pela divulgação e implementação do trabalho de Freire que, a partir das ideias e formulações dos teólogos da libertação, [deu] impulso às concepções da pedagogia libertadora no âmbito da educação. Segundo o autor, o ponto de partida de toda a reflexão pedagógica de Paulo Freire é o homem, o homem concretamente oprimido, e é para este homem que Paulo Freire se volta e propõe sua teoria da educação – uma pedagogia como prática de libertação (LEMOS, 2002, p. 88).

Outros fatores trazidos por José Carlos Lemos, com base nas análises de J. Comblin (1988) e Paula Montero (1991), contribuem para se compreender melhor a linha libertadora apregoada por Medellín.

> Ao assumir o vocabulário libertação, Medellín se colocou um pouco a distância daqueles que defendiam que a transformação social era necessariamente e obrigatoriamente obra dos que detinham capitais e técnicas, e o povo nada mais é do que receptor passivo desta técnica; procurou fugir, assim, dos chamados desenvolvimentistas. Natural esta atitude de Medellín, dado que o papa, na *Populorum Progressio*,

tinha assumido o linguajar desenvolvimentista dos técnicos, apelando para a generosidade das nações industrializadas e das classes dirigentes latino-americanas.

De qualquer forma, Medellín de forma geral também apostou no desenvolvimento como fator de transformação social; contudo, desviando o olhar para a situação do povo latino-americano e não [para os] interesses das classes dirigentes. Medellín conseguiu avançar em relação à encíclica *Populorum Progressio*, já que apelou para a consciência política dos povos situando o agente político, o ator histórico principal nos povos (LEMOS, 2001, p. 60).

Podemos recorrer à história da educação para recordar propostas educativas que estavam alinhadas com a perspectiva desenvolvimentista citada por Lemos. Na década de 1960, as agências norte-americanas, em especial o Banco Mundial, propagavam a teoria do capital humano como diretriz de política social para países em desenvolvimento. Essa teoria propunha que o processo de educação escolar fosse considerado como um investimento que redunda em maior produtividade e, consequentemente, melhores condições de vida para os trabalhadores.

Nesse ponto de vista, "As habilidades e os conhecimentos obtidos com a escolarização formal representam o 'capital humano' de que cada trabalhador se apropria: a teoria supõe que basta investir nesse capital para que o desenvolvimento pessoal e social aconteça" (HILSDORF, 2005, p. 123). Em outras palavras, a responsabilidade recai sobre o sujeito e não se cogita a transformação do sistema. Sem dúvida, a teoria do capital humano contrasta com as orientações de Medellín

333

que anunciou seu apoio a todo esforço educativo que viesse a libertar os povos latino-americanos de sua condição de vida desumana e socialmente injusta.

Retornando aos cenários eclesiais das décadas de 1970-1980, a III Conferência Geral do Episcopado Latino-americano, realizada em Puebla de Los Ángeles (México), de 27 de janeiro a 13 de fevereiro de 1979, reafirmou a opção preferencial pelos pobres à luz dos problemas sociais da América Latina, que se agravaram desde Medellín, haja vista a doutrina neoliberal rondando os países.

Um "balanço do neoliberalismo" feito por P. Anderson (1995, p. 9-23) mostra que a América Latina foi a terceira grande cena de experimentações neoliberais. O Chile, sob a ditadura de Pinochet (1973-1990), foi a primeira experiência neoliberal sistemática, seguido pela Bolívia, México, Argentina, Venezuela e Peru, que consolidaram a virada continental em direção ao neoliberalismo. Em meio a esses contextos, não é por acaso que Puebla[13] fala de uma evangelização libertadora.

> Em Puebla, o conceito cristão de libertação se realiza na vida dos povos, abarcando todas as dimensões da existência humana. Enquanto em Medellín, em nome de uma educação das consciências, se propunha uma educação libertadora, em Puebla se fala de uma evangelização libertadora (LEMOS, 2001, p. 62).

Conforme analisa L. Boff (1988, p. 81-92), Puebla apresenta "dez eixos centrais" que parecem imbricados com a ideia

---

13. Para nos referirmos às *Conclusões da Conferência de Puebla* (1979) utilizaremos o termo Puebla com significado de documento.

de evangelização libertadora. Destes, nos interessa o eixo da "opção pela libertação integral" que é apontado como essência da missão da Igreja no ato de evangelizar que, a nosso ver, é educar para a apreensão da mensagem de salvação e libertação. Em síntese, essa prática educativa deveria libertar as pessoas das injustiças e promovê-las integralmente para realizarem-se como filhas de Deus.

Ainda segundo Boff (p. 88, grifos no original), essa utópica proposição estaria "baseada em dois polos complementares e inseparáveis: 'libertação *de* todas as servidões [...] e libertação *para* o crescimento progressivo no ser' (n. 482), abrangendo todas as relações da realidade (cf. n. 483) [n. 482 e n. 483 estão nas Conclusões de Puebla]".

Uma reflexão mais atual indica que Puebla discutiu temas culturais articulados à exclusão social como a evangelização dos povos afro-americanos, indígenas e mestiços. Ao dar atenção à diversidade cultural da realidade latino-americana, Puebla "instalou uma tensão interna às preocupações com a evangelização das coletividades portadoras de culturas distintas", embora, à época, carecesse de vocabulário e categorias adequadas para formular essa temática, afirma o antropólogo Marcos Pereira Rufino (2006, p. 255).

Dessa forma, Puebla representou um avanço e um estímulo para a inserção da Igreja nas causas sociais e na busca de compreensão das minorias étnico-culturais tendo em vista a sua libertação integral.

A temática da libertação integral será historificada de forma bem concreta: a libertação econômica, social e educacional constituirá o passo mais importante do compromisso cristão lido teologicamente como uma das concretizações do Reino de Deus. O integral e total passará inelutavelmente por esta mediação particular [...] *A Igreja vai aprofundar a educação popular na linha de uma sociedade alternativa* e um descompromisso mais forte com o sistema imperante. As *instituições* médias e superiores da Igreja poderão *levar os educandos a uma opção de fé no sentido da justiça social* e de uma articulação orgânica do saber e do fazer técnico *em função das camadas populares* (BOFF, L., 1998, p. 98, apud LEMOS, 2001, p. 118, grifos nossos)[14].

No fragmento supramencionado, L. Boff fornece pistas para se compreender melhor o que Puebla esperava alcançar ao lançar a expressão educação evangelizadora. Como se observa, a educação evangelizadora deveria contribuir para aquilo que já se disse antes: a libertação das servidões do sistema imperante e a construção de uma sociedade alternativa onde haveria lugar para a transformação social e o crescimento humano e espiritual. Com base nesse princípio, podemos inferir que a educação evangelizadora apregoada por Puebla está profundamente imbricada com a ideia de educação libertadora anunciada por Medellín, e ambas vislumbram a educação popular.

Na acepção sociológica, a educação popular pode ser compreendida como a educação "produzida pelas classes populares, ou produzida para ou em conjunto com as classes po-

---

14. Transcrevemos o fragmento de Boff (1998) da edição utilizada por Lemos (2001) porque temos em mãos uma versão anterior de *O caminhar da Igreja com os oprimidos* (1988) e nesta não localizamos a referida citação.

pulares, em função de seus interesses de classe, quer através do ensino formal, quer através do ensino informal, extraescolar e assistemático" (WANDERLEY, 1981, p. 687). Ainda segundo o autor, a educação popular é histórica, classista, política, transformadora, libertadora e democrática; é conscientizadora, pois relaciona teoria e prática, educação e trabalho; tem como objetivo a realização de um poder popular.

As características da educação popular teorizadas por Luiz Eduardo Wanderley (1981, p. 689) permitem compreender o que L. Boff (1998, p. 98) quis dizer quando escreveu que, a partir de Puebla, "A Igreja vai aprofundar a educação popular na linha de uma sociedade alternativa". Adotando os princípios da educação popular, Puebla pretendia que as instituições católicas e seus sujeitos educadores/evangelizadores educassem/evangelizassem para a justiça social e a favor das camadas populares nos termos de L. Boff citado.

Como vimos, desde Medellín, a educação popular significava a inserção da Igreja nos meios populares, principalmente nos grupos de alfabetização, em uma linha conscientizadora e política. Puebla ratificou esse preceito ao estabelecer como compromisso pastoral a ação de

> Acompanhar a alfabetização dos grupos marginalizados com atividades educacionais que os ajudem a comunicar-se eficazmente; a se darem conta dos seus deveres e direitos; a compreenderem a situação em que vivem e a discernirem suas causas: a se habilitarem para organizar-se no campo civil, trabalhista e político, e assim poder participar plenamente dos processos decisórios que lhes dizem respeito (CELAM, 1979, p. 332).

337

No decorrer do tempo, os preceitos da educação popular nortearam as práticas educativas de muitas Comunidades Eclesiais de Base voltadas para a formação política de lideranças que, por sua vez, socializaram seus saberes com o povo simples das periferias das cidades e das áreas rurais. Em última instância, os princípios da educação popular estimularam muitos cristãos a se engajarem nos movimentos sociais e, nesses espaços, atuarem na formação política da população em geral.

Não vamos tratar desse aspecto, mas não podemos deixar de mencionar que essa tendência foi se enfraquecendo a partir dos anos de 1990, quando muitas comunidades dos meios populares se tornaram mais comunidades eclesiais do que propriamente comunidades de base, deixando para trás a educação libertadora "como fator básico e decisivo na transformação dos povos latino-americanos" (LEMOS, 2001, p. 82).

Enfim, os cenários da Igreja mudaram, assim como mudaram os cenários da sociedade.

Currículo central de SD

Quando ocorreu a Conferência de Santo Domingo, entre 12 a 28 de outubro de 1992, os cenários sociopolíticos da América Latina haviam se alterado com o avanço da doutrina neoliberal imbricada com a imposição de uma ordem mundial global.

> Os países em desenvolvimento, principalmente os da América Latina, da Ásia e da África, são os que têm sofrido as maiores consequências em virtude do crescimento do desemprego, da

pobreza e da miséria. Estes países com grandes dívidas externas acabam cada vez mais dependentes dos países centrais, pois seus produtos e serviços são, normalmente, primários com relação ao mundo desenvolvido. Este quadro se agrava quando se observa que estes países estão olhando a globalização como única saída e que não há alternativa (NEY, 2008, p. 54).

Do ponto de vista da educação, os estudiosos asseguram que o período foi marcado por "reformas e políticas educacionais de ajuste", sofrendo os "impactos e perspectivas da revolução tecnológica, da globalização e do neoliberalismo" (LIBÂNEO et al., 2006, p. 95-128). Em outras palavras, as reformas educativas empreendidas coincidiram com a recomposição do sistema capitalista mundial e com a reestruturação global da economia regida pela doutrina neoliberal.

Desse modo, as mudanças dos processos de produção, associadas a avanços científicos e tecnológicos, exigiram ajustamento das políticas econômicas e educacionais para que os países se modernizassem e se inserissem no mundo globalizado. Exigia-se, portanto, maior capacitação e requalificação dos trabalhadores, colocando a educação como chave do desenvolvimento.

Assim, organismos multilaterais, em especial o Banco Mundial, consideravam a educação como eixo motor de um processo de transformação produtiva com equidade. No entanto, pregavam a redução do papel do Estado de tal maneira que a maioria das reformas educativas se ocuparam da ampliação do acesso e permanência na escola de ensino fundamental, deixando a desejar a melhoria da qualidade do processo de ensino e aprendizagem e a democratização de níveis mais elevados de escolarização.

Em resumo, a pregação neoliberal contrasta com a situação dos países latino-americanos, que continuam a enfrentar a histórica desigualdade de classe, raça, gênero e geração, afetando a democratização da educação e de muitos outros bens culturais.

Em meio a esses contextos, SD preocupou-se com a educação em geral, mas ocupou-se sobremaneira da educação católica, evidenciando a tendência da Igreja latino-americana de se voltar mais para as questões religiosas do que para as questões sociais, alinhando-se às diretrizes do papado de João Paulo II conforme atesta a literatura citada[15].

Vejamos, então, as categorias de educação abordadas em SD.

Quadro 2 Categorias de educação SD

Seção	Níveis e modalidades de educação
Iluminação teológica	Educação preconizada por Medellín e Puebla.
	Educação católica/educação cristã.
	Educação ao longo da vida.

---

15. Permita-me fazer um breve relato autobiográfico. Lembro-me até hoje do dia que Dom Angélico Sândalo Bernardino esteve na Diocese de Campo Limpo (Grande São Paulo) para apresentar as conclusões de SD. Um clima de tensão pairava no ar da assembleia que reunia bispo, padres, religiosas e leigos. Da parte de quem trabalhava nas Comunidades Eclesiais de Base, como era meu caso, havia pouca disposição para acolher SD como instrumento pastoral. Temia-se que *Santo Domingo* confirmasse a tendência da Igreja local de se voltar mais para as questões religiosas, algo que estava ocorrendo entre nós. Por esse motivo, naquele inesquecível dia, SD foi acolhido com ressalvas, embora a exposição de Dom Angélico tenha sido na linha da esperança e da grande habilidade desse prelado para lidar com conflitos dessa natureza.

Desafios pastorais	Educação escolar, educação indígena, educação afro-americana e, subentendida, educação de jovens e adultos (alfabetização). Educação extraescolar e educação informal. Educação católica, ensino superior católico/cristão.
Linhas pastorais	Educação cristã/educação evangelizadora integrada à formação cívico-social. Ensino religioso. Educação católica de ordens e congregações religiosas e paroquiais. Universidades católicas. Educação escolar.

Fonte: Elaboração da autora com base em CELAM, 1993, p. 128-132.

No âmbito de SD, a reflexão teológica é o grande referencial e a educação cristã é o ponto de partida para se pensar a educação em todos os níveis e modalidades. Para SD, a educação cristã assimila a cultura cristã e significa: "§ 263. a inculturação do Evangelho na própria cultura", concepção que segue a linha de pensamento de João Paulo II conforme acenamos na introdução. De fato, SD fala de uma educação cristã, fazendo uma leitura mais antropológica da educação do que social, diferente de Medellín e Puebla que fizeram uma leitura social da educação.

Segundo o SD (§ 263 a § 266), a educação cristã está relacionada à antropologia cristã, cuja principal premissa é cotejar os valores humanos com a figura de Jesus Cristo, fomentando os educandos a adotarem um projeto de vida pautado na vivência de uma fé em Jesus que se encarnou entre nós e se tornou o Cristo morto e ressuscitado. Nessa perspectiva, a educação cristã é uma ferramenta indispensável na nova evangelização e cabe a ela extrapolar a formação do ser humano apto apenas para dominar o mundo e viver em sociedade – evidentemente, na atualidade, questiona-se o paradigma de formação do ser humano para dominar o mundo, considerando as consequências desse pensamento e a crise político-ambiental que assola o planeta.

Sob a ótica do cristianismo como religião histórica, o cerne da questão é formar a pessoa para continuar a linha salvífica em sua própria existência, tendo um projeto de vida fundamentado na premissa de que o mesmo Jesus que se encarnou na história da humanidade, morreu e ressuscitou. A transmissão dessa história de salvação é feita por um mestre cristão que é um sujeito eclesial, ou seja, alguém que fala em nome da Igreja e, por essa razão, deve ser apoiado pela instituição no exercício desse ofício.

Como se observa, o tratamento conferido à educação está condizente com o teor argumentativo de todo o documento.

> Se as conferências de Medellín e Puebla marcaram o início da Igreja latino-americana e sua inserção nas questões sociais, o mesmo não se pode afirmar a respeito da conferência de Santo Domingo. [...] O documento de Santo Domingo não deixa de tratar as questões sociais; contudo, o faz de maneira mais formal do que real, não sendo percebida como integrada ao tecido do texto. Sem dúvida, a dimensão mais privilegiada é a evangelização explícita; a ênfase do documento é estritamente religiosa e Cristo é seu eixo teológico (LEMOS, 2001, p. 63).

Por outro lado, não passa despercebido que o ponto introdutório explicita uma concepção de educação ao longo da vida: "§ 263, a educação é um processo dinâmico que dura a vida toda da pessoa e dos povos". Esse aspecto já havia sido mencionado por Puebla quando se referiu às amplas possibilidades de atuação da Igreja na área da educação permanente. Chama atenção o sentido de educação para a vida toda em SD, o qual está alinhado com o debate internacional que repercutiu no relatório para a UNESCO da Comissão Internacional sobre Educação para o século XXI.

> [...] a educação ao longo de toda a vida, no sentido em que a entende a Comissão, vai mais longe ainda. Deve fazer com que cada indivíduo saiba conduzir o seu destino, num mundo onde a rapidez das mudanças se conjuga com o fenômeno da globalização para modificar a relação que homens e mulheres mantêm com o espaço e o tempo. As alterações que afetam a natureza do emprego, ainda circunscritas a uma parte do mundo, vão, com certeza, generalizar-se e levar a uma reorganização dos ritmos de vida. *A educação ao longo de toda a vida torna-se assim, para nós, o meio de chegar a um equilíbrio mais perfeito entre trabalho e aprendizagem, bem como ao exercício de uma cidadania ativa* (DELORS et al., 1998, p. 105, grifos nossos).

Desafios e linhas pastorais do campo educativo

Neste tópico, analisaremos alguns aspectos das duas seções de SD: da seção que apresenta os desafios pastorais e da seção que aponta algumas ideias para a Igreja, suas instituições e agentes lidarem com os desafios do campo educacional. Ambas serão cotejadas com alguns princípios de Medellín e Puebla já vistos.

SD abre a seção dos desafios pastorais com uma breve descrição da situação da educação na América Latina e a encerra preocupando-se com a educação dos povos indígenas e afro-americanos.

§ 267. A partir de outros aspectos a realidade latino-americana nos interpela pela exclusão de muita gente da educação escolar, mesmo a básica, pelo grande analfabetismo que existe em vários dos nossos países; interpela-nos pela crise da família, a primeira educadora, pelo divórcio existente entre o Evangelho e a cultura; pelas diferenças sociais e econômicas que fazem com que para muitos seja dispendiosa a educação católica, especialmente nos níveis superiores. Interpela-nos também a educação informal que se recebe através de tantos comunicadores não propriamente cristãos, p. ex., na televisão[16].

§ 270. Outros desafios significantes são a ignorância religiosa da juventude, a educação extraescolar e a educação informal. Também é um desafio a educação adequada às diferentes culturas, em especial às culturas indígenas e afro-americanas; não só no sentido de que não se adapta à sua maneira de ser, mas no de não marginalizá-las nem excluí-las do progresso, da igualdade de oportunidades e da capacidade de construir a unidade nacional.

---

16. No Brasil, desde 2009, a educação básica passou a contemplar: Educação Infantil, Ensino Fundamental, Ensino Médio e outras modalidades de educação destinadas a categorias específicas como indígenas, jovens e adultos etc. Portanto, é dever do Estado garantir "educação básica obrigatória e gratuita dos 4 aos 17 anos de idade, assegurada inclusive sua oferta gratuita para todos os que a ela não tiveram acesso na idade própria" (BRASIL, 2020, p. 157).

344

Conforme se observa, SD se apropriou de parte das preocupações de Medellín em relação à educação latino-americana, muitas das quais foram ratificadas e ampliadas em Puebla. Mas ressaltou a educação cristã como uma mediação metodológica para a evangelização das culturas. Propôs, então, no ponto § 271, uma educação cristã vinculada a "um processo de formação cívico-social inspirado no Evangelho e na Doutrina Social da Igreja".

SD não ficou alheio às considerações culturais de Puebla. Isso explica a preocupação com a educação dos povos indígenas e afrodescendentes, no bojo do reconhecimento do direito à diversidade étnico-cultural pelos países, a exemplo do que ocorreu no Brasil a partir da Constituição Federal de 1988. No entanto, no que tange a educação indígena, um dos aspectos apresentados no ponto § 270 é a perspectiva de se construir a unidade nacional. Essa questão é um tanto problemática, pois acaba revelando um indício de concepção alinhada com as políticas de integração dos povos originários, as quais são criticadas pelas próprias lideranças, a exemplo da bela tese de Daniel Munduruku (2012) sobre *O caráter educativo do movimento indígena brasileiro*.

SD considera a universidade católica e a universidade de inspiração cristã como um grande desafio. Entre os vários aspectos mencionados no ponto § 268, sobressai a necessidade de diálogo das universidades católicas com o humanismo e a cultura técnico-científica. Esses desafios reeditam alguns princípios conciliares e medellinsianos. Como dissemos anteriormente, os documentos do Vaticano II haviam estabelecido como linha de orientação para a educação a integração entre humanismo e cristianismo. E as *Conclusões de Medellín* haviam exposto a necessidade de diálogo "entre as disciplinas humanas e o saber teológico, em íntima conexão com as exigências mais profundas do homem e da sociedade" (CONFERÊNCIA, 1987, p. 55). Por fim, o DSD adotou as orientações de João Paulo II.

> § 276. Cremos particularmente que a universidade católica, a partir da Constituição apostólica *Ex corde Ecclesiae* [Constituição Apostólica de João Paulo II sobre as universidades católicas, publicada em 1990], é chamada a uma importante missão de diálogo entre o Evangelho e as culturas e de promoção humana na América Latina e Caribe.

Um desafio considerado "espinhoso" é a relação entre Igreja/Educação e Estado, que pode ser articulada em torno de duas questões básicas: financiamento da educação e ensino religioso.

> **[Seção Desafios pastorais]**
> § 269. No campo escolar, outro desafio é o que representa em vários países o espinhoso problema das relações entre a educação estatal e a educação cristã. Embora em outras nações se tenha produzido uma maior viabilidade das mesmas, há países em que ainda não se compreende que a educação católica é um direito inalienável dos pais católicos e dos seus filhos e neles não se recebem os recursos necessários para ela, ou simplesmente é proibida.

> **[Seção Linhas pastorais]**
> § 276. Devemos também nos esforçar para que a educação católica escolar em todos seus ní-

veis esteja ao alcance de todos e não se veja restrita a alguns, mesmo em vista dos problemas econômicos que isso implica. Deve-se promover a responsabilidade da comunidade paroquial na escola e sua gestão. Pedimos que se garantam os recursos públicos destinados à educação católica.

§ 272. Apoiamos os pais de família para que decidam de acordo com suas convicções o tipo de educação para seus filhos e denunciamos todas as intromissões do poder civil que coarte este direito natural. Deve garantir-se o direito da formação religiosa para cada pessoa, e, portando, o do ensino religioso nas escolas em todos os níveis.

SD reconhece a educação católica como direito inalienável das famílias e lamenta o fato de não serem destinados recursos para que crianças e jovens possam estudar nas escolas católicas. É notável que Puebla expressou semelhante preocupação: "o Estado deveria contribuir equitativamente o seu orçamento com as outras organizações educativas não estatais, a fim de que os pais, que também são contribuintes, possam escolher livremente a educação para seus filhos" (CELAM, 1979, p. 331). Diante desse desafio, SD insiste no compromisso de expandir a educação católica escolar e para isso solicita a garantia de recursos públicos.

Já a questão do ensino religioso nas escolas públicas, SD a coloca como uma pauta a ser considerada. No caso brasileiro, o tema do ensino religioso ocupou o debate educacional na Primeira República e seguiu até mesmo depois da promulgação da Constituição Federal de 1988. Também a questão da liberação de recursos públicos para instituições privadas permeou as disputas entre privatistas e defensores da educação pública desde a década de 1930.

Ainda tendo como campo de observação a realidade brasileira, sabemos que a Constituição Federal (CF) de 1988 estabeleceu os dispositivos para o ensino religioso e para o financiamento da educação, e a Lei de Diretrizes e Bases da Educação (LDB) os detalhou.

Não vamos tratar aqui da polêmica discussão em torno do conteúdo a ser ministrado nas aulas de ensino religioso e nem da crítica à hegemonia das religiões cristãs nas escolas públicas brasileiras, mas apenas registrar que o art. 210 da CF, em seu primeiro parágrafo, estabelece o ensino religioso como disciplina nas escolas públicas de ensino fundamental, porém com matrícula facultativa. E a LDB estabelece as seguintes diretrizes:

> Art. 33. O ensino religioso, de matrícula facultativa, é parte integrante da formação básica do cidadão e constitui disciplina dos horários normais das escolas públicas de ensino fundamental, assegurado o respeito à diversidade cultural religiosa do Brasil, vedadas quaisquer formas de proselitismo (BRASIL, 1996, s.p.).

Em relação ao financiamento da educação, o art. 213 da CF prescreve que os recursos públicos podem ser dirigidos a escolas comunitárias, confessionais ou filantrópicas desde que: "I) comprovem finalidade não lucrativa e apliquem seus excedentes financeiros em educação; II) assegurem a destinação de seu patrimônio a outra escola comunitária, filantrópica ou confessional, ou ao Poder Público, no caso de encerramento de suas atividades" (BRASIL, 2020, p. 160). O art. 77 da LDB acrescenta: "IV – prestem contas ao Poder Público dos recursos recebidos" (BRASIL, 1996, s.p.).

Entretanto, conforme analisa Romualdo Portela de Oliveira,

> A temática do repasse dos recursos públicos para a escola privada perdeu muito de sua importância nos anos imediatamente posteriores à promulgação da CF e da LDB, pois a legislação constitucional e infraconstitucional faculta o repasse, não o obriga. Assim, em última instância, repassar recursos públicos para a escola privada é uma opção política do governante (OLIVEIRA, 2007, p. 106-107).

Como se verifica, a transferência de recursos públicos para instituições privadas é facultativa, pois depende da opção política do governante. Sendo assim, cada um vai fazer de acordo com sua proposta de governo e de acordo com as pressões da sociedade civil organizada. Portanto, o financiamento da educação ainda é um campo de negociação e disputa no Brasil. Nesse sentido, SD tem razão de se preocupar com questões que operam no terreno das controvérsias e tentativas de busca de soluções de conciliação.

Em tom moderado, no ponto § 278, SD fala em solicitar aos governos que sigam em seus esforços para promover a democratização da educação, indicando uma provável relação amistosa com o poder civil, algo muito diferente da tensão relatada nas *Conclusões de Puebla*: "Alguns governos chegaram a considerar subversivos certos aspectos e conteúdos da educação cristã" (CELAM, 1979, p. 327). Portanto, vê-se aqui um indício de mudança da relação Igreja-Estado, considerando que nos anos de 1990 o regime democrático havia sido retomado pela maioria dos países.

Finalmente, em relação à educação informal veiculada pela televisão e outros meios de comunicação social, o § 277 de SD sugere que a educação católica deve atuar no âmbito da formação da consciência crítica para o uso das informações. Na atualidade, as proposições de SD podem ser estendidas às Tecnologias Digitais de Informação e Comunicação (TDIC), disseminadas pela Web 2.0 (segunda geração da World Wide Web), as quais exigem uma formação crítica para se compreender melhor suas potencialidades e armadilhas.

Considerações finais

Como vimos, no que se refere à educação, SD se apropriou de parte das preocupações educacionais de Medellín, muitas das quais foram ratificadas e ampliadas em Puebla. Não poderia ser diferente, pois Medellín e Puebla deixaram um legado imenso para a ação educativa da Igreja latino-americana de todos os tempos: a perspectiva de uma educação libertadora imbricada com uma evangelização libertadora.

Por outro lado, vimos que SD, na maioria das proposições referentes à educação, apresentou preceitos revestidos de uma perspectiva fundamentalmente religiosa que levou à priorização de uma educação cristã a serviço da evangelização das culturas.

Por que essas tendências, ora de alinhamento com a função social da educação, ora de alinhamento com a função religiosa da educação, aparecem em SD?

Como inferiu José Carlos Galvão Lemos (2001, p. 65), SD foi produzido em contexto conflitivo. Houve "algumas considerações realizadas por diferentes comissões" que ratificaram a continuidade de alguns princípios de Medellín e Puebla. Sendo assim, no campo da educação, SD considerou a perspectiva de uma educação libertadora, no contexto da opção preferencial pelos pobres e do compromisso com as lutas sociais, entre as quais, o direito à educação. Porém, o acento de SD é para aquilo que a Igreja de Roma considerava uma inovação, como uma ação educativa voltada para a evangelização e inculturação do Evangelho.

Evidentemente, é difícil para a Igreja admitir a vivência desses processos, pois, como afirma G. Gutiérrez (1984, p. 74), no contexto de uma reflexão sobre a relevância do posicionamento político dos cristãos: "Nos ambientes cristãos, porém, estamos pouco acostumados a pensar em termos conflitivos e históricos. Ao antagonismo, preferimos uma irênica conciliação; ao provisório, preferimos uma evasiva eternidade".

Para finalizar, vamos voltar a uma questão do currículo oculto de SD. Sem dúvida, o que ficou ofuscado em SD é muito relevante para se pensar o campo educacional latino-americano e precisa ser trazido nesta conclusão.

Seja a educação libertadora de Medellín, seja a educação evangelizadora de Puebla, sem dúvida, ambas colaboraram na formação política dos cristãos, levando-os à participação social e à luta pela justiça em todo o território latino-americano. No entanto, nem uma nem outra viram a sua utopia educacional se realizar plenamente.

As conclusões de Medellín e de Puebla, e de Santo Documento em menor proporção e intensidade, estão voltadas para horizontes educativos novos, mais ou menos fora do tempo e do espaço, como sugere a própria *Utopia* de Thomas More. Esses horizontes são expressão de uma época e de uma cultura, mas seu caráter utópico continua valendo: aspiração prospectiva a um mundo melhor por uma educação melhor[17].

Referências

ANDERSON, P. Balanço do neoliberalismo. In: SADER, E.; GENTILI, P. (orgs.). *Pós-neoliberalismo: as políticas sociais e o Estado democrático*. Rio de Janeiro: Paz e Terra, 1995, p. 9-23.

BEOZZO, J.O. Medellín: inspiração e raízes. *Revista Eclesiástica Brasileira*, Petrópolis, 232, p. 822-850, 1998.

BOFF, C. *Santo Domingo: ensaios teológico-pastorais*. Petrópolis: Vozes, 1993.

BOFF, C. Uma análise da conjuntura da Igreja Católica no final do milênio. *Revista Eclesiástica Brasileira*, Petrópolis, 221, p. 125-149, 1996.

BOFF, L. *O caminhar da Igreja com os oprimidos*. Petrópolis: Vozes, 1988.

---

17. A fonte de inspiração é a reflexão de Debesse (1977, p. 203) sobre a renascença pedagógica, ocorrida no bojo do Renascimento. A renascença pedagógica é uma "corrente de pensamento pedagógico voltada para horizontes novos", mas "permanentes entre nós", pois "há sempre um aspecto utópico na reflexão pedagógica".

BOURDIEU, P.; PASSERON, J.C. *A reprodução: elementos para uma teoria do sistema de ensino.* 7. ed. Rio de Janeiro: Francisco Alves, 1992.

BRASIL. *Constituição da República Federativa do Brasil.* Promulgada em 5 de outubro de 1988. 56. ed. São Paulo: Saraiva, 2020.

BRASIL. *Lei 9.394, de 20 de dezembro de 1996.* Estabelece as diretrizes e bases da educação nacional. Presidência da República, Casa Civil. Disponível em: http://www.planalto.gov.br/ccivil_03/leis/l9394.htm

CERTEAU, M. *A invenção do cotidiano: artes de fazer.* Vol. 1. 16. ed. Petrópolis: Vozes, 2009.

COMBLIN, J. Medellín: vinte anos depois – Balanço temático. *Revista Eclesiástica Brasileira*, Petrópolis, 192, p. 806-829, 1998.

CONFERÊNCIA GERAL DO EPISCOPADO LATINO-AMERICANO/CELAM. *Conclusões da Conferência de Puebla: Evangelização no presente e no futuro da América Latina.* 3. ed. São Paulo: Paulinas, 1979.

CONFERÊNCIA GERAL DO EPISCOPADO LATINO-AMERICANO/CELAM. *Conclusões de Medellín: II Conferência Geral do Episcopado Latino-Americano.* 6. ed. São Paulo: Paulinas, 1987.

CONFERÊNCIA GERAL DO EPISCOPADO LATINO-AMERICANO/CELAM. *Santo Domingo: nova evangelização, promoção humana e cultura cristã.* 5. ed. Petrópolis: Vozes, 1993.

DEBESSE, M. A Renascença. In: DEBESSE, M.; MIALARET, G. (orgs.). *Tratado das Ciências Pedagógicas: história da pedagogia*. Vol. 2. São Paulo: EDUSP, 1977, p. 189-205.

DELORS, J. et. al. *Educação, um tesouro a descobrir – Relatório para a UNESCO da Comissão Internacional sobre Educação para o século XXI*. São Paulo/Brasília: Cortez/MEC, 1998.

GUTIÉRREZ, G. *A força histórica dos pobres*. 2. ed. Petrópolis: Vozes, 1984.

HILSDORF, M.L.S. *História da educação brasileira*: leituras. 1. reimp. São Paulo: Pioneira Thomson Learning, 2005.

LAGROYE, J. *La verité dans l'Église catholique – Contestations et restauration d'un regime d'autorité*. Paris: Belin, 2006.

LEMOS, J.C.G. *A Igreja Católica e a Educação*: o discurso da libertação. Dissertação de mestrado em Educação. São Paulo: Pontifícia Universidade Católica de São Paulo, 2001.

LIBÂNEO, J.C.; OLIVEIRA, J.F. de; TOSCHI, M.S. *Educação escolar: políticas, estrutura e organização*. 10. ed. rev. e ampl. São Paulo: Cortez, 2012.

LIBÂNIO, J.B. Caminhada da educação libertadora: de Medellín aos nossos dias. *Revista de Educação da AEC*, 105, p. 9-18, 1997.

MONTERO, P. A Igreja Católica diante da modernidade brasileira. In: PAIVA, V. (org.). *Catolicismo, educação e ciência*. São Paulo: Loyola, 1991, p. 77-86.

MORE, T. *Utopia*. 4. ed. rev. e ampl. São Paulo: Martins Fontes, 2020.

MUNDURUKU, D. *O caráter educativo do movimento indígena brasileiro (1970-1990)*. São Paulo: Paulinas, 2012.

NEY, A. *Política educacional: organização e estrutura da educação brasileira*. Rio de Janeiro: Wak Ed., 2008.

OLIVEIRA, R.P. O financiamento da educação. In: OLIVEIRA, R.P.; AGRIÃO, T. (orgs.). *Gestão, financiamento e direito à educação*. São Paulo: Xamã, 2007, p. 83-122.

RUFINO, M.P. O código da cultura: o CIMI no debate da inculturação. In: MONTERO, P. (org.). *Deus na aldeia: missionários, índios e mediação cultural*. São Paulo: Globo, 2006, p. 235-275.

SILVA, W.T.; BAPTISTA, P.A.N. A revolução nas origens da esquerda católica brasileira e a Teologia da Libertação. *Revista Sociedade e Cultura*, 23, p. 1-37, 2020.

WANDERLEY, L.E. Comunidades Eclesiais de Base e educação popular. *Revista Eclesiástica Brasileira*, Petrópolis, 164, p. 686-707, 1981.

14
O conceito de ser humano no Documento de Santo Domingo

Vitor Galdino Feller

Como as conferências anteriores do Rio de Janeiro (1955), de Medellín (1968) e de Puebla (1979), e a posterior conferência de Aparecida (2007), também Santo Domingo tem uma antropologia de fundo. Não apresentada de modo explícito, como em Puebla, a antropologia de Santo Domingo subjaz à preocupação dos pastores da América Latina em relação ao contexto de mudança de cenários socioculturais e eclesiais.

Na base do processo evangelizador, que visava a inculturação da fé em termos de nova evangelização, promoção humana e pretensão da criação de uma cultura cristã, Santo Domingo pôs "uma verdadeira antropologia cristã, que significa a abertura do homem para Deus como Criador e Pai, para os outros como seus irmãos, e para o mundo como àquilo que lhe foi entregue para potenciar suas virtualidades e não para exercer sobre ele um domínio despótico que destrua a natureza" (SD 264).

Essa antropologia se resume em três pontos: o anúncio feliz da concepção otimista acerca da bondade radical do ser humano, enquanto criatura de Deus; a constatação da concretude do peso do pecado na vida das pessoas e nas estruturas sociais; o convite para o anúncio e a prática do seguimento de Cristo, o verdadeiro ser humano, em quem todo ser humano se vê, se espelha e se realiza.

Interesse de Santo Domingo pela antropologia cristã

Os bispos reunidos em Santo Domingo tinham clara consciência de que era preciso ter bem clara a visão cristã sobre o ser humano para fazer frente à deterioração econômica, geradora de desigualdades e injustiças, à aposta no neoliberalismo como dogma central do mercado, à tentativa de homogeneização cultural, bem como ao desconcerto devido a fatores ideológicos e teológicos na relação entre teologia e opções pastorais, ao surgimento de uma certa opacidade na interpretação do Vaticano II. Uma antropologia bem fundamentada também se fazia necessária para apoiar os movimentos sociais que defendiam a renascente democracia, a dignidade humana e os direitos humanos, para colocar-se diante do avançado secularismo e o crescente pluralismo religioso e cultural (MERLOS ARROYO, 2018, p. 95-96).

De fato, "esta antropologia gira e move-se claramente em torno das seguinte três chaves teológicas: Criação-encarnação, uma única vocação humana: a vida divina; O pecado e sua cultura de morte; Humanização e espiritualidade: cultura de vida" (OLIVEROS, 1993, p. 227). Toda a reflexão antropológica do Documento de Santo Domingo está centrada no homem latino-americano e caribenho e, destarte, situa-se na continuidade com Medellín e Puebla. Há, porém, uma diferença marcante com relação às duas conferências anteriores. Como reação às ideologias do final do milênio, pela mudança de linguagem e de método, pelo alinhamento com o poder romano e sua política de restauração e pela influência da pregação catequética de João Paulo II (BOFF, 1993, p. 9-29), a antropologia de Santo Domingo é mais pessimista no seu conteúdo e mais crítica diante das concepções culturais do seu tempo. A cultura de morte, expressão típica e recorrente no ensinamento de João Paulo II, é o chão a partir de onde se pensa e se prospectam as ações pastorais.

Esse realismo crítico, beirando o pessimismo antropológico, faz-se presente não tanto quando se fala do ser humano criado por Deus-Pai na graça do Verbo e na força do Espírito, mas sobretudo quando se trata do ser humano concreto, situado no contexto sócio-político-econômico marcado pelo egoísmo e pela injustiça social. Parece haver assim uma justaposição entre a doutrina otimista (o ser humano querido e criado por Deus-Amor) e a análise pessimista da realidade (o ser humano concreto, marcado pelo pecado), com a consequente prática pastoral centrada no anúncio salvífico em Cristo. Como em Puebla, há de um lado o anúncio evangélico e a defesa intransigente da dignidade e da liberdade do ser humano, e de outro a condenação de visões redutivas que veem o ser humano apenas na ótica do prazer a ser alcançado a todo custo pela lógica do mercado (BARROS GUIMARÃES, 2019, p. 239-248).

Em grandes linhas, a antropologia de Santo Domingo segue o ensinamento da doutrina cristã sobre o ser humano: ser criatural, ser relacional (com Deus, os outros, o mundo e consigo mesmo), ser dividido pelo pecado, ser redimido pelo mistério pascal de Jesus Cristo, chamado a tornar-se nova criatura, vocacionado à transcendência (FELLER, 2020, p. 71-87).

O homem novo à luz de Deus e de Cristo

O Documento de Santo Domingo, continuando na linha das conferências anteriores, apresenta o ser humano como um ser crístico, capaz de decisão e resposta. Único ser criado capaz de diálogo com seu Criador, o homem é chamado a seguir pela história afora o apelo divino à comunhão. Criado com todas as outras criaturas por Cristo, em Cristo e para Cristo (Cl 1,12-20), que é a causa eficiente, exemplar e final da criação, ele é um ser crístico. Desde a criação está marcado pela graça. Por isso pode decidir-se livremente pelo caminho da vida e responder à exigência de ser perfeito como o Pai (Mt 5,48), e de viver e morrer por Deus e para Deus (SD 10).

Esta concepção cristã do ser humano como ser crístico, que se vê e se encontra no espelho da revelação de Cristo, conforme delineada no Concílio Vaticano II e sintetizada na fórmula de GS 22 ("o mistério do homem só se torna claro no mistério do Verbo encarnado"), é a mensagem central de Santo Domingo (SD 13, 104, 159) e aparece logo na apresentação, com as citações dos hinos cristológicos das cartas paulinas aos efésios e aos colossenses. A criação em Cristo garante a prioridade e superioridade da graça sobre o pecado. Portanto, mais do que subordinado ao poder do pecado, como pregava antes uma pesada visão hamartiocêntrica, o ser humano está definido desde o início até o fim pela graça da criação em Cristo. É chamado a ser como Cristo, obediente no diálogo com o Pai, responsável na missão recebida.

Esta visão cristocêntrica e histórico-salvífica, própria do Concílio Vaticano II, supera "a teologia pré-vaticana (que) separava substancialmente a Criação e a Encarnação do Verbo de Deus" em favor da "substancial unidade da história e da pessoa humana, que deriva do fato de que tudo foi criado e assumido em Jesus Cristo por sua encarnação" (OLIVEROS, 1993, p. 230). Esta antropologia, que vai se desvelando no decorrer dos três grandes temas (nova evangelização, promoção humana e cultura cristã), servirá como base para a condenação de todas as violações ou discriminações da dignidade das pessoas, povos e culturas do continente.

A estrutura ontológica do ser humano é relacional e dialógica. Criado em Cristo, Ele é como o Filho diante do Pai, obediente, capaz de decidir-se livremente pela resposta amorosa à vontade do Deus Criador. Sendo livre para a relação dialógica com o Pai, pode rejeitar sua condição original. É por meio do pecado que se rompe, mas não se quebra totalmente, a estrutura do ser humano e o tecido original da criação inteira. Mas Deus, comunhão trinitária, garante a unidade do homem consigo mesmo, com os outros e com o mundo criado, unidade esta que é fundamento da antropologia cristã (SD 264; DP 322). Deus é fiel a si mesmo e à sua obra criadora. O Filho estará sempre sustentando a criação (Cl 1,17), para a recapitular, a reencabeçar (Ef 1,10) em si mesmo, e a apresentar reconciliada ao Pai (Cl 1,20; 1Cor 15,24.28). "Tudo passa por Cristo, que se faz caminho, verdade e vida" (SD 121). O ser humano encontrará sua realização na conformidade com o

Filho, tornando-se como Ele obediente ao Pai, ungido pelo Espírito, homem novo e mulher nova, missionários da comunidade humana, no serviço da vida, no diálogo com o próximo, na administração responsável da criação.

É em Jesus Cristo, Verbo Criador (Jo 1,3) e encarnado (Jo 1,14), que temos a perfeita revelação do ser humano a si mesmo e a expressão da sublimidade de sua vocação. O Verbo divino se insere no coração da humanidade e convida todas as culturas a se deixar levar por seu espírito à plenitude (SD 13; 159: em ambos os números cita-se GS 22; cf. tb. RH 8-10). É também em Cristo que se encontra o valor das riquezas culturais de nossos povos. "A boa notícia de Jesus Cristo já está de certa maneira em toda pessoa e em toda cultura, pelo fato da encarnação e da criação de tudo em Jesus Cristo, e exige que seja reconhecida, purificada e elevada à sua maturidade" (OLIVEROS, 1993, p. 232).

O encontro com Deus criador e salvador, condição fundamental para a realização do ser humano, como pessoa e coletividade, só se dará por uma formação espiritual em que cada um aprenda a "ver a Deus em sua própria pessoa, na natureza, na história global, no trabalho, na cultura, em todo o secular, descobrindo a harmonia que, no plano de Deus, deve haver entre a ordem da criação e a da redenção" (SD 156). Só "Deus é o único Senhor da vida", e "o homem não é, nem pode ser amo ou árbitro da vida humana" (SD 223).

Essa perspectiva otimista vem à tona quando, como resposta à multiplicidade de fenômenos e expressões religiosas, propõe-se "uma antropologia cristã que dê o sentido da potencialidade humana, o sentido da ressurreição e o sentido das relações com o universo" (SD 152). Também é apresentada como "verdadeira antropologia cristã" (SD 264), que concebe o ser humano em sua abertura para Deus, para os outros e para o mundo. E que deveria ser objetivada pela educação cristã, por cuja ação "realiza-se em cada pessoa a 'nova criatura' (2Cor 5,17) e se leva a cabo o projeto do Pai de recapitular em Cristo todas as coisas' (Ef 1,10)" (SD 264).

A concretude do homem e da história

Esta perspectiva otimista que concebe o ser humano como criatura crística, vocacionada à relação amorosa com o Criador, cede espaço a uma abordagem mais realista e pessimista quando fala do ser humano concreto. Influenciado pelas nefastas consequências da ideologia neoliberal, da cultura individualista, consumista e hedonista do final do segundo milênio, o Documento de Santo Domingo insiste no peso do pecado. Nenhum homem carrega consigo a semente da vida sempre e totalmente nova. Todos são marcados desde a origem pelo poder do maligno. Todo humano é paradoxalmente desumano, porque vulnerado pela ruptura de relações provocada pelo pecado. "O homem criado bom, à imagem do próprio Deus, e senhor responsável da criação, ao pecar, caiu em inimizade com Ele. Dividido em si mesmo, rompeu a solidariedade com o próximo e destruiu a harmonia da natureza. Nisso reconhecemos a origem dos males individuais e coletivos que lamentamos na América Latina" (SD 9). O domínio do pecado, que é a raiz de todo o mal, se expressa pela cultura de morte (SD 26; 219; 235), a qual por sua vez manifesta-se no empobrecimento da população (SD 179), na concentração de renda e injusta distribuição dos bens da terra (SD 171; 174), na injustiça institucionalizada, que "não é algo casual, mas causada"; na violação dos direitos humanos (SD 167; 253); no sistema neoliberal excludente (SD 199) (OLIVEROS, 1993, p. 243).

Por isso, o anúncio cristão não poderá esquivar-se da verdade quanto ao pecado. A Igreja, que é convocada à santidade (SD 31-53), sente o perigo quando há perda do sentido do pecado (SD 39). Quem não vê e não reconhece sua situação pessoal de pecador não se converterá para o caminho da verdadeira humanização em Deus. A sociedade que não vê e não reconhece as causas dos pecados sociais nunca vai empenhar-se pela transformação das estruturas. É próprio do homem não só pecar, mas também negar sua culpabilidade, impondo a culpa sobre outrem ("não fui eu, foi a mulher"; "não fui eu, foi a serpente": Gn 3,11-13). Por isso, deixada por sua própria conta, a humanidade nunca sairá da condição desumana e desumanizante do pecado.

Ao apontar Cristo como medida de nossa conduta moral, o Documento de Santo Domingo sugere que na ação pastoral se deve "voltar a tomar consciência do pecado (do pecado original e dos pecados pessoais) e da graça de Deus como força para poder seguir nossa consciência cristã" (SD 237, parêntese no texto). Embora se deva salientar a humana "dignidade que não se perdeu pela ferida do pecado, mas que foi exaltada pela compaixão de Deus" (SD 159), não se pode, contudo, esperar que o homem por si só se salve. Só mesmo Deus é que poderá salvar-nos. É em Jesus, Deus humanado, que aprendemos a sair de nosso egoísmo e superar o desumano do pecado para reconquistar a condição original e definitiva da nossa humanidade, de seres criados à imagem de Deus.

O serviço da Igreja ao homem

Diante dessa concepção dialética que vê o ser humano ao mesmo tempo como criatura vincada pela crística bondade radical e pela dependência do pecado, há no Documento de Santo Domingo uma grande preocupação em especificar o serviço atual da Igreja ao ser humano do continente: o anúncio de Jesus Cristo como salvador da humanidade, a proposta da espiritualidade cristã, em vista da humanização. A cultura de morte não tem a última palavra. Para o Documento de Santo Domingo, "a palavra última e radical sobre nossa vocação humana aflora e se nos revela na vida e na páscoa histórica de Jesus Cristo", em quem se encontra "o florescimento da vida humana e a estruturação de uma cultura de vida" (OLIVEROS, 1993, p. 249).

O novo homem e a nova mulher serão redimensionados no dinamismo cristológico do desprendimento da encarnação, na disposição para a generosidade e o bem do próximo. Certamente não é esse o dinamismo pregado pela mentalidade moderna, pelas elites intelectuais, pelos meios de comunicação.

A visão secular do homem o apresenta como indivíduo isolado de relações, autônomo diante de Deus, manipulador e aproveitador das relações com o próximo, usurpador da natureza. O cristianismo ensina, lembra Santo Domingo, que somente na vida e na liberdade de Cristo é possível romper a estreiteza do secularismo e devolver ao homem a verdade e a dignidade de filho de Deus. Em meio à permanente e progressiva crise social, em meio à cultura de morte, o cristão, enraizado em Cristo, saberá dar respostas às perguntas sobre o sentido da vida e da relação pessoal com Deus (SD 150).

Por isso, o anúncio de Jesus Cristo, Senhor e Salvador, homem por excelência, modelo da humanidade, deve chegar também aos que vivem sem Deus e indiferentes à questão religiosa. O homem novo e a nova mulher, livres e realizados, não poderão ser secularistas, permissivistas, hedonistas. Diante do Filho humanado, nem o secularismo, nem o indiferentismo podem vangloriar-se de oferecer a verdadeira imagem do ser humano (SD 153-154). Os homens e mulheres de hoje, quando julgam a religião como atitude anti-humana e alienante, quando se guiam pelo pelagianismo moderno da exacerbação da razão e da liberdade humana, quando se deixam conduzir pela idolatria do ter, do poder e do prazer, em vez de se libertarem, na verdade se enveredam pelo caminho da desumanização ao reduzirem o ser humano somente ao valor material. Ante essa sombria situação, Santo Domingo confessa que sem Jesus Cristo, "Salvador único, universal e definitivo", não haverá libertação do ser humano. O esquecimento da memória perigosa de Jesus de Nazaré ou sua redução à figura de um mestre de moral, um reformador religioso, um político revolucionário, levará à edificação de uma sociedade sem ética, à existência de pessoas desconcertadas diante das grandes interrogações da vida (SD 154).

A felicidade do ser humano não virá dos movimentos religiosos gnósticos, tão disseminados no final do milênio, marcados pelo dualismo antigo e sempre novo da distância entre Deus e o homem, sem a historicidade e a materialidade próprias do Deus encarnado em Jesus de Nazaré (SD 155). O ser humano não alcançará sua definitividade e felicidade pelo avanço da ciência e da técnica, pela organização política e sociedade, pela distribuição igualitária dos bens. Só Jesus Cristo é "o princípio e o fim" (Ap 1,17) de toda realidade humana e cósmica. Jesus Cristo não permite que nenhuma realidade temporal, nem os estados, nem a economia, nem a técnica, se convertam para os seres humanos em realidade última a que devem submeter-se (SD 27). Também não será pela revolução dos costumes, pelo exercício democrático da liberdade, pela criação de uma ética comum, chamada de "ética civil ou cidadã", ou pela observação de uma "moral de situação" (SD 236), que se chegará à criação da nova humanidade.

Só Jesus Cristo é a medida de nossa conduta moral, ensina Santo Domingo. Plenitude do homem e de toda cultura, Ele é, como Verbo criador, o fundamento da conduta ética natural, essencialmente ligada à dignidade humana e seus direitos. Sendo fundamento, Ele é também norma crítica. Pela sua encarnação num mundo de conflitos, por sua vida de fé e esperança e pelo seu empenho em favor da vida para todos, Cristo apela para a superação da ética natural, que se arrisca a tornar-se puro humanismo. A moral cristã é a forma de vida própria do homem de fé, que, com a ajuda sacramental, segue a Jesus Cristo, vive a alegria da salvação e abunda em frutos de caridade para a vida do mundo (SD 231). Daí a tarefa evangelizadora da Igreja, que "é um processo dialético, onde é necessário escutar e reconhecer a Palavra de Deus existente em toda cultura, e ao mesmo tempo a purificação da mesma pela explicitação do Evangelho" (OLIVEROS, 1993, p. 234).

366

Quanto ao lugar central da soteriologia no Documento de Santo Domingo, em sua relação entre doutrina teológica e inserção sociopastoral, assim o constata Libânio: "O texto é claro e apodítico em afirmar a profunda relação entre fé e vida, quando constata as nefastas consequências de injustiça e pobreza que sua cisão tem produzido na realidade social do continente". No entanto, se há uma confirmação do que "Puebla já tinha dramaticamente dito que é um escândalo e uma contradição com o ser cristão a brecha crescente entre ricos e pobres", há um certo temor "de que a dimensão da fé seja tragada no entusiasmo do compromisso" (LIBÂNIO, 1993, p. 131). Dessa maneira, a poderosa soteriologia doutrinal perde efeito quando se trata de aplicá-la nas opções pastorais.

De qualquer modo, fica claro que a tarefa evangelizadora da Igreja no continente, centrada como deverá ser na humanização (OLIVEROS, 1993, p. 249-261), deverá caracterizar-se pelos seguintes traços: a salvação de todos a partir da opção pelos pobres (SD 178; 296); a retomada permanente do "evangelho dos direitos humanos" (SD 164), com preferência aos "direitos dos pobres" (SD 180); a busca de uma nova ordem sociocultural marcada por uma "economia de comunhão e participação de bens" (SD 206); a descoberta dos novos rostos de Deus encontrados nos novos rostos dos pobres, dos indígenas e afro-americanos, dos leigos e leigas, dos jovens e, em modo de urgência, no rosto da Terra (CODINA, 1993, p. 280-300).

Por fim, no desafiador processo da evangelização do continente, em vista da promoção humana e da colaboração para o surgimento de uma cultura marcada pelos valores do

Evangelho, sobretudo diante do avanço de movimentos religiosos esotéricos e gnósticos, o Documento de Santo Domingo propõe a apresentação de "uma antropologia cristã que dê o sentido da potencialidade humana, o sentido da ressurreição e o sentido das relações com o universo", que combata o indiferentismo "através de uma apresentação adequada do sentido último do homem" (SD 152).

Considerações finais

Para fazer frente aos grandes desafios socioculturais, político-econômicos e religioso-eclesiais de seu tempo, o Documento de Santo Domingo oferece uma subjacente antropologia cristã, que se funda na bondade radical do ser humano, criado à imagem e semelhança de Deus, embora marcado pelo poder do pecado que toma conta de seu coração e de suas relações pessoais, sociais e institucionais.

O grande serviço da Igreja em favor do ser humano, de cada pessoa e da inteira coletividade humana, é a pregação do Evangelho de Jesus de Nazaré, Deus feito homem, em que cada ser humano se vê, se espelha, se encontra e se realiza na plenitude de seus sonhos.

Referências

AA.VV. *Santo Domingo – Ensaios teológico-pastorais*. Petrópolis: Vozes/Soter/Ameríndia, 1993.

BARROS GUIMARÃES, E.N.M. A verdade a respeito do homem: a dignidade humana. In: SOUZA, N.; SBARDELOTTI, E. (orgs.). *Puebla – Igreja na América Latina e no Caribe:*

opção pelos pobres, libertação e resistência. Petrópolis: Vozes, 2019, p. 239-248.

BOFF, C. Um "ajuste pastoral" – Análise global do Documento do IV CELAM. In: VV.AA. *Santo Domingo: ensaios teológico-pastorais.* Petrópolis: Vozes/Soter/Ameríndia, 1993, p. 9-54; aqui, p. 9-29.

BRIGHENTI, A.; PASSOS, J.D. (orgs.). *Compêndio das Conferências dos Bispos da América Latina e Caribe.* São Paulo: Paulinas/Paulus, 2018.

CODINA, V. Novos rostos em Santo Domingo. In: VV.AA. *Santo Domingo: ensaios teológico-pastorais.* Petrópolis: Vozes/Soter/Ameríndia, 1993, p. 280-300.

FELLER, V.G. O conceito de pessoa humana no cristianismo. In: GELAIN, I.L. (org.). *A dignidade da pessoa humana – Olhares a partir do Direito, da Filosofia e da Teologia.* Porto Alegre: Fi, 2020, p. 71-87.

LIBÂNIO, J.B. Os sinais dos tempos em Santo Domingo. In: VV.AA. *Santo Domingo: ensaios teológico-pastorais.* Petrópolis: Vozes/Soter/Ameríndia, 1993, p. 122-144.

MERLOS ARROYO, F. A IV Conferência de Santo Domingo: entre a suspeita e a esperança. In: BRIGHENTI, A.; PASSOS, J.D. (orgs.). *Compêndio das Conferências dos Bispos da América Latina e Caribe.* São Paulo: Paulinas/Paulus, 2018, p. 95-103.

OLIVEROS, R. Visão da pessoa humana e da sociedade – Antropologia teológica de Santo Domingo. In: VV.AA. *Santo Domingo*: ensaios teológico-pastorais. Petrópolis: Vozes/Soter/Ameríndia, 1993, p. 225-263.

15
Santo Domingo e a Nova evangelização

Por uma evangelização realmente nova!

André Gustavo di Fiore
Reuberson Ferreira

O signo da Nova evangelização é uma marca característica do pontificado de João Paulo II (cf. BRIGHENTI, 2013, p. 84) e permeia também toda a temática da quarta conferência episcopal latino-americana e caribenha (1992) realizada na República Dominicana em sua capital Santo Domingo e que se desenvolve após dois grandes momentos eclesiais do continente latino-americano, as conferências de Medellín (1968) e Puebla (1979), sendo que esta última se debruça justamente sobre a temática da evangelização em uma dinâmica de recepção conciliar.

Nesse sentido, a temática de uma Nova evangelização para o continente, proposta pela Conferência de Santo Domingo, soa bastante legítima, tendo em vista a constante necessidade de se dar uma resposta rápida e integral aos povos latino-americanos, capaz de renovar e reforçar a fé católica (cf. SD

11). Além do mais, seu conteúdo é bastante rico e alinhado à missão central evangelizadora da Igreja.

Contudo, uma leitura mais atenta, que perscruta as estrelinhas do documento, revela a grande tensão entre Roma e a Igreja latino-americana (cf. SOBRINO, 1992, p. 277) e deixa transparecer as interferências romanas sobre a quarta conferência que influenciaram diretamente em seus resultados. Desde à nomeação da presidência feita por João Paulo II, passando pela ausência de teólogos latino-americanos e pelas restrições de propostas do episcopado do continente (cf. BRIGHENTI, 1993, p. 6), essa tensão acaba por produzir uma conferência mais alinhada à visão eurocêntrica (romana) de Igreja que tende a uma reformulação eclesial latino-americana de recentralização a partir de um *ethos* católico que favorece uma cultura cristã pautada na doutrina e na autoridade em detrimento de uma identidade eclesial de transformação social à luz da fé, construída no continente latino-americano a partir das duas conferências anteriores e de sua vivência eclesial pós-conciliar.

Nesse sentido, objetiva-se aqui refletir sobre a Nova evangelização proposta em Santo Domingo à luz da realidade latino-americana de sua época, da conferência em si e das tensões e tendências recentralizadoras ora mencionadas. Através dos quatro tópicos que aqui seguem a reflexão se inicia pelas origens do conceito de Nova evangelização, estendendo-se aos seus traços e fisionomia no Documento Conclusivo de Santo Domingo. Posteriormente, de forma mais crítica foca nas consequências da Nova evangelização na prática pastoral na América Latina, culminando em uma leitura de perspectiva decolonial em busca de uma evangelização realmente nova para a América Latina.

1) No princípio a evangelização era nova: as origens do conceito de Nova evangelização.

As ideias, os conceitos, os sistemas de pensamento e, mesmo, as palavras gozam de uma origem, reclamam para si uma gênese. Elas por vezes, como ensina a filologia, ao longo do seu desenvolvimento ganham sentidos distintos, assumem novos significados, diversos daqueles originários. Raramente eles são unívocos, para quem os lê ou os expressa. Normalmente, são credores de uma polissemia desenvolvida ao longo do tempo. Esse processo revela, em última análise, que todas as ideias ou conceitos, fruem de uma meta-história, ressentem-se de uma genealogia, que revela a sua origem e acusam seu sentido corrente.

O conceito de Nova evangelização, assim como outras categorias, também goza de uma genealogia que, em última instância, revela sua origem. Outrossim, deve-se dizer que esse termo também sofreu variabilidades semânticas. Através de um demonstrável percurso, pode-se apontar que essa ideia cruzou um longo caminho desde sua origem até chegar àquilo que ela quis significar no contexto da IV Conferência Geral do Episcopado Latino-Americano. Celebrada em 1992, na República Dominicana, em Santo Domingo, uma das mais antigas cidades fundadas pelos colonizadores europeus, ícone da evangelização na América Latina, ao longo de cinco séculos neste continente.

Na história recente e no ambiente eclesiástico católico, ao pontífice João Paulo II imputou-se a pecha de ter sido o maior paladino da ideia de uma Nova evangelização e que tenha feito desse postulado o grande mote do seu pontificado (MAIER, 2013, p. 65; ALMEIDA, 1996, p. 398). Há quem advogue que seja ele mesmo o genitor desse conceito ou que o tenha tomado de empréstimo de um dos seus preceptores, o Cardeal Stefan Wyszyński (ALMEIDA, 1996, p. 398). De fato, em junho de 1979 em sua pátria mãe, no Santuário da Santa Cruz em Mogila, que o próprio papa, quando arcebispo de Cracóvia, ajudou a consolidar, ele lançou mão da expressão Nova evangelização. Na ocasião o purpurado recordava a história das origens da introdução de um cruzeiro na cidade Nowa Huta. Essa cidade tinha a pretensão, pelo regime comunista, de ser edificada sem referência a religião, expurgada de símbolos religiosos (leia-se de Deus). Nesse ambiente, tempos depois, o bispo de Roma advogou que, sob o signo da cruz, deveria se iniciar um projeto novo de evangelização:

> Iniciou **uma nova evangelização**, quase como se se tratasse de um segundo anúncio, embora na realidade seja sempre o mesmo. A cruz está erguida sobre o mundo que gira. Agradecemos hoje, diante da cruz de Mogila, da cruz de Nowa Huta, este **novo início da evangelização** aqui verificada. E pedimos todos que frutifique, tal como a primeira – ou melhor, ainda mais (JOAO PAULO II, 1979).

Não obstante a justa e necessária preocupação com o processo de Nova evangelização já na década de 70 do século XX, deve-se dizer que desde o final da primeira metade desse século a questão de uma evangelização com renovador ardor já vinha sendo tratada. Esse conceito, em níveis e perspectivas distintas, era discutido, debatido e, por alguns, construído. Conferências gerais, Episcopados nacionais e até pontífices já vislumbravam a necessidade de uma evangelização pautada por novos métodos e meios.

João XXIII, através das encíclicas *Mater et magistra* e *Pacem in Terris* estabeleceu, de um lado, ao fazer anamnese do centenário da *Rerum novarum*, à luz dos novos sinais dos tempos, uma atualização dos princípios sociais da Igreja; De outro lado, ao defender a busca da paz, num contexto do prelúdio da guerra fria, e ao dirigir-se a todas as pessoas de boa vontade, gestou centelhas seminais do que poderia vir a ser uma Nova evangelização: um anúncio pautado por novos métodos, atento às vicissitudes dos tempos e aberto a todos os povos. Além dessas cartas pontifícias, associam-se a essa ideia o lapidar discurso do "Papa bom" quando comunicou aos cardeais que celebraria um concílio para a Igreja universal (AA, p. 3; 5), bem como seu pronunciamento – *Gaudet Mater Eclesia* – na abertura do Vaticano II, no qual o pontífice exorava explicitamente uma atualização da forma como a Igreja apresentaria sua mensagem: "é necessário que esta doutrina certa e imutável, que deve ser fielmente respeitada, seja aprofundada e exposta de forma a responder às exigências do nosso tempo" (AS I/1, p. 172). Agrega-se a isso o próprio espírito de pastoralidade e *aggiornamento* impingidos ao Concílio. Conquanto João XXIII não use a expressão explicitamente, a postura do papa denuncia pródromos de uma evangelização que se pretenderá nova.

Em continuidade como o Papado de João XXIII, na linha da defesa daquilo que se entenderá como uma Nova evangelização, desponta a figura do hierático Paulo VI. Embora haja indícios dessa abertura a uma evangelização renovada em outros documentos, é particularmente ao chancelar em 1975 a Exortação Apostólica *Evangelii Nuntiandi*, fruto das deliberações do Sínodo dos Bispos do ano anterior que versou sobre a evangelização no mundo contemporâneo, que o papa explicitamente defende e emprega o termo Nova evangelização (cf. EN 2)[18]. Aos seus olhos, ela deveria ser nova em seu fervor, sem cansaço (cf. EN 80), em seus métodos adaptados e eficazes aos novos tempos (cf. EN 40) e em sua maneira de expressar (cf. EN 25, 29) o anúncio evangélico.

Na América Latina, particularmente no compasso da recepção fecunda do Vaticano II, a questão de uma evangelização com renovado ardor revelava sua feição. Na Conferência de Medellín, especificamente na mensagem ao povo de Deus, os bispos pautam a questão de uma nova evangelização (CELAM, 1998, p. 33) como um compromisso urgente e necessário para obter uma "fé lúcida e comprometida". Igualmente no documento sobre a Pastoral popular, o episcopado sugere afugentar uma perniciosa ideia de que o povo latino-americano já esteja evangelizado e defende uma "reevangelização das diversas áreas humanas do continente" (Med. 6,8a). Em Puebla, não obstante a refreada em alguns aspectos da recepção do Vaticano II, a ideia de Nova evangelização, outra vez logrou espaço, admitindo que ante situações novas, lograda

---

18. A expressão precisa de Paulo VI é: "Tempos novos de evangelização".

pelas mudanças socioculturais uma evangelização renovada urgia ser implementada (cf. DP 366).

Nota-se que a ideia de Nova evangelização parece ser uma constante na tradição da Igreja já antes de João Paulo II. Tanto na América Latina quanto na Igreja como um todo, o conceito parece enraizado. Oficialmente, no continente latino--americano, o papa polonês lançou mão desse termo pela primeira vez em 1983 quando em Porto-Príncipe, Haiti, discursou na assembleia do CELAM, quatro anos após tê-lo usado em sua terra natal. Em outubro do ano seguinte, no estádio olímpico de Santo Domingo, durante visita apostólica, o papa argumenta em favor das alegrias de uma "Nova evangelização". O tema volta à baila, no continente, em sua visita à Argentina, na cidade de Viedma, em abril de 1987, quando refletiu sobre critérios que validariam uma evangelização nova. Outra vez, ele aborda a questão em 1988 tanto no Uruguai como na cidade de Santo Domingo e, por fim, o pontífice a apresenta como base de seu discurso na abertura da IV Conferência Geral do Episcopado Latino-Americano, em 1992. Essa reflexão, deve-se dizer, não era algo dirigido ao continente latino, mas era açambarcada por um projeto mais dilatado de João Paulo para a Igreja. Tanto é verdade que ele defende, entre outros, a mesma ideia na Exortação Pós-Sinodal *Christifideles Laici* (cf. CfL 34-35) e na Encíclica *Redemptoris Missio* (cf. RMi 33-34, 63, 85). Além de discursos específicos para episcopados como o africano, o europeu e o asiático, sobre o assunto.

O sentido dessa Nova evangelização presente nos discursos e nos textos de João Paulo II não é unívoco. Para o contexto da América Latina, vislumbrando o horizonte do jubileu do quinto centenário de evangelização no continente, sua preocupação inicial era gestar "uma evangelização nova em seu ardor, em seu método e em sua expressão" (JOÃO PAULO II, 1983). Os agentes desse processo seriam o laicato e o clero, inspirados pela Conferência de Puebla. Esta última contemplada – numa velada crítica aos entendimentos que do documento foram produzidos na América Latina – "sem interpretações deformadas, sem reducionismos deformantes e sem aplicações indevidas" (JOÃO PAULO II, 1983).

O conteúdo da Nova evangelização, para João Paulo II, seria Jesus Cristo, "sempre o mesmo: ontem hoje e sempre" (JOÃO PAULO II, 2006, p. 16.). Particularmente, para a América Latina, no discurso de abertura da Conferência de Santo Domingo, o papa deixa claro seu entendimento, acerca do sentido que se aplica à Nova evangelização no continente. Para o pontífice, esse renovador ardor evangelizador, "em seu método e em sua expressão", por oposição ao que ele chama de "cristologias redutivas" é pautado pelo resplandecer da "unidade da fé e da Igreja". De Igual modo, deve ser marcada por uma catequese robusta e em linguagem acessível, capaz de combater a secularização do povo latino-americano e o avanço das seitas.

A Nova evangelização, igualmente, é caracterizada pela ideia da promoção social, particularmente por uma opção preferencial pelos pobres que não é "exclusiva nem excludente, pois a mensagem da salvação é destinada a todos" (JOÃO PAULO II, 2006, p. 23). Ademais, ela deve gozar, em seu bojo, de uma real preocupação em evangelizar as culturas, pois é através delas que a "mensagem de Cristo penetra na consciência das pessoas e projeta no *ethos* de um povo" (JOÃO PAULO II, 2006, p. 26.). Os agentes desse processo, tal como o bispo de Roma havia dito há quase uma década antes no Haiti, seriam os sacerdotes, os diáconos permanentes, as religiosas e o laicato em geral, mormente aqueles que o papa chama de "novos movimentos apostólicos" (leia-se novas comunidades).

Deve-se dizer, que a Nova evangelização, nos moldes de João Paulo II, nomeadamente no modo como ele cunhou em seu discurso de abertura de Santo Domingo, tinha muitas restrições a interpretações que ele julgou como tendências redutivas do Vaticano II, particularmente aquelas expressas em Medellín, Puebla e que foram absorvidas na prática eclesial de muitos países. Ele, para sustentar a verdade sobre Cristo, a unidade da fé e da Igreja, entre outros, crítica teólogos; queixa-se reducionismos cristológicos e eclesiológicos; lamenta-se de magistérios paralelos, contemporiza a opção pelos pobres e a perspectiva de libertação assumida no continente. Em seu discurso sobre a Nova evangelização, visto ao largo dos trinta anos que celebramos de Santo Domingo, nota-se, portanto, tons de uma hermenêutica que ficou conhecida nos meios acadêmicos como reforma na continuidade. Ele parece gozar de um desejo de recentralização eclesiástica no processo evangelizador, restauração de princípios que foram distorcidos na hermenêutica teológica da América Latina. A ideia expressa é evangelizar de um modo novo no sentido de reaver o espaço perdido para a secularização, para as seitas e que concorra para a consolidação de uma cultura cristã e para a unidade da instituição.

Do exposto até agora, percebe-se que, revisitando as origens do termo da Nova evangelização, ele está alocado na própria história da Igreja, sobretudo a partir da segunda metade do século XX, inclusive na América Latina. João Paulo II, ao assumir essa ideia com mote de seu pontificado, buscou imprimir sua perspectiva particular ao conceito e aplicá-la tanto ao continente latino-americano como a muitas outras realidades eclesiais. Convém dizer que bem mais que uma Nova evangelização, tratava-se de uma nova perspectiva de evangelização (quiçá, um pouco mais centralizadora), pois já em Medellín primava-se por uma evangelização renovada. Esta entendida na linha do Vaticano II e de uma encarnada interpretação dos pressupostos conciliares sob a feição própria do continente. Na IV Conferência Geral do Episcopado do Continente Latino-americano, todavia, fortemente influenciada por João Paulo II, o conceito de Nova evangelização será sobejado no documento final assumindo uma fisionomia própria.

2) E a Evangelização se fez nova: Traços da fisionomia de uma Nova evangelização no Documento Conclusivo de Santo Domingo.

As Conclusões de Santo Domingo, após a aprovação da Cúria Romana e do papa, foram oficialmente apresentadas em dezembro de 1992, na festa litúrgica católica de Cristo Rei do Universo. O texto, como afirmava a presidência do CELAM, havia sofrido apenas "algumas correções de estilo e algumas breves modificações de redação" (CELAM, 2006, p. 38) por parte da Santa Sé. Essa prática era comum em quase todas as Conferências Gerais do Episcopado Latino-

-Americano. Diferente dessa postura, só ocorreu em Medellín, quando, num gesto único de colegialidade e confiança, Paulo VI aprovou imediatamente as definições dos bispos (cf. FERREIRA, 2017, p. 124).

Não obstante o lapso temporal entre o encerramento da IV Conferência e a aprovação das Conclusões oficiais, alguns elementos do texto já haviam sido dados a conhecer, quer através das cópias que os bispos carregavam em seu retorno para suas dioceses, quer pela imprensa e/ou pelas especulações que se fazia no período preparatório e celebrativo da assembleia. De fato, o documento final não destoava muito daquele que foi aprovado, curiosamente, sem nenhum voto contrário em 28 de setembro daquele ano, ao final da Conferência. Nota-se nessa atitude, de certo modo, um implícito alinhamento entre as opções das equipes de redação e a Cúria Romana. Ademais, sublinha-se a tácita polarização entre as linhas teológicas e pastorais que estavam congregadas em Santo Domingo, visto que a provação do texto final padecia de um profundo debate e rejeitava vários votos *juxta modus* que foram apresentados (cf. VALENTIN, 1993, p. 12), razão pela qual a unanimidade foi alcançada.

O texto final, como já amplamente conhecido, abandona a metodologia herdada da ação católica e dos movimentos jocistas que havia sido amplamente assumida na América Latina, incluso pelas Conferências Gerais do Episcopado. A opção de Santo Domingo, desse modo, é por apresentar inicialmente uma fundamentação teológica (leia-se cristológica), seguida dos desafios da ação evangelizadora e, por fim, as linhas pastorais que buscava decorrer da simbiose entre a fundamentação teológica e os desafios ao anúncio do Evangelho. Parte-se, no documento final, da pessoa de Cristo (Parte I) para se chegar à Promoção humana (Parte II) e nas consequentes Opções Pastorais (Parte III).

A metodologia é mais dedutiva que indutiva, mais afeita a sopros catabáticos do que a anabáticos. No interior da conferência, essa opção não deixou de gerar tensões e, conquanto a orientação de partir de uma exposição teológica fosse defendida, muitas comissões temáticas na elaboração de suas reflexões pautaram-se pela perspectiva criada pelo Cardeal Cardjin. Incluso, em alguns momentos, paradoxalmente, o próprio texto conclusivo sugere que se use a metodologia do ver-julgar-agir (DSD 119).

No que tange à Nova evangelização, influenciada pelos posicionamentos de João Paulo II em diversas visitas à América Latina, bem como pelo seu discurso na abertura da IV Conferência Geral, a questão é tratada abundantemente no documento conclusivo. Ela tornou-se pauta de máxima relevância no bojo daquele que viria a ser o documento final. Dentro da estrutura das conclusões de Santo Domingo (composta de três sessões) devota-se todo o primeiro capítulo da segunda parte à reflexão sobre o assunto, e nas linhas pastorais elas são reafirmadas de maneira contumaz. Esse fragmento da primeira parte plastifica a metodologia do documento conclusivo, isto é, ele apresenta, inicialmente, uma fundamentação teológica, os desafios pastorais e, por fim, aventa sinais para atuação prática.

Nesse sentido, a Nova evangelização é entendida sem prescindir do trabalho evangelizador já realizado como "resposta aos problemas apresentados pela realidade de um continente no qual se dá um divórcio entre fé e vida a ponto de produzir clamorosas situações de injustiça e desigualdade social e violência" (SD 24). O ideal desse processo seria "suscitar a adesão pessoal a Jesus, conteúdo principal da Nova evangelização (SD 27) e à Igreja" por parte de "tantos homens e mulheres batizados que vivem sem energia o cristianismo" (SD 26). Seria um caminho, marcado por um novo ardor apostólico (cf. SD 28), uma nova metodologia (cf. SD 29) e uma nova expressão do Evangelho (cf. SD 30). Essas características faziam eco ao que João Paulo II havia dito no Haiti e na abertura da conferência, bem como àquilo que Paulo VI advogava já na *Evangelii Nuntiandi*. Evidentemente, numa perspectiva própria.

Concretamente, a Nova evangelização advoga uma prática articulada de ações pastorais em vista de um anúncio que seja eficaz do Evangelho na América Latina. Servindo-se, para isso, de estruturas eclesiais já existentes, convergindo para a promoção humana e para um anúncio inculturado da Boa-nova. Do ponto de vista doutrinal, a necessidade dessa nova atitude evangelizadora assenta-se na intrínseca vocação da Igreja à Santidade (cf. SD 33), do seu inegociável compromisso no anúncio da palavra através da proclamação do querigma de forma a suscitar adesão a Jesus. Igualmente, de sua obrigação irrenunciável de firmar bases de uma catequese que gere maturidade e verdadeiro discipulado (cf. SD 33). Ademais, a Nova evangelização deve realizar-se servindo-se da correta ação litúrgica expressa nas celebrações (cf. SD 35), bem como pela piedade popular que é expressão privilegiada da inculturação (cf. SD 36). Dito de maneira mais clara: as razões da Nova evangelização, dentro da perspectiva do documento conclusivo de Santo Domingo, decorrem do imperativo de anunciar Jesus Cristo no contexto particular da América Latina buscando mitigar uma dicotomia entre fé e vida. O anúncio de Jesus dentro da vivência litúrgica e do viés da piedade cristã fermentariam as condições para consolidação de uma cultura marcadamente cristã, o ideal último da inculturação. Nesse cenário especial ganham acento os atores desse processo. Santo Domingo, em seu texto conclusivo, descreve os agentes da Nova evangelização. O primeiro capítulo da segunda parte das Conclusões da IV Conferência, pela forma como apresenta seu conteúdo, dá a entender que em ordem de precedência os sujeitos desse processo são: os Ministros ordenados (Sacerdotes e diáconos), os Seminaristas, a Vida consagrada e os Fiéis leigos. Essa descrição assemelha-se ao modelo clássico, herdeiro de uma Cristandade tardia, de descrever o *modus operandi* eclesial. Não obstante essa impressão, o texto afirma de maneira peremptória e em vários momentos que o laicato, mormente os jovens, são os principais protagonistas desse novo processo evangelizador (SD 97, 103, 293, 302, 303). Não explica, contudo, o que e como seria a evangelização e, ao mesmo tempo, aponta que no bojo do protagonismo laical especial relevo deveriam gozar os novos movimentos e associações religiosas (SD 102). Revela-se, nesse sentido, um particular aspecto em curso na América Latina, isto é, o alvorecer de movimentos e associações que buscam tomar a dianteira da ação evangelizadora e de certo modo chamam a atenção dos purpurados e de Roma.

Os ambientes onde a Nova evangelização deve acontecer é descrito nas conclusões de Santo Domingo. Eles são relatados numa perspectiva crescente: Parte-se da Igreja local. Sugere-se que ela seja feita nas Paróquias (cf. SD 58ss.), nas Comunidades Eclesiais de Base (cf. DSD 61ss.) e na Família (cf. SD 64). Seriam esses os ambientes mais fecundos para a Nova evangelização. Esse universo, contudo, dilata-se, pois a evangelização com novo vigor deve avançar para o horizonte além-fronteiras, para missão *ad gentes* (SD 125). Portanto, a Nova evangelização é um anúncio audacioso no âmbito de estruturas já consolidados, mas que inevitavelmente abre-se a novos campos.

Os destinatários dessa Nova evangelização seriam sobretudo aqueles batizados que se encontram distantes da fé que já professaram (cf. SD 131); os suscetíveis às seitas fundamentalistas, isto é, os "migrantes, população sem atenção sacerdotal e com grande ignorância religiosa" (cf. SD 142); por fim, os "Sem-Deus" e/ou indiferentes (cf. SD 156) a práticas religiosas. Nota-se que, em grande medida, a preocupação da chamada Nova evangelização é com aqueles que, ou estão dissociados da fé, vulneráveis a aderirem a seitas, ou em situação de letargia face à religião. Para todos a proposta é um anúncio eloquente, marcado para a Igreja pela busca e pelo encontro com esses grupos (SD 131, 146, 156). De igual modo, pela oferta de uma liturgia com repercussão na vida (SD 145, 156) e por uma acurada formação dos fiéis para que testemunhem valores cristãos (SD 142; 156). E, por essa via, persuadam os distantes ou resistentes aos valores evangélicos a convivência eclesial. Nesse périplo os meios de comunicação social (leia-se emissoras televisivas) seriam um recurso indicado.

Do exposto, em termos sintéticos, podemos conceituar Nova evangelização como esforço necessário e concreto da Igreja para anunciar Jesus Cristo, de modo a promover uma adesão profunda ao seu projeto. Tal aderência deveria suprimir qualquer dicotomia entre fé e vida, consequentemente, reparar as injustiças praticadas no continente convergindo para a promoção humana. Esse anúncio deve ocorrer sob o pálio do protagonismo laical, nas estruturas eclesiais e dirigir-se particularmente àqueles que arrefeceram na fé. Para consumar tal intento, deve servir-se, caso necessário, dos meios de comunicação social, particularmente daqueles disponíveis no início da década de 90 do século passado, isto é, as emissoras de televisão.

A proposta de Nova evangelização que desponta do Documento de Santo Domingo, caso lida desacompanhada do contexto eclesial vivido nas últimas décadas do século passado, poderia se configurar como uma profunda exortação a um renovado vigor na missão do anúncio do Evangelho por parte da Igreja. Sem afirmar, em absoluto, que a proposta da IV Conferência não tenha sido essa, o reconhecimento do momento histórico que se vivia, quando da sua realização, lança luzes para o entendimento da questão. As polarizações que se apresentavam no interior da assembleia e na Igreja Latino-Americana desde os anos anteriores à Conferência de 1992, bem como uma implícita tendência a abandonar a tradição evangelizadora fundada nos moldes das Conferências de Medelín e Puebla, ajudam a admitir que esse conceito de Nova evangelização defendido em Santo Domingo, no mínimo, goza de ambiguidades.

Nesse sentido, é evidente o deslocamento, dentro do programa evangelizador defendido por Santo Domingo, de um eixo crítico-social para uma perspectiva cultural. Trata-se de um explícito desejo de mitigar as tradições vividas no universo latino-americano, mormente no sentido de opção pelos pobres e libertação das estruturas de opressão. A opção pelos pobres é reafirmada, malgrado intenções contrárias. Ela, contudo, é feita de forma delegada, suavizada por adjetivos (SD 178, 296) e inserida no plano geral de evangelização, prescindindo da verve que lhe era recorrente nas Conferências Episcopais e na prática de algumas Igrejas em diversos países do continente. Assim, a opção pelos frágeis seria uma consequência da instauração de uma cultura cristã, não de um processo de transformação social à luz da fé.

Outro elemento que gera alguma complexidade no entendimento da Nova evangelização nos moldes de Santo Domingo são os protagonistas dessa ação. O texto diz explicitamente que os leigos (DSD 97, 103, 293, 302, 303) são os principais artífices desse processo, mormente os jovens. Trata-se de uma reafirmação da opção pelos jovens feita em Puebla dilatando-a para todo o laicato na perspectiva da *Christifideles Laici*. Deve-se, contudo, ter em mente o laicato que se propõe como articulador desse processo (SD 102). Bem mais do que leigos de Comunidades Eclesiais de Base, a ideia são os leigos oriundos dos movimentos, associações e novas comunidades que começavam a eclodir em todo o chão da América Latina. Grupos que se fundavam numa obediência exclusivista ao papa, afeitos aos meios de comunicação social e, não raro, em contestação às autoridades das Igrejas particulares, incrédulos da pluralidade eclesial e na via contrária da tradição recente da Igreja no continente. Concorrendo mais para uma recristianização do que para uma evangelização nova e aberta aos sinais dos tempos.

Ainda mais, os ambientes, os meios e os destinatários da Nova evangelização chamam a atenção. Não obstante haja um aceno em perspectiva missionária, um dos passos fundamentais desse processo é buscar aqueles que estão apáticos à fé católica, vulneráveis à conversão por seitas ou indiferentes à religião e a Deus (cf. SD 131, 142, 156). Tratava-se de atrair para o seio da Igreja aqueles que estão fora, não necessariamente para uma vivência do Evangelho, mas sim para uma conduta eclesial, uma fidelidade à tradição, à doutrina e à autoridade eclesiástica. Nota-se um velado desejo de recompor o *ethos* católico perdido em alguns ambientes, reafirmar o substrato católico, quiçá um dia gozado pela instituição. O caminho decisivo para isso seriam os meios de comunicação social e os locais seriam as estruturas existentes (paróquias, dioceses), que surgiram num contexto de "antiga" evangelização e, mesmo ante tantos apelos, em alguns lugares ainda burocratizados e não marcados por um novo ardor evangelizador.

Percebe-se, por fim, que a Nova evangelização, a despeito das retas intenções que poderia gozar, configurou-se com o desejo de reconduzir ao leito suave da Igreja aqueles católicos abúlicos à fé. Igualmente, visava criar condições para a instauração de uma cultura católica, dada mais à uniformidade do que à diversidade. Atinente a uma centralização romana em detrimento das autoridades locais. Uma evangelização que se furta a novas e criativas iniciativas, mas que se conforma com o já consolidado. Enfim, pensada nesses termos, a Nova evangelização, secundada pelas tendências eclesiais crescentes no continente, a julgar pela recepção que fosse operada, no mínimo, geraria consequências ambíguas para a prática pastoral da Igreja no continente.

3) E a Nova evangelização habitou entre nós: consequências da Nova evangelização na prática pastoral na América Latina.

Em seu artigo intitulado "Evangelização e testemunho, de Medellín a Santo Domingo", Pe. José Adriano sintetiza a missão e sentido de evangelização ao longo da história. Para o autor "a Igreja é consciente de sua missão e procura encarná-la nas diversas situações históricas e sociais levando uma mensagem de esperança e, ao mesmo tempo, respondendo aos anseios do homem concretamente situado" (ADRIANO, 1993, p. 57). Nesse sentido, o autor vê no Concílio Vaticano II uma oportunidade de evangelizar a partir das realidades complexas do mundo, pois, para ele, "o Concílio refletiu a Igreja e o mundo com uma fidelidade eclesiológica: tornar possível e relevante a missão da Igreja num mundo secularizado onde não faltam conflitos" (Ibid., p. 57).

É justamente nessa seara que as conferências de Medellín e Puebla reconhecem a identidade da Igreja latino-americana, uma Igreja com identidade própria e desafios próprios que exigem uma ação particular voltada a responder aos anseios dos povos latino-americanos e oferecer esperança e conforto por meio do Evangelho de Jesus Cristo. Portanto, desde Medellín, a Igreja latino-americana se edifica por uma evangelização de comunhão e participação a partir de uma missão profética onde a evangelização permeia o profetismo de denúncia e visa resgatar a identidade latino-americana (cf. FELLER, 2019, p. 236).

Enfim, a recepção do Concílio Vaticano II por parte da Igreja na América Latina, principalmente como abordado na Conferência de Puebla, tem entre suas características a identidade eclesial e social latino-americanas. Como destaca Manzatto, "uma das marcas mais importantes da Assembleia de Puebla foi sua formulação da compreensão do jeito latino-americano de ser Igreja e de fazer teologia" (MANZATTO, 2019, p. 451).

Isso denota que a evangelização no continente se edificou, desde o Concílio Vaticano II, a partir de uma tradição pastoral e social que implica uma ação eclesial de proatividade, uma evangelização de transformação social à luz da fé que vai além de seus membros e se expande para o mundo (cf. SOBRINO, 1982, p. 119). Nesse sentido, falar em Nova evangelização a partir dessa identidade implica a maturidade da fé e na edificação de comunidades que sejam capazes, pelo seu testemunho, de dar respostas aos desafios que se apresentam (cf. ADRIANO, 1993, p. 60).

Diante dessa realidade histórica e identitária, a Conferência de Santo Domingo se apresenta propondo uma Nova evangelização para o continente, como detalhado nos tópicos anteriores. Portanto, com base em todo o exposto, é pertinente refletir sobre avanços e retrocessos desta Nova evangelização proposta pela IV Conferência do CELAM e suas consequências práticas na Igreja continental.

Um dos pontos positivos propostos por Santo Domingo e posteriormente retomado na Conferência de Aparecida (2007) é a ideia de uma Nova evangelização a partir de novos modelos pastorais (cf. BRIGHENTI, 2013, p. 339) originados de uma profunda conversão pastoral, que supere os modelos de pastoral de conservação em prol de uma pastoral discípula e missionária (cf. DAp 370). Como destaca Brighenti, "a expressão 'pastoral de conservação' é de Medellín, e é evocada para se referir, precisamente, ao modelo pastoral pré-conciliar de Cristandade" (BRIGHENTI, 2013, p. 339, a tradução é nossa), onde as estruturas sociais se confundiam com aquelas religiosas e por estas eram reguladas (cf. DM, 6.1).

Também, ao enfatizar a verdade de fé de que Cristo é o mesmo, ontem hoje e sempre (cf. SD 2-5), reconhecendo que a Nova evangelização não consiste em um novo evangelho que brota dos homens e mulheres no intuito de satisfação pessoal (cf. SD 6), Santo Domingo permite a discussão de modelos pastorais contrários ao verdadeiro ensinamento evangélico, que Brighenti aponta como incoerentes à renovação conciliar: além da pastoral de conservação, a pastoral apologista de neocristandade prisioneira de práticas eclesiais do passado e a pastoral secularista, um oposto da apologista, que pretende adaptar a realidade evangélica às necessidades contemporâneas de satisfação pessoal e realizações momentâneas (cf. BRIGHENTI, 2013, p. 341-346).

Nesse tocante, Santo Domingo se mostra bastante sóbria em relação à evangelização; pois, mesmo se renovando e se adaptando às realidades contemporâneas, a "Nova evangelização, para ser autêntica evangelização, não pode perder de vista a adorável pessoa de Nosso Senhor Jesus Cristo" (LORSCHEIDER, 1993, p. 23), e essa posição influenciou diretamente a Igreja no continente nos anos que seguiram Santo Domingo, promovendo esforços para o crescimento de novos modelos de evangelização no continente que permitam o desenvolvimento de comunidades voltadas ao discipulado missionário (cf. DAp 99e) e o compromisso de assumir "o desafio de uma nova evangelização, à qual temos sido reiteradamente convocados" (DAp 287).

Dessa forma, o modelo de Nova evangelização em Santo Domingo, reconhecendo a pluralidade e diversidade do continente, permitiu um alinhamento desta realidade com a Tradição evangélica ao propor modelos pastorais que evitem extremismos e modismos religiosos. No entanto, os avanços nos processos e modelos de evangelização também são acompanhados de retrocessos que não poderiam ficar de fora desta discussão.

Como destacado anteriormente, a IV Conferência do CELAM se desenvolveu a partir de um desejo implícito de recentralizar a Igreja latino-americana a Roma. Marcada pela presença impositiva da Cúria Romana, a Conferência de Santo Domingo não recebeu a participação de teólogos latino-americanos e restringiu o poder de decisão do episcopado alinhado às teologias latino-americanas (cf. BRIGHENTI, 1993, p. 6), o que gera uma condição de ambiguidade que se faz ainda presente na práxis da Igreja latino-americana, o que proporciona, como já mencionado, por uma evangelização que se furta a novas e criativas iniciativas, mas que se conforma com o já consolidado.

391

Essa ambiguidade se estrutura justamente na contradição entre a identidade religiosa latino-americana de uma evangelização de transformação social à luz da fé (cf. DAp 13, 210) e uma cultura sacrificial de passividade, de dependência e de submissão de estruturas anteriores e longínquas que não se alinham aos anseios do continente. Além do mais, favorecem o retorno de tudo aquilo que se quis renovar com a Nova evangelização, justamente modelos de pastoral que tendem ao legalismo religioso e à dependência hierárquica, próprios do modelo apologista, ou esbarram em uma religiosidade de satisfação aos moldes do modelo secularista.

Libânio, ao tratar sobre os desafios para a estrutura da Igreja, afirma que:

> há uma deformação teológica de que uma Igreja particular, se mantiver relação direta e jurídica com Roma, se dispensa de comungar com as Igrejas particulares da região, país e ecúmeno. Se, de um lado, a comunhão com a Igreja de Roma se faz necessária para manter o vínculo de catolicidade, igualmente se impõe a comunhão com as outras Igrejas (LIBÂNIO, 2008, p. 35).

Interpretando o pensamento de Libânio é possível intuir que as Igrejas locais, no caso aquelas presentes na América Latina, mesmo em comunhão com Roma, devem possuir uma autonomia identitária e se estruturar a partir de sua realidade histórica, em profundo diálogo com a sociedade em que está inserida. Como destaca França Miranda "a história nos ensina que a configuração eclesial influi na própria compreensão que a Igreja tem de si mesma. Com outras palavras: a eclesiologia depende (não só) também da realidade concreta (MIRANDA, 2009, p. 73).

Nesse sentido, surge o que França Miranda denomina de crise atual, pois este reconhece que a Igreja é humana e divina, divina por se configurar diretamente com o próprio Deus e humana porque se faz presente na história e, consequentemente, as linguagens e estruturas da realidade social acabam por ser absorvidas também pela Igreja, justamente para que esta seja acolhida pela sociedade. Caso não fosse assim, toda a identidade eclesial e teológica de determinada sociedade permaneceria velada aos seus contemporâneos (cf. MIRANDA, 2009, p. 72).

Portanto, o desejo de mitigar a independência da ação teológico-eclesial latino-americana por meio de uma recentralização de submissão à Igreja romana torna sua proposta de Nova evangelização uma lâmina de dois gumes; se por um lado apresenta uma reta intenção doutrinária para uma evangelização sólida e verdadeira, por outro abre espaço às estruturas eclesiais no continente mais alinhados às práticas romanas do que a realidade em que se inserem. No entanto, conforme aponta França Miranda, "uma determinada configuração eclesial repercute na própria consciência eclesial dos membros da Igreja" (MIRANDA, 2009, p. 73). Assim, optar por uma estrutura distante da realidade social implica resistência a mudanças e a adoção de uma religiosidade teórica (cf. Ibid., p. 73) e uma evangelização sacrificial rubricista.

Diante do exposto, se por um lado a Conferência de "Puebla busca administrar a tensão entre as tendências de continuidade de Medellín e de volta à institucionalidade curial"

(MARCHINI, 2019, p. 498), por outro Santo Domingo reforça uma visão de recentralização. Enfim, enquanto aquela se esforça por uma visão decolonial da religião, a outra se esforça em recolonizá-la.

4) E pela Nova evangelização tudo foi feito, sem ela nada foi feito: uma leitura decolonial em busca de uma evangelização realmente Nova para a América Latina.

Pensar em novos processos e novos meios de evangelização em uma realidade complexa e plural como a que se apresenta no continente latino-americano, dotado de suas próprias alegrias e esperanças, angústias e tristezas (cf. GS 1), é sempre útil e legítimo, uma preocupação constante e necessária para a Igreja no continente frente à sua central missão de manifestar o mistério de Deus à humanidade (cf. GS 41). Dessa forma, também em Santo Domingo, as propostas para uma Nova evangelização revestem-se dessa legitimidade e são até mesmo muito coerentes e muito bem alinhadas com a doutrina cristã que prega um único e mesmo Cristo ontem, hoje e sempre (cf. JOÃO PAULO II, 2006, p. 16).

Contudo, uma leitura atenta, que perscruta as entrelinhas do documento, denota uma clara intenção de recentralização por parte dos Bispos reunidos em conferência na cidade de Santo Domingo, uma proposta de evangelização que mitigue os avanços mais sociais e progressistas propostos por Medellín e Puebla e volte suas ações à visão europeia (ou melhor dizendo, romana) de sociedade e de métodos de evangelização. Enfim, um alinhamento mais com a Cúria Romana do que com os anseios dos povos da América Latina, mais uma cultura cristã romanizada, tradicional, baseada na doutrina e autoridade, do que uma vivência da fé voltada a uma ação eclesial de transformação social à luz da fé.

O fato de se optar pelo método dedutivo em substituição ao método ver-julgar-agir (cf. SCOPINHO, 2013, p. 584), acaba por corroborar esta afirmação, pois este se utiliza de referenciais preestabelecidos para condução prática do processo de evangelização, e estas premissas acabam deixando em segundo plano as realidades histórico/sociais do continente. Tudo isso reflete, como destaca Sobrino, em "uma imposição romana sobre uma Igreja latino-americana que foi adquirindo identidade própria e evangélica" (SOBRINO, 1992, p. 277). Para o autor essa realidade é fruto da tensão entre o Vaticano e as propostas eclesiais latino-americanas que culminou com uma clara imposição romana sobre a Conferência de Santo Domingo (cf. Ibid., p. 277) em que os bispos latino-americanos praticamente foram obrigados a se curvar às exigências romanas (cf. Ibid., p. 278).

Diante do exposto, é possível notar que em Santo Domingo a ideia de Nova evangelização, apesar de legítima, se constrói a partir de premissas de cunho colonialista europeu, onde a Igreja latino-americana, em conflito com a visão europeia (romana), é colocada e subjugada pelo "autoritarismo e centralismo eclesiais [que] não fazem nenhum bem à Igreja" (Ibid., p. 278, o grifo e a tradução são nossos) e ainda ignora as realidades próprias dos povos latino-americanos e de sua experiência de fé, que muito se diferencia das realidades europeias. Nesse sentido, uma proposta para se pensar uma Evangelização no continente que seja realmente

Nova, implica um processo de evangelização de perspectiva decolonial.

Por decolonial entenda-se aqui o processo de desconstrução de um pensamento colonizador hegemônico (cf. SANTOS, 2019) e de origem europeia e a construção de uma episteme e uma identidade própria que brota das realidades latino-americanas (cf. MARCHINI, 2019, p. 492), inclusive em sua dimensão religiosa. Para Álvarez, quando este trata das crises das religiões oriundas de um colonialismo patriarcal,

> o pensamento decolonial representa, por tudo isso, um olhar crítico e antissistêmico que formula as questões necessárias para desconstruir o pensamento hegemônico que se impõe na aldeia global pelas mãos do capitalismo, o patriarcado e o colonialismo, com justificação religiosa de versão sacrificial do sagrado (ÁLVAREZ, 2019, p. 15, a tradução é nossa).

Nesse sentido, pensar uma nova evangelização no continente latino-americano implica não abrir mão das características religiosas e sociais de seus povos e dos desafios decorrentes de uma sociedade plural e com suas realidades afastadas do continente europeu, fato não ignorado pelas conferências de Medellín e Puebla que, a partir de método ver-julgar-agir, propõe uma eclesiologia e, consequentemente, uma ação pastoral também de cunho social que ofereça respostas às realidades latino-americanas. Dessa forma, o chamado "sul epistêmico", como denomina Álvares, exige um pensamento antissistêmico que combata as injustiças e os mecanismos necropolíticos de dominação social (cf. ÁLVAREZ, 2019, p. 27).

No entanto, este colonialismo que segue vivo e ativo em todas as áreas, inclusive a religiosa (cf. TAMAYO, 2019, p. 30) e se apresenta por meio de um projeto cultural colonial, retroalimentado e reforçado por diferentes tipos de sistemas de dominação (cf. Ibid., p. 31), acaba por permear a perspectiva da Nova evangelização proposta pela Conferência de Santo Domingo, tendo em vista que esta foi praticamente dominada por imposições romanas que vão desde a imposição dos três presidentes da assembleia, por sinal de orientação conservadora, até a escolha do método e controle da redação dos documentos (cf. SOBRINO, 1992, p. 277), além do fato da ausência total de teólogos de raízes latino-americanas na conferência (cf. BRIGHENTI, 1993, p. 6). Scopinho analisa que:

> diante destes problemas, são importantes algumas observações sobre determinados aspectos gerais da Conferência. Entre eles, cabe ressaltar a nítida falta de prática parlamentar, a preocupação com as decisões em plenário, a falta de articulação entre os episcopados, a ausência de teólogos, a fraqueza dos assessores convidados e a exagerada dependência dos discursos do papa (SCOPINHO, 2013, p. 584).

Nesse sentido, uma Evangelização realmente nova para a América Latina exige um processo decolonial, não somente do pensamento religioso, mas de sua práxis, o que implica uma teologia que brote das realidades de seus povos e uma ação pastoral voltada à difusão da mensagem evangélica, mas que também se revista de uma visão social da fé, tema amplamente debatido nas conferências anteriores de Medellín e Puebla com fulcro na recepção do Concílio Vaticano II. Uma recepção que em sua gênese já ilumina uma evangelização de perspectiva decolonial, que não é sinônimo de cisma ou rejeição à doutrina e Tradição católica bimilenar e a comunhão com a Cátedra Petrina, mas sim de contextualização desta às realidades locais, suas necessidades e formas de viver a fé.

Nessa perspectiva a Igreja latino-americana deixa de ser apenas extensão de Roma e objeto de sua ação e passa a adquirir autonomia necessária para sua realidade local, um processo que consiste em "decolonizar a revelação" (PACHECO, 2019, p. 65) que transforma os povos latino--americanos em sujeitos de sua ação eclesial. Assim, como destaca Dom Aloísio Lorscheider, "ninguém ignora os insistentes apelos do Papa João Paulo II sobre a necessidade de uma Nova evangelização (LORSCHEIDER, 1993, p. 20), contudo "é nova, enquanto a evangelização do passado não é mais suficiente para evangelizar o presente" (Ibid., p. 22) exigindo métodos que levem em conta "a promoção humana e a inculturação da fé" (Ibid., p. 22).

Portanto, evangelização na América Latina, mesmo diante da histórica experiência de luzes e sombras (cf. DAp 5), deve reencontrar caminhos para se atualizar e uma característica da Igreja no continente é fazê-lo na esteira do Concílio Vaticano II, buscando seu protagonismo de forma missionária, a serviço dos povos (cf. DAp 9) e não apenas a partir de uma devoção sacrificial de passividade, "uma evangelização muito mais missionária, em diálogo com todos os cristãos e a serviço de todos os homens" (DAp 13) a partir de um novo impulso que seja capaz de promover uma fé madura, discípula e missionária para que todos os povos latino-

-americanos sejam capazes de testemunhar o Cristo de forma protagonista (cf. DAp 16).

Para Brighenti, "a necessidade de uma 'nova' evangelização se impõe diante do desafio de manter sempre viva e atual a novidade do Evangelho" (BRIGHENTI, 2013, p. 84); no entanto, "o conceito de 'nova evangelização', cunhado pela Igreja na América Latina, em relação ao tempo, se opõe radicalmente a qualquer resquício de Cristandade ou neocristandade, tributárias de eclesiocentrimos e cristomonismos ou de integrismos, fundamentalismos e proselitismos camuflados" (Ibid., p. 88), na visão de Brighenti,

> "Nova evangelização" na perspectiva da renovação do Vaticano II e da tradição eclesial latino-americana é outra coisa: é reinocêntrica e não eclesiocêntrica; é trinitária e não cristomonista; é missão centrífuga e não centrípeta; é evangelizadora e não sacramentalizante; é de interação com o mundo moderno e pós-moderno e não de postura apologética; é promotora de uma salvação da pessoa inteira e de todas as pessoas e não espiritualizante e a-histórica; é centrada na Palavra e não na doutrina ou no catecismo; é dialogai e propositiva e não apoiada no proselitismo e no *marketing*; é interpessoal e comunitária e não massiva e mediática etc. (Ibid., p. 97).

Concluindo, uma evangelização realmente nova no continente é aquela em que a Igreja latino-americana, sem perder ou negligenciar a comunhão com a Cátedra Petrina, assume sua identidade católica própria, uma realidade que não se abstém de transmitir o verdadeiro querigma, mas que também desenvolve uma práxis pastoral e missionária que brota das realidades de seus povos; enfim, uma evangelização decolonizada capaz de dar resposta às múltiplas e difíceis realidades próprias do continente.

Considerações finais

As reflexões ora apresentadas apontaram para a legitimidade da preocupação com a Nova evangelização no continente latino-americano proposta por Santo Domingo, o que pode ser constatado nos primeiros tópicos que discorrem sobre as origens e traços da fisionomia da Nova evangelização nas conclusões da conferência. No entanto, uma análise mais detalhada da conferência permitiu constatar que a ideia de Nova evangelização ora proposta é carregada de um forte desejo de recentralização eclesiástica no modelo de evangelização proposto que mais se alinha aos desejos da Cúria Romana do que com a realidade e identidade eclesial dos povos da América Latina.

Desde a escolha do método a ser utilizado, o método dedutivo em substituição ao tradicional ver-julgar-agir, próprios das conferências de Medellín e Puebla, passando pela escolha impositiva da presidência da conferência e estendendo-se à limitação das propostas de origem latino-americana e da ausência de teólogos e do continente, o desenrolar da Conferência de Santo Domingo deixa transparecer a forte tensão entre Roma e a Igreja da América Latina.

Como consequência, o resultado das propostas permitiu certo reducionismo das propostas anteriores formuladas em Medellín e Puebla construindo uma evangelização com base em uma cultura cristã sacrifical de passividade em detrimento de uma evangelização de transformação social à luz da fé, própria do continente latino-americano e desenvolvida a partir de uma visão de recepção do Concílio Vaticano II e das experiências e realidades dos povos do continente.

Enfim, foi possível constatar que a ideia de Nova evangelização em Santo Domingo apresenta um caráter colonizador, onde o protagonismo e a identidade própria da Igreja latino-americana, forçosamente, cedem lugar à passividade exigida por uma proposta de evangelização aos moldes europeus, mais precisamente de orientação romana, fato que levou aos resultados da última seção deste estudo que propõe uma Nova evangelização de caráter decolonial em que a identidade e o modo de ação eclesial, próprios da Igreja na América Latina, permitam uma evangelização realmente nova no continente em que a Igreja latino-americana assuma sua identidade católica própria, que não se abstém de transmitir o verdadeiro Evangelho, mas que também desenvolve uma práxis pastoral e missionária que brota das realidades de seus povos.

Referências

AA – ACTA ET DOCUMENTA CONCÍLIO ECUMÊNICO VATICANO II. *Apparando, series prima (antepraeparatoria)*. Cidade do Vaticano: Typis Polyglottis Vaticanis, 1961,

ADRIANO, J. Evangelização e testemunho: de Medellín a Santo Domingo. *Revista de Cultura Teológica*, v. 1, n. 2, p. 57-66, jan.-mar./1993.

ALMEIDA, A.J. Doze teses sobre a Nova Evangelização. *Revista Eclesiástica Brasileira*, Petrópolis, v. 56, n. 222, p. 398-410, 30/06/1996.

ÁLVAREZ, C.M. Cuestiones epistemológicas y distinción de conceptos. In: KUZMA, C.A.; ANDRADE, P.F.C. (orgs.). *Decolonialidade e práticas emancipatórias – Novas perspectivas para a área de Ciências da Religião e Teologia.* Belo Horizonte: Soter, 2019, p. 13-28.

AS – ACTA SYNODALIA SACROSANCTI CONCILII OECUMENICI VATICANI II. *Periodus prima.* Vol. I. Cidade do Vaticano: Typis Polyglottis Vaticanis, 1970.

BRIGHENTI, A. Por uma evangelização realmente nova. *Pespectiva Teológica*, v. 45, n. 125, p. 83-106, jan.-abr./2013.

BRIGHENTI, A. Nueva evangelización y conversión pastoral: un abordaje desde la Iglesia en América Latina y el Caribe. *Theologica Xaveriana*, Bogotá, v. 63, n. 176, p. 331-366, jul.-dez./2013. ISSN 0120-364.

BRIGHENTI, A. Elementos para uma crítica histórica do Documento de Santo Domingo. *Encontros Teológicos*, v. 14, p. 3-11, 1993.

CELAM. *Conclusões da Conferência de Puebla: evangelização no presente e no futuro da América Latina* (DP). 14. ed. São Paulo: Paulinas, 2009.

CELAM. *Conclusões da Conferência de Aparecida – Discípulos e missionários de Jesus Cristo, para que nele nossos povos tenham vida* (DA). São Paulo: Paulinas, 2007.

CELAM. *Conclusões da Conferência de Santo Domingo: Nova Evangelização, promoção humana e cultura cristã* (DSD). 5. ed. São Paulo: Paulinas, 2006.

FELLER, V.G. A concepção de Igreja em Puebla: povo de Deus, sinal de serviço e comunhão. In: SOUZA, N.; SBAR-

DELOTTI, E. *Puebla, Igreja na América Latina e no Caribe: opção pelos pobres, libertação e resistência.* Petrópolis: Vozes, 2019, p. 229-238.

FERREIRA, R. *Medellín e Puebla: continuidade e descontinuidade nas orientações sobre o uso da Bíblia.* São Paulo: Pontifícia Universidade Católica, 2017.

ICAR. Constituição pastoral *Gaudium et Spes*: sobre a Igreja no mundo hoje. In: ICAR. *Documentos do Concílio Ecumênico Vaticano II.* 4. ed. São Paulo: Paulus, 1997, p. 539-677.

JOÃO PAULO II. *Discurso do Papa João Paulo II na abertura da XIX assembleia do CELAM.* Disponível em https://www.vatican.va/content/john-paul-ii/pt/speeches/1983/march/documents/hf_jp-ii_spe_19830309_assemblea-celam.html – Acesso em 17/11/2021.

JOÃO PAULO II. Discurso Inaugural do Papa João Paulo II. In: CELAM. *Conclusões da Conferência de Santo Domingo: nova evangelização, promoção humana e cultura cristã.* 5. ed. São Paulo: Paulinas, 2006.

JOÃO PAULO II. *Homilia do Santo Padre no Santuário da Santa Cruz – Mogila, 09/06/1979.* Disponível em https://www.vatican.va/content/john-paul-ii/pt/homilies/1979/documents/hf_jp-ii_hom_19790609_polonia-mogila-nowa-huta.html – Acesso em 25/10/2021.

LIBÂNIO, J.B. Desafios para a estrutura da Igreja a partir de Aparecida. *Encontros Teológico*s, Florianópolis, v. 23, p. 31-47, 2008.

LORSCHEIDER, A. A IV Conferência Geral do Episcopado Latino-Americano em Santo Domingo – República Dominicana. *Revista Eclesiástica Brasileira*, Petrópolis, v. 53, n. 209, p. 19-39, mar./1993.

MAIER, M. A Nova Evangelização na Europa. *Perspectiva Teológica*, v. 56, n. 125, p. 61-81, jan.-abr./2013.

MANZATTO, A. Opção preferencial pelos pobres. In: SOUZA, N.; SBARDELOTTI, E. *Puebla, Igreja na América Latina e no Caribe: opção pelos pobres, libertação e resistência.* Petrópolis: Vozes, 2019, p. 451-462.

MARCHINI, W.L. Puebla e a descolonização da Igreja. In: SOUZA, N.; SBARDELOTTI, E. *Puebla, Igreja na América Latina e no Caribe: opção pelos pobres, libertação e resistência.* Petrópolis: Vozes, 2019, p. 491-500.

MIRANDA, M.F. *Igreja e sociedade.* São Paulo: Paulinas, 2009.

PACHECO, R. Decolonizar a revelação: teologia negra e a afirmação do deus antirracista. In: KUZMA, C.A.; ANDRADE, P.F.C. (orgs.). *Decolonialidade e práticas emancipatórias – Novas perspectivas para a área de Ciências da Religião e Teologia.* Belo Horizonte: Soter, 2019, p. 65-76.

SANTOS, B.S. *Más allá del pensamiento abismal: de las líneas globales a una ecología de saberes.* Disponível em http://biblioteca.clacso.edu.ar/ar/libros/coedicion/olive/05santos.pdf – Acesso em 18/12/2021.

SCOPINHO, S.C.D. O laicato na conferência Episcopal Latino-americana de Santo Domingo. *Revista Eclesiástica Brasileira*, Petrópolis, v. 73, n. 291, p. 575-598, jul./2013.

SOBRINO, J. Los vientos que soplaron en Santo Domingo y la evangelización de la cultura. *Revista Latinoamericana de Teología*, 27, p. 277, 1992.

SOBRINO, J. *La Iglesia de los pobres, concreción latinoamericana del Vaticano II – Ante el próximo sínodo extraordinario.* El Salvador: Centro de reflexão Teológica, 1982. Disponível em http://www.redicces.org.sv/jspui/bitstream/10972/1034/1/RLT-1985-005-A.pdf

TAMAYO, J.J. El giro decolonizador de las teologías del sur global. In: KUZMA, C.A.; ANDRADE, P.F.C. (orgs.). *Decolonialidade e práticas emancipatórias – Novas perspectivas para a área de Ciências da Religião e Teologia.* Belo Horizonte: SOTER, 2019, p. 29-44.

VALENTINI, L.D. A Conferência de Santo Domingo – Depoimento pessoal. *Revista Eclesiástica Brasileira*, Petrópolis, v. 53, n. 209, p. 5-18, 31/03/1993.

Autores(as)

Agenor Brighenti
Doutor em Ciências Teológicas e Religiosas pela Universidade de Louvain/Bélgica, professor de Teologia na Pontifícia Universidade Católica de Curitiba, membro da Equipe de Reflexão Teológica do CELAM. Foi perito do CELAM na Conferência de Santo Domingo e da Conferência Nacional dos Bispos do Brasil em Aparecida. Autor de mais de uma centena de artigos em revistas nacionais e internacionais e de dezenas de livros, publicados no país e no exterior.

André Fiori
Doutorando em Teologia pela PUC-SP (Bolsista CAPES). Mestre em Teologia pela PUC-SP. Bacharel em Teologia (CEUCLAR) e Ciências Contábeis (UNIFIAN). Atua na área de Teologia Prática Pastoral. Membro do Grupo de Pesquisa Religião e Política no Brasil Contemporâneo (CNPQ), ligado à Faculdade de Teologia Nossa Senhora da Assunção, pertencente à PUC-SP. Professor no Centro Paula Souza.

Ceci M.C. Baptista Mariani
Bacharelado e Licenciatura em Filosofia pela Faculdade de Filosofia Nossa Senhora de Medianeira (1982), gradua-

ção em Teologia Dogmática pela Pontifícia Faculdade de Teologia Nossa Senhora de Assunção (1989), mestrado em Teologia Dogmática pela Pontifícia Faculdade de Teologia Nossa Senhora de Assunção (1997) e doutorado em Ciências da Religião pela Pontifícia Universidade Católica de São Paulo (2008).

César Kuzma
Teólogo leigo, casado e pai de dois filhos. Doutor em Teologia pela PUC-Rio, onde atua como professor-pesquisador do Departamento de Teologia, no Programa de Pós-Graduação. Presidente da SOTER (2016-2022).

Élio Gasda, SJ
Pós-doutor em Filosofia Política (Universidade Católica de Portugal), mestre e Doutor em Teologia (Universidad Pontifícia Comillas/Espanha). Professor na Faculdade Jesuíta de Filosofia e Teologia (FAJE). Projetos de pesquisa: Teologia Cristã e os grandes desafios ético-morais da cultura contemporânea; Doutrina Social da Igreja, Capitalismo e Trabalho. Grupos de Pesquisa: Grupo de Estudios sobre Pensamiento Social de la Iglesia (ODUCAL-CELAM); Futuro do trabalho e Casa comum (CLACSO); Diversidade(s) afetivo-sexuais e Teologia (FAJE). Livros publicados: *Fe cristiana y sentido del trabajo*; *Trabalho e capitalismo global: atualidade da Doutrina Social da Igreja*; *Sobre a Palavra de Deus: hermenêutica bíblica e teologia fundamental*; *Cristianismo e economia: repensar o trabalho além do capitalismo*; *Economia e bem comum: o cristianismo e uma ética da empresa no capitalismo*;

Cristianismo y economia: repensar el trabajo más allá del capitalismo; Doutrina Social: economia, trabalho e política; La Doctrina Social: economía, trabajo y política.

Elizeu da Conceição
Sacerdote Religioso Estigmatino. Doutor em Teologia Pastoral pela UPS-Roma (2020). Mestre em Teologia pela UPS-Roma, com especialização em Pastoral Juvenil (2017). Bacharel em Teologia pelo ITESP (2008). Bacharel em Filosofia pela PUC-Campinas (2003).

Francisco Aquino Júnior
Doutor em teologia pela Westfälische Wilhelms Universität Münster – Alemanha; professor de Teologia da Faculdade Católica de Fortaleza (FCF) e da Universidade Católica de Pernambuco (UNICAP); presbítero da Diocese de Limoeiro do Norte – CE.

Jorge Costadoat, SJ
Doutor em Teologia pela Pontifícia Universidade Gregoriana de Roma. Professor da Faculdade de Teologia da Pontifícia Universidade Católica do Chile e diretor do Centro Teológico Manuel Larraín. Autor de numerosos artigos e livros, entre os quais: "A questão de Deus na Teologia da Libertação", *Teologia e vida* (1995); "Libertação na Cristologia de Jon Sobrino", *Teologia e vida* (2004); "Pietas et eruditio in Alberto Hurtado SJ", *Teologia e vida* (2005); "A fé de Jesus, fundamento da fé em Cristo", *Teologia e vida* (2007).

José Aguiar Nobre
Sacerdote religioso estigmatino. Doutor em Teologia pela Pontifícia Universidade Católica do Rio de Janeiro (2017). Doutorando em Filosofia (UFPR). Mestre em Educação pela Pontifícia Universidade Católica de Campinas (2012). Docente na Graduação e Pós-Graduação da Faculdade de Teologia Nossa Senhora da Assunção (PUC-SP).

Maria Aparecida Corrêa Custódio
Doutora em Educação pela USP e Mestra em Ciências da Religião pela UMESP. Atualmente é professora-associada da Universidade Federal do Maranhão (*campus* Imperatriz) e líder do Grupo de Pesquisas sobre História das Instituições, Práticas Educativas e Sujeitos Históricos (UFMA/CNPq).

Marcial Maçaneiro
Doutor em Teologia pela Pontifícia Universidade Gregoriana (PUG, Roma), com pós-doutorado em Teologia pela Universidade Católica Portuguesa (UCP, Lisboa). Docente do Programa de Pós-graduação em Teologia da PUC-PR, professor convidado da Pós-graduação em Teologia da UCP e colaborador do programa de formação do CEBITEPAL (Bogotá). Pesquisador das áreas de diversidade religiosa, pneumatologia e ecoteologia, com projetos junto ao CITER/Universidade Católica Portuguesa e à Western Cape University (Cidade do Cabo). Membro da Rede Latino-Americana de Estudos Pentecostais (RELEP) e da Comissão Internacional de Diálogo Católico--Pentecostal (Vaticano). Religioso da Congregação dos Padres do Coração de Jesus (dehonianos).

Ney de Souza
Pós-doutor em Teologia pela Pontifícia Universidade Católica do Rio de Janeiro. Doutor em História Eclesiástica pela Pontifícia Universidade Gregoriana de Roma. Docente e Pesquisador no Programa de Estudos Pós-Graduados em Teologia da Pontifícia Universidade Católica de São Paulo. Coordenador de Créditos Teológicos (PUC-SP). Líder do Grupo de Pesquisa Religião e Política no Brasil Contemporâneo (PUC-SP/CNPq).

Olga Consuelo Velez
Doutora en Teologia pela Pontificia Universidade Católica do Rio de Janeiro. Professora e investigadora da Fundação Universitária San Alfonso (Bogotá, Colômbia). Autora de livros e numerosos artigos. *Instrucción sobre algunos aspectos de la Teología de la Liberación*; (1984); *Instrucción sobre Libertad cristiana y liberación* (1986).

Paulo Sérgio Lopes Gonçalves
Doutor em Teologia pela PUG (Roma, Itália), pós-doutor em Filosofia pela EU (Évora, Portugal) e pós-doutor em Teologia pela FAJE (Belo Horizonte, Brasil). É docente-pesquisador do Programa de Pós-graduação *Stricto Sensu* em Ciências da Religião e dos cursos de Teologia e Filosofia da Pontifícia Universidade Católica de Campinas.

Paulo Suess
Doutor em Teologia Fundamental pela Universidade de Münster, Doutor *Honoris Causa* das universidades de Bamberg (1993) e Frankfurt a. M. (2004), membro da Comissão de Es-

tudos de História da Igreja na América Latina e no Caribe (CEHILA), assessor teológico do Conselho Indigenista Missionário (CIMI). Participou como assessor externo do projeto "Ameríndia" da IV e V conferências do Episcopado Latino-Americano em Santo Domingo e Aparecida, e era perito interno do Sínodo para a Amazônia (2019).

Reuberson Ferreira
Doutorando e Mestre em Teologia pela PUC-SP (Bolsista CAPES). Especialização em Teologia, História e Cultura Judaica pelo Centro Cristão de Estudos Judaicos (CCEJ/SP) e em Docência do Ensino Superior pela Faculdade de Educação São Luís. Membro do Grupo de Pesquisa Religião e Política no Brasil Contemporâneo (CNPQ). Lecionou no Curso EAD em Teologia da Universidade Cruzeiro do Sul (SP), leciona no Instituto de Teologia João Paulo II, da Arquidiocese de Sorocaba. Missionário do Sagrado Coração.

Vitor Galdino Feller
Doutorado em Teologia Sistemática pela Pontifícia Universidade Gregoriana, Roma, 1987. Mestrado em Teologia Sistemática pela Pontifícia Universidade Gregoriana, Roma, 1985. Bacharelado canônico em Teologia pelo Instituto Teológico de Santa Catarina, Florianópolis, 1981, revalidado como Bacharelado civil em Teologia pela PUC-RS, Porto Alegre, 2015. Licenciado em Estudos Sociais pela Fundação Educacional de Brusque (FEBE), Brusque/SC, 1975. Docente de Teologia no ITESC e na FACASC, em Florianópolis. Docente de Filosofia da Religião na Faculdade São Luiz, em Brusque/SC. Editor-diretor da revista *Encontros Teológicos* da FACASC.

Conecte-se conosco:

f facebook.com/editoravozes

⌾ @editoravozes

🐦 @editora_vozes

▶ youtube.com/editoravozes

🟢 +55 24 2233-9033

www.vozes.com.br

Conheça nossas lojas:
www.livrariavozes.com.br

Belo Horizonte – Brasília – Campinas – Cuiabá – Curitiba
Fortaleza – Juiz de Fora – Petrópolis – Recife – São Paulo

EDITORA VOZES LTDA.
Rua Frei Luís, 100 – Centro – Cep 25689-900 – Petrópolis, RJ
Tel.: (24) 2233-9000 – E-mail: vendas@vozes.com.br